böhlau

KlangZeiten

Musik, Politik und Gesellschaft

Band 22

Herausgegeben von

Albrecht von Massow

Hans-Joachim Giegel

Welterfahrung in Tönen

Semantik in Werken von Mozart, Schubert und Berg

BÖHLAU

Bibliografische Information der Deutschen Nationalbibliothek:
Die Deutsche Nationalbibliothek verzeichnet diese Publikation
in der Deutschen Nationalbibliografie; detaillierte bibliografische Daten
sind im Internet über https://dnb.d-nb.de abrufbar.

© 2025 Böhlau, Lindenstraße 14, D-50674 Köln, ein Imprint der Brill-Gruppe
(Koninklijke Brill BV, Leiden, Niederlande; Brill USA Inc., Boston MA, USA;
Brill Asia Pte Ltd, Singapore; Brill Deutschland GmbH, Paderborn, Deutschland;
Brill Österreich GmbH, Wien, Österreich)

Koninklijke Brill BV umfasst die Imprints Brill, Brill Nijhoff, Brill Schöningh,
Brill Fink, Brill mentis, Brill Wageningen Academic, Vandenhoeck & Ruprecht,
Böhlau und V&R unipress.

Umschlagabbildung: Alban Berg: *Marsch* aus *Drei Orchesterstücke* op. 6 (1914), T. 1–4,
Notensatz: Justus Noll.

Umschlaggestaltung: Michael Haderer, Wien
Korrektorat: Jonas Hiese, Göttingen
Satz: le-tex publishing services, Leipzig
Druck: Hubert & Co, Ergolding
Printed in the EU.

Vandenhoeck & Ruprecht Verlage | www.vandenhoeck-ruprecht-verlage.com
E-Mail: info@boehlau-verlag.com

ISBN (print) 978-3-412-53232-1
ISBN (e-lib) 978-3-412-53234-5
ISBN (e-book) 978-3-412-53233-8

Inhalt

**Anhang: Das Terzettino *Soave sia il vento* (Nr. 10) aus *Così fan tutte* von
Wolfgang Amadeus Mozart (Klavierauszug)**

Vorbemerkung

Meine Überlegungen zur Semantik der Musik haben sich in einem langen Zeitraum herausgebildet. Erste Anstöße, mich diesem Thema zuzuwenden, gaben Seminare zur Musiksoziologie, die ich zunächst zusammen mit Justus Noll in Marburg und später mit Albrecht v. Massow in Weimar durchführte. Ein wichtiger Anstoß waren auch die zahlreichen Diskussionen, die ich mit Albrecht Wellmer nach Erscheinen seines Buchs *Versuch über Musik und Sprache* führte. In vielen Gesprächen mit Freunden und Kollegen habe ich Anregungen erfahren, ohne die dieses Buch nicht zustande gekommen wäre. Sie haben mich, als sich mein Forschungsfeld erheblich ausweitete, vielfach vor Irrwegen bewahrt. Hervorheben möchte ich mit besonderem Dank die kritischen Kommentare, die ich von Antje Bonhage, Justus Noll, Christa Perabo und Holm Tetens erhielt. Einige von ihnen haben das Manuskript gelesen und wichtige Korrekturen vorgeschlagen. Justus Noll schulde ich insbesondere Dank dafür, dass er bereit war, das Notenmaterial zu setzen. Albrecht v. Massow möchte ich dafür danken, dass er, als ich mich entschloss, meine Studien zur Semantik der Musik und bereits vorliegende Interpretationen von Musikstücken in einem Buch zusammenzuführen, vorschlug, dieses in die Reihe *KlangZeiten* aufzunehmen.

Berlin,   Hans-Joachim Giegel
im Oktober 2024

Einleitung

Wenn wir lesen: „Über dem Atlantik befand sich ein barometrisches Minimum", dann sind wir mit unseren Gedanken bei einem anderen Weltsegment als dem der geschriebenen Zeichen. Wenn wir in einem Bild eine Kirche im gotischen Stil erkennen, dann ist durch das piktorale Zeichen der Übergang in eine Erfahrung herbeigeführt worden, die sich auf einen von der Welt des Zeichenmaterials völlig unterschiedenen Weltausschnitt bezieht. Wenn wir in den Gesten eines Pantomimen, die uns zunächst rätselhaft erscheinen mögen, plötzlich die Schwierigkeit eines Menschen, sich auf den Beinen zu halten, und seinen verzweifelten Kampf um das Gleichgewicht sehen, dann befinden wir uns mit dieser Erfahrung in einer anderen Welt.

Mit dem Übergang in die Erfahrung ‚einer anderen Welt' ist, wenn es um Zeichen wie Wörter, Bilder oder Körpergesten geht, nicht gemeint, dass sich beim Hörer oder Zuschauer beliebige, allein in subjektiven Impulsen gegründete Phantasien einstellen. Vielmehr geht es um Erfahrungen, die durch die Zeichen in einer intersubjektiv zwingenden Form hervorgerufen werden.

Findet auch beim Hören von Musik ein solch zwingender Übergang in eine Erfahrung statt, die ein nicht-musikalisches Weltgeschehen zum Inhalt hat? Ist Musik überhaupt in der Lage, eine solche Erfahrung zu vermitteln? Für eine breite Strömung innerhalb der Musikphilosophie scheint es evident zu sein, dass diese Fragen zu verneinen sind. Es mag nach dieser Auffassung freischwebende, rein subjektive Phantasien geben, die das Musikhören begleiten, aber keine Welterfahrungen, zu denen das musikalische Werk zwingend hinführen würde. Dem Werk entspreche es, wenn sich die Aufmerksamkeit des Hörers ausschließlich auf das Klanggeschehen, die inneren musikalischen Beziehungen der Töne zueinander, richte.

Im Folgenden möchte ich demgegenüber dafür argumentieren, dass musikalische Tonbewegungen sehr wohl zwingend Erfahrungen hervorrufen können, die ein außermusikalisches Geschehen zum Inhalt haben. Es soll gezeigt werden, dass dies prinzipiell möglich ist und dass Kompositionen von dieser Möglichkeit Gebrauch machen. Damit ist nicht die Behauptung verbunden, dass *alle* Musikstücke oder *alle* Passagen eines Stückes außermusikalisches Geschehen darstellen.

Die erwähnte Strömung in der Musikphilosophie, die von einigen ihrer Vertreter selbst als „Formalismus" bezeichnet wird,[1] ist natürlich auf Kritik gestoßen.[2] Nur gelegentlich werde ich auf die vielfältigen Argumente und Argumentationsstrategien

---

1 Kivy 2002, S. 67 f.

2 Über die neueren Gegenströmungen gegen den Formalismus vgl. etwa Young 2014 und Calella 2013.

eingehen, die die immer wieder aufflammende Debatte bestimmt haben, im Ganzen bleiben sie im Hintergrund. Die systematischen Überlegungen, um die es im Folgenden geht, lassen sich entwickeln, ohne dass das in diesen Auseinandersetzungen tradierte Argumentationsmaterial noch einmal rekapituliert und kritisch erörtert wird.

Die erste Schwierigkeit, in die der Versuch gerät, die semantischen Potentiale von Musik systematisch zu erfassen, ergibt sich aus der hohen Komplexität, die ein musikalisches Werk aufweist. Denkbar ist, dass ein Bezug der Musik zur außermusikalischen Welt auf vielfältige Weise hergestellt werden könnte. Um nicht Gefahr zu laufen, sich in dieser Komplexität zu verlieren, wird der Gegenstand der folgenden Untersuchungen in verschiedener Hinsicht eingegrenzt.

(1) Wenn ein Text vertont wird, bestimmen Musik und Text gleichermaßen den Weltbezug der Komposition. Ebenso können semantische Bezüge der Musik dadurch beeinflusst werden, dass ihr programmatische Erläuterungen beigefügt werden. Will man deshalb das semantische Potential der Musik für sich untersuchen, ist nicht von der Kombination von Musik und Text auszugehen, sondern vielmehr von textloser, rein instrumentaler Musik (music alone).[3]

(2) Interpretationen von Kunstwerken müssen die verschiedenen Sinnebenen, die diese Werke aufweisen, erfassen. Als Beispiel dafür kann der Versuch dienen, den Sinnreichtum des Kunstwerks mit Hilfe des Modells des „vierfachen Schriftsinns" zu erschließen.[4] Die erste der Sinnschichten, die das Modell nennt, ist nicht kunstspezifisch, auch Darstellungen nicht-künstlerischer Art weisen sie auf. Pieter Bruegels Bild *Der Blindensturz* zeigt Blinde, die zu Fall kommen. Mit der Darstellung dieses Faktums, dem primären Bildinhalt oder der ersten Sinnschicht, verbinden sich andere Sinnschichten, die erst in ihrer Gesamtheit den Sinn des Bildes bestimmen. Für alle weiteren Sinnbeziehungen bildet aber die Darstellung des faktischen Geschehens die Voraussetzung.

Bei der folgenden Erörterung geht es nur darum, zu untersuchen, ob Musik in der Lage ist, diese erste elementare Ebene des Sinns zu entfalten. Die Sinnkomplexität der Musik in ihrer Gesamtheit und vor allem die ästhetische Verfasstheit des Kunstwerks bleiben an dieser Stelle unbeachtet.[5]

(3) Eine musikalische Komposition weist eine Vielzahl von Parametern auf, durch die sie ihre spezifische Ausdrucksgestalt gewinnt. Dazu gehören etwa Tonhöhe, Tonfolge,

---

3 Aus demselben Grund sind auch andere Formen der multimedialen Einbindung der Musik hier ausgeklammert.

4 Zur Erprobung dieses Modells in der Literaturwissenschaft vgl. Gerigk 2002, in der Kunstwissenschaft Sedlmayer 1963, in der Musikanalyse (allerdings mit wesentlichen Modifikationen) Hindrichs 2014, S. 217 ff.

5 Zu einem umfassenden analytischen Zugriff auf die Komplexität musikalischer Ästhetik vgl. Zehentreiter 2017.

Tempo, Metrum, Rhythmus, Dynamik, Instrumentierung, Klangfarbe, Mehrstimmig-keit, Harmonie, formale Architektur usw. Eine umfassende Untersuchung des seman-tischen Potentials der Musik müsste alle diese Parameter einbeziehen. Im Folgenden werden lediglich einige dieser Parameter – im Wesentlichen nur Tonhöhe, Intervallbe-ziehung, Tempo und Rhythmus – daraufhin analysiert, ob und wie sie einen Bezug zur außermusikalischen Welt herstellen. Mit dieser Reduktion auf bestimmte Parameter ist auch eine Konzentration im Hinblick auf die vielfältigen Prozesse, die Musik in Gang setzt, verbunden. Ich werde nur einen dieser Prozesse untersuchen, die Bewegungsform einer einstimmigen Tonsequenz.[6] Die im Folgenden durchgeführten Interpretationen werden sich zunächst nur auf ausgewählte Passagen einer Komposition konzentrieren und hier nur auf die Hauptstimme. Das bedeutet, dass die semantischen Beziehungen, die durch die großformatigen syntaktischen Strukturen der Musik hergestellt werden, hier noch ausgeklammert bleiben.

(4) Die Auswahl der berücksichtigten Parameter ergibt sich daraus, dass hier eine ganz bestimmte Form, in der semantischer Sinn erzeugt wird, und nur diese erfasst werden soll. Semantischer Sinn kann in sehr unterschiedlicher Weise zustande kommen. Wortsprache und Bilder unterscheiden sich grundsätzlich in der Art, wie sie Zeichen semantischen Sinn verleihen. In der Musik tragen die verschiedenen Parameter in sehr unterschiedlichen Formen zur Erzeugung des semantischen Sinns bei. Nur mit einer dieser Formen, der ikonischen, befasst sich die folgende Untersuchung.

(5) Darstellungsmedien sind im Hinblick auf die Inhalte, die sie erfassen können, selektiv. So lässt sich nicht alles, was in Bildern darstellbar ist, in Worte fassen und umgekehrt. In der langen Geschichte der auf die Grundlagen der Musik gerichteten Traktate ging es immer wieder auch um die Frage, welche spezifischen Weltbezüge durch Musik möglich sind.[7] Generell werden, auch bei grundsätzlichen Bedenken im Hinblick auf eine Semantik der Musik, vor allem zwei Sachverhalte als mögliche Gegenstände musikalischer Darstellung hervorgehoben: erstens Vorkommnisse in der Welt, die mit Tönen und Geräuschen verbunden sind, und zweitens die das Seelenleben bestimmenden Emotionen. Als Beispiel für die erste Kategorie wird die musikalische Nachahmung von Tierstimmen, aber auch von Naturgeräuschen wie etwa Donner und Sturm genannt. Nun erscheint aber solches ‚musical picturing‘, auch wenn es bisweilen bedeutungsvolle Gehalte zum Ausdruck bringen mag, doch eher als ein randständiges Phänomen. Ganz anders verhält es sich mit der zweiten Kategorie. Ohne Zweifel steht der Zusammenhang von Musik und Emotionen im Zentrum der Debatte. Trotz der Prominenz aber, die das Thema der Darstellung von Emotionen durch Musik besitzt, wird es nicht Gegenstand der folgenden Überlegungen sein. Aus Gründen, die

---

6 Zu einigen älteren Versuchen einer solchen Analyse vgl. Stollberg 2021, Köpp 2017 und Köhler 1996.

7 Vgl. Massow 2019. Zur Vielfalt der Gegenstandsarten, von denen vermutet wurde, dass sie durch Nachah-mung musikalisch zu erfassen seien, vgl. Dahlhaus 1982, S. 26 ff.

später deutlich werden, erscheint es ratsam, bevor der komplexe Bezug der Musik auf Emotionen erörtert wird, die Möglichkeiten der Welterfassung durch Musik zunächst an einem anderen Punkt zu verfolgen. Ausgangspunkt der folgenden Abhandlung ist die Frage: Kann Musik (außermusikalische) Bewegungen in der Welt darstellen? Die Frage, welche Arten von Bewegungen hier überhaupt in Betracht kommen, wird erst im Lauf der Untersuchung zu klären sein. Dabei ist auch zu überprüfen, ob ein Bezug der Musik auf Bewegungen in der Welt – einmal angenommen, Musik ist dazu in der Lage – überhaupt irgendetwas Relevantes zu dem reichen Erleben beitragen kann, das uns Musik vermittelt. Zumindest auf den ersten Blick könnte die Erfassung von Bewegungen als etwas wenig Bedeutsames erscheinen.

Bisweilen werden in den folgenden Untersuchungen die hier gezogenen Grenzen überschritten. Aber das ändert nichts daran, dass es sich um eine höchst partielle Annäherung an Musik handelt. Aus den fünf genannten Eingrenzungen ergibt sich zwangsläufig eine weitere: Es ist in diesem Rahmen ausgeschlossen, den Bezug des musikalischen Kunstwerks zur Welt in seiner ganzen Komplexität sichtbar zu machen.

Wir sind vertraut mit Zeichen der verschiedensten Art, die auf Weltereignisse außerhalb der Zeichen verweisen. Bei einem nicht geringen Teil dieser Zeichenpraxis ist der Bezug auf das vom Zeichen Angezeigte so komplex, dass eine eigene Anstrengung der Zeichendeutung erforderlich ist.[8] Die These, dass Musik prinzipiell außermusikalische Ereignisse darstellen kann, führt in eine solche komplexe Zeichenpraxis. Dies verlangt eine methodische Reflexion, die sowohl die Art des Bezugs des musikalischen Zeichens zur Welt als auch das methodisch kontrollierte Erfassen des Zeichensinns klärt. Teil I des Buches widmet sich (in den genannten Grenzen) dieser Aufgabe. Im Mittelpunkt dieser Überlegungen steht das ikonische Zeichen. Es wird zunächst am Beispiel der bildlichen Zeichen eingeführt. Von hier aus kann dann die Möglichkeit einer ikonischen Darstellung durch musikalische Tonbewegungen expliziert werden. Gleichzeitig wird damit ein methodisches Deutungsverfahren beschrieben, das erforderlich ist, um den Sinn der musikalischen ikonischen Zeichen zu erfassen.

Teil I ist durchweg hypothetischer Natur, es geht um eine spezifische Möglichkeit einer musikalischen Semantik. Dass bestimmte musikalische Kompositionen sich in den Bahnen eines solchen semantischen Bezugs bewegen, wird in den folgenden Teilen des Buches gezeigt. In Teil II wird in direkter Anlehnung an die zuvor entwickelten methodischen Überlegungen eine Passage aus dem ersten Satz der Klaviersonate in c-Moll (D 958) von Franz Schubert mit dem Ziel analysiert, deren außermusikalischen Gehalt zu bestimmen.

---

8 Dass selbst ‚einfache‘ Alltagskommunikationen eine solche Komplexität aufweisen können und dann entsprechend komplexe Ausdeutungen verlangen, kann man aus psychoanalytischen Deutungen, aber auch aus der Objektiven Hermeneutik von Oevermann erfahren. Vgl. Oevermann et al. 1979.

In Teil III wird ein Musikstück als Ganzes interpretiert. Die Analyse des *Marsch* aus *Drei Orchesterstücke* op. 6 von Alban Berg lässt erkennen, wie durch Musik ein außermusikalisches Geschehen in seinem narrativen Verlauf dargestellt werden kann. Die Interpretation verfolgt sequentiell alle Schritte der musikalischen Entwicklung.

Teil IV beschäftigt sich mit einer musikalischen Komposition, die einen Textbezug aufweist, nämlich dem Terzettino *Soave sia il vento* (Nr. 10) aus *Così fan tutte* von Wolfgang Amadeus Mozart. Hier geht es darum, zu zeigen, dass Musik einen semantischen Bezug aufweisen kann, der unabhängig vom vertonten Text zu bestimmen ist. Die Eigenständigkeit der Interpretation ist notwendig, insofern die Musik Gehalte darzustellen vermag, die im Text gar nicht angesprochen werden.

Teil I   Die Ikonik musikalischer Tonbewegungen und das methodische Verfahren ihrer Interpretation

Im Folgenden werden zwei unterschiedliche Arten eines möglichen Bezugs der Musik auf außermusikalische Ereignisse erörtert: einerseits (1. Kapitel) die beim Hören einer Musikpassage in Gang gesetzten Imaginationen von Ereignissen, die als Analoga zu der gehörten Passage zu verstehen sind, andererseits (3. Kapitel) die durch Tonbewegungen realisierte ikonische Darstellung von Weltereignissen. In einem Zwischenkapitel (2. Kapitel) werden die Eigenschaften ikonischer Zeichen und unterschiedliche Möglichkeiten einer ikonischen Darstellung in Grundzügen erläutert.

1.   Kognitive Prozesse bei der Verarbeitung der sinnlichen Erfahrung musikalischer Tonbewegungen: die analogische Zuordnung

1.1   Analogisierung

Vielfältige kognitive Prozesse sind erforderlich, um aus einem sinnlichen Eindruck von Weltereignissen eine diese Ereignisse verstehende Erfahrung zu machen. Zu ihnen zählt etwa das Unterteilen einer umfassenderen sinnlichen Stimulierung in kleinere Einheiten, die als solche weiterverarbeitet werden.[9] Oder auch das Zuordnen eines neuen sinnlichen Eindrucks zu einer übergeordneten Kategorie, einem Typus, der zuvor durch Zusammenführung ähnlicher Sinneseindrücke gewonnen wurde.[10] Von den vielen Verknüpfungen, die in weitergehenden Verarbeitungsschritten vorgenommen werden, wollen wir eine genauer betrachten: den Zugriff auf analoge Erscheinungen.

Analogisierende Zugriffe sind eine Basisaktivität des kognitiven Systems.[11] Sie sind gewissermaßen Suchaktivitäten in entfernten Gebieten, die gelegentlich in einem bewussten Akt, oft aber auch intentionslos in Gang gesetzt werden. Man kann Vogelnester und Behausungen von Menschen, Windmühlen und Wasserräder, Tiere und Autos miteinander vergleichen. Beim Nachdenken über die Struktur von Atomen liegt der Hinweis auf den Aufbau des Sonnensystems nahe. Man kann aus Experimenten mit Modellschiffen etwas über die Stabilität von schwer beladenen Containerschiffen lernen. Auch Bewegungen werden analogisiert. Man denkt möglicherweise, wenn man einen wiederholt aufsteigenden und niederfallenden Ball sieht, an ein hüpfendes Kind oder

9 Vgl. Anderson 2013, S. 32 ff., und Goldstein 2015, S. 100.
10 Vgl. Blanke 2003, S. 32 ff., und Barsalou 1999.
11 Vgl. Holyoak/Thagard 1995 und Hofstadter/Sander 2014.

ein springendes Tier. Die anschwellenden Geräusche einer heranrollenden Eisenbahn sind vergleichbar mit dem heller werdenden Scheinwerferlicht eines sich nähernden Autos.[12] Wie wir weiter unten sehen werden, kommt es zu analogisierenden Vergleichen dieser Art auch beim Hören von Musik.

Bei einer Analogiebildung wird ausgehend von einem in einer aktuellen Erfahrung gegebenen Gegenstand (dem Zielbereich, target) nach einem anderen Gegenstand (dem Quellbereich, source) gesucht, der relevante Ähnlichkeiten mit dem ersteren aufweist.[13] Der Übergang vom Gegenstand zum Analogon gelingt dann, wenn durch Abstraktion von irrelevanten Eigenschaften strukturelle Gemeinsamkeiten hervortreten. Auf diese Weise kann trotz der Fremdheit, die meistens zwischen Ziel- und Quellbereich besteht, eine aufschlussreiche Beziehung hergestellt werden. Das ist von besonderer Bedeutung, wenn Analogisierungen über die Grenzen von Modalitätsbereichen ausgreifen. Auch wenn man etwa vom Bereich der Geräusche und Töne in den Bereich optischer Erscheinungen wechselt, kann man Strukturgemeinsamkeiten entdecken.[14] Solche, die Modalitätsgrenzen überspringenden Analogisierungen werden im Zentrum der folgenden Überlegungen stehen.

Anders als die Kategorisierung eines sensorischen Eindrucks, die in der Regel zu einem eindeutigen Ergebnis führt, ist der Übergang zu Analoga in anderen Realitätsbereichen ein offener Prozess. Man kann die unterschiedlichsten Gegenstände zur Analogisierung heranziehen. Das hängt damit zusammen, dass die Suche nach Analoga über (strukturelle) Ähnlichkeiten verläuft, Ähnlichkeit aber zunächst einmal nichts ausschließt, da, wie oft gesagt, alles mit allem in irgendeiner Hinsicht ähnlich ist.

Die Einschränkung dieser Vielheit von Verweisungsmöglichkeiten kann nur durch einen von außen eingeführten Gesichtspunkt erfolgen. Das ist z. B. der Fall, wenn die Suche nach einer Lösungsmöglichkeit für ein bestimmtes Problem die Analogisierung motiviert. Grundsätzlich ist mit einer Analogie die Möglichkeit gegeben, Wissen, das im Quellbereich gespeichert ist, für die neue Erfahrung im Zielbereich verfügbar zu machen. Die Fruchtbarkeit von Analogien bemisst sich daran. Analogien können sich im Hinblick auf eine bestimmte Problemstellung oder eine bestimmte Absicht als besonders passend oder fruchtbar erweisen. Vielleicht kann man aus den Sprüngen von Tieren etwas über das Auf und Ab der Ballbewegung lernen (oder umgekehrt), dagegen wäre

---

12 Wie stark Welterfahrungen durch einen analogisierenden Bezug auf Erfahrungen mit den Bewegungen der eigenen Körperlichkeit gesteuert werden, haben Lakoff/Johnson (1980) gezeigt. Zentral ist hier die von Johnson (1987) eingeführte Kategorie des „image schema".

13 Holyoak/Thagard 1995, S. 2. Die Analogisierung kann ansetzen an Attributen, Relationen und hochstufigeren Relationen der verschiedensten Art (ebenda, S. 24 ff.).

14 Zum ‚crossmodal mapping' vgl. Marks 2014 und Nudds 2014.

es wenig aufschlussreich, würde zum Vergleich die Bewegung einer Dampfmaschine herangezogen. Nur was in relevanter Weise ähnlich ist, taugt für eine Analogie.[15]

1.2 Analogisierende Ausgriffe bei der Wahrnehmung von musikalischen Tonbewegungen

Töne und Geräusche gehören zu den Sinneseindrücken, mit denen wir uns in der Welt orientieren. Die Welt der musikalischen Töne ist eine Sonderwelt. Die künstlerische Arbeit mit dem Tonmaterial ist darauf ausgerichtet, neue Möglichkeiten der Tonbildung und der Gestaltung von Tönen und Tonbewegungen hervorzubringen. Eine der zentralen Fragen, die im Folgenden erörtert wird, ist die, inwieweit Tonbewegungen in dieser Sonderwelt die Bewegungen in der übrigen Welt aufnehmen und in ihrem eigenen Kontext reproduzieren.[16]

Zunächst gehe ich auf die kognitiven Prozesse ein, die bei der Wahrnehmung musikalischer Tonbewegungen ausgelöst werden. Sie sind ein Stück weit identisch mit denen der kognitiven Verarbeitung anderer Sinneseindrücke. Ein Beispiel dafür ist die (nichtverbale) Typisierung, die ein Wiedererkennen von Tönen und Tonfolgen ermöglicht.[17] Ich konzentriere mich hier auf einen der höherstufigen Verarbeitungsschritte, nämlich den mit der Wahrnehmung von Tonbewegungen verbundenen analogisierenden Ausgriff auf nichtmusikalische Weltereignisse. Ich erläutere diese Operation zunächst an einem Beispiel, den ersten Takten der *Badinerie* aus der 2. *Orchestersuite* in h-Moll von Johann Sebastian Bach (BWV 1067) (Notenbeispiel 1).

Notenbeispiel 1: Johann Sebastian Bach, *2. Orchestersuite* in h-Moll (BWV 1067), *Badinerie*, T. 1–12 (nur die Hauptstimme ist erfasst)

---

15 Zu den Praktiken der Eingrenzung von relevanten Analogien vgl. Holyoak/Thagard 1995, S. 36 f., Thagard 1999, S. 106, und Gentner 1989.

16 Auf die kontrovers diskutierte Frage, was es heißt, wenn wir im Hinblick auf Musik ein Bewegungsvokabular benutzen, also z. B. von aufwärts- oder abwärtsgerichteten Bewegungen reden, gehe ich nicht ein. Vgl. zu unterschiedlichen Analysestrategien etwa Clarke 2001 und 2005, Johnson/Larson 2003, Eitan/Granot 2006, Thorau 2012, S. 110 ff., und Young 2014, S. 19 ff. Zur Bedeutung von Helmut Plessners Analysen musikalischer Bewegungen vgl. Stollberg 2017 und Dworschak 2017, S. 159 ff.

17 Vgl. Zbikowski 1999 und 2002, 2. Kapitel, und Ziv/Eitan 2007.

Ein Verständnis dieser Passage setzt voraus, dass die gesamte Kette der Töne in kleinere Einheiten segmentiert wird, die jeweils eine spezifische Bewegungsstruktur aufweisen.[18] Als solche Einheiten bieten sich drei Figuren an: erstens die aus der Verknüpfung dreier abwärtsgerichteter Sprünge resultierende Figur (Auftakt zu T. 1–T. 2/1), zweitens die Folge der Sechzehntelnoten (T. 2/2–4/1) und drittens die Achtelfolge (T. 6/2–10/1). Figuren wie diese haben Typencharakter.

Die Bewegung der ersten Figur ist dadurch gekennzeichnet, dass in Intervallen von Terzen oder Quarten von d6 zu h4 herabgesprungen wird. Dagegen bewegt sich die ununterbrochene Kette von Sechzehntelnoten, die die zweite Figur aufweist, auf sehr engem Raum (leichte Verschiebung von h über c nach d). Das Tempo der Bewegung der dritten Figur ist halbiert: Im Wesentlichen handelt es sich um eine moderat (in Achteln) voraneilende Folge gleicher Töne (d bzw. fis), nur einmal unterbrochen durch einen Sextensprung nach oben.

Alle diese Figuren werden beim Hören als typische Muster konzeptuell gespeichert.[19] Diese können dann bei einem späteren Auftreten solcher oder variierter Figuren zur Identifikation abgerufen werden. Mit Bezug auf diese konzeptuellen Muster kann die *Badinerie* in ihrer Gesamtstruktur erfasst werden. Die Komposition erweist sich durchgehend als ein Spiel mit den drei typischen Figuren oder leicht modifizierten Varianten.

Die Typisierung ist nicht die einzige netzartige Verbindung, die beim Hören musikalischer Tonbewegungen geknüpft wird. Eine wesentliche Rolle spielen auch Analogien, mit denen ein Bezug zu nichtmusikalischen Ereignissen in der Welt hergestellt wird.[20] Ohne dass dazu ein bewusst gesteuerter Suchvorgang erforderlich wäre, erfasst man beim Hören, dass die Tonsequenzen Bewegungen ähneln, die sich auch sonst in der Welt finden. Die am Anfang der *Badinerie* aufeinander folgenden, in Terz- und Quartschritten fallenden Dreitonbewegungen können spontan mit abwärtsgerichteten Sprungbewegungen gleichgesetzt werden, so wie sie etwa bei Bällen, wenn sie Treppenstufen hinabspringen, oder bei über Klippen hinunterstürzenden Bächen zu beobachten sind. Man könnte auch an andersartige Analoga denken, etwa die Bewegung eines Zeigefingers, der sukzessiv auf verschiedene Gegenstände hinweist. Das Hören musikalischer Tonbewegungen ist nicht eingekapselt, sondern greift immer mehr oder weniger bewusst auf Vorgänge in der visuell erfassten Welt aus.

In ähnlicher Weise können die beiden anderen Figuren analogisch gedeutet werden, die zweite etwa als die schnelle Bewegung eines in eine bestimmte Richtung rennen-

---

18 Zur Segmentierung von Tonketten vgl. Bregman 1990, Agawu 2009 und Deutsch 2012, S. 213 ff.

19 Schon bei solchen einfachen, erst recht aber bei komplexeren Figuren ist es mit verbalen Mitteln nicht möglich, die Spezifik der Musik zu erfassen. Die Typisierung erfolgt nonverbal. Vgl. dazu insbesondere Zbikowski 2002, 2. Kapitel, und 2017, S. 53. Zum nonverbalen Charakter von ‚perceptual concepts‘ vgl. Barsalou 1999, ferner Detel 2014, S. 60 ff.

20 Grundlegend dazu Zbikowski 2017.

den Läufers, die dritte als eine stark verlangsamte Laufbewegung. Auf der Grundlage solcher Analogien ist es möglich, die Analogiebildung auf einer höheren Ebene der musikalischen Organisation fortzusetzen, d. h. Analogien für die aus der Abfolge dieser Figuren sich bildende Gesamtsequenz zu finden. So lässt sich etwa das musikalische Geschehen in den ersten zehn Takten der *Badinerie* in Beziehung setzen zur Bewegungsstruktur eines Gebirgsbachs, der in seinem Verlauf unterschiedliche Gestalten annimmt. Oder zur Bewegungsstruktur eines Menschen, der in großen Sprüngen eine Treppe hinabspringt, dann in hohem Tempo weiterläuft, um sich schließlich moderat weiter vorwärtszubewegen.[21]

Die verschiedensten Erscheinungen musikalischer Bewegungen können eine Analogiebildung anregen. Die ansteigende Lautstärke einer Tonbewegung etwa könnte man mit der sukzessiven Annäherung eines Gegenstandes oder eines Akteurs in Verbindung bringen. Dass beispielsweise, wie es im dritten Akt des *Figaro* geschieht, ein Marsch zunächst im *pp* erklingt, dann in höherer Lautstärke wiederholt und schließlich ein drittes Mal im *f* gespielt wird, gewinnt durch eine solche Analogie einen bestimmten Sinn. Wenn am Anfang der Oper *Wozzeck* eine kurze Geste in Form einer abwärtsgleitenden Tonbewegung erklingt, könnte man an den sich senkenden Vorhang denken. Wenn Geigen von einem hohen Register aus mit einem Glissando in die Tiefe fallen und zum Abschluss ein mächtiger Paukenschlag ertönt, würde jeder Zuhörer, wenn auch vielleicht ohne einen artikulierten Gedanken, die Parallele zu einem strukturell ähnlichen Ereignis in der visuellen Welt empfinden, z. B. zu einem fallenden Gegenstand, der auf den Boden aufprallt und dort liegen bleibt, oder einem sich nähernden Geschoss, das explodiert.[22]

Die Analogien, die an musikalischen Tonbewegungen ansetzen, sind durch eine Reihe von Merkmalen geprägt.

1. An den beispielhaft genannten Analogien lässt sich erkennen, dass sie die Modalitätsgrenze zwischen akustischem und visuellem Geschehen überschreiten. Wie schon erwähnt, ist es nicht ungewöhnlich, dass Analogien in andere Modalitätsbereiche wechseln (crossmodal mapping). Alle sinnlichen Erfahrungen sind zwar in einer bestimmten Modalität verortet, stellen aber spontan auch Beziehungen zu anderen

---

21 Hintereinander geschaltete Tonsequenzen könnten auch auf gleichzeitig sich abspielende Vorgänge in der Welt hinweisen.

22 Vgl. Zbikowski 2017, S. 40, und 2018, S. 12 ff. Ferner Brower 2000 und Saslaw 1996 und 1997. Auch im Hinblick auf komplexere Erscheinungen sind Analogien möglich. Das Zwingende, das in einer Tonfolge aufgrund einer bestimmten harmonischen Abfolge zu spüren ist, kann z. B. in Analogie zum Einwirken von Kräften in der außermusikalischen Welt verstanden werden. Vgl. dazu Larson 2012 und Hatten 2012. Beispiele sind auch die analogischen Bezüge, die in multimedialen Präsentationen wirksam sein können, also etwa in musikalischen Begleitungen von Texten, Filmen, Tänzen, Gesten usw. Vgl. etwa die von Cook (2007, S. 101 ff.) durchgeführte Analyse eines Reklamefilms für ein Auto, der mit der Musik der Ouvertüre zu *Figaros Hochzeit* unterlegt ist.

Modalitäten her.[23] Auch die Wahrnehmung einer Tonbewegung kann dazu motivieren, nach in anderen Modalitäten gemachten Erfahrungen zu suchen, die ein entsprechendes Strukturmuster aufweisen. Die analogisierenden Ausgriffe zielen in der Regel nicht auf akustische, sondern auf visuell sich präsentierende Ereignisse, gleichgültig ob diese von Tonphänomenen begleitet sind oder nicht.[24]

2. Auf diese Weise können sehr unterschiedliche Arten von Bewegungen als Analoga musikalischer Bewegungen dienen: etwa die Fallbewegung eines Objekts, eine intentional gesteuerte Handlung, charakteristische Bewegungen von Tieren oder auch eine Tanzchoreographie, die sich analogisch auf die Musik bezieht. Auch körperhafte Ausdrucksgesten (etwa Schreck- oder Zornesgesten), darunter auch die durch die Musik beim Hörer ausgelösten Körperbewegungen, können sich als Analoga erweisen.[25]

3. Die beim Hören von Musik in Gang gesetzte Analogiebildung kann verschiedene Richtungen einschlagen, sie ist pluraler Natur. Der Hörer ist nicht aufgefordert, eine bestimmte Analogie zu verfolgen. Ganz Unterschiedliches kann als Analogon einer Tonsequenz gelten. Diese Freiheit wird auch durch Intentionen, die der Komponist möglicherweise mit dem Tonstück verbindet, nicht eingeengt.[26]

4. Andererseits ist die Vielfalt der möglichen analogischen Beziehungen nicht unbegrenzt. Aufgrund von gegebenen Kontexten können Ähnlichkeiten als mehr oder weniger relevant, Analogien als mehr oder weniger plausibel erscheinen. Man kann z. B. die punktierten Rhythmen der Oboe in Haydns Sinfonie Nr. 83 „als Henne oder als Ausdruck von Fröhlichkeit" hören, nicht aber als „Totenklage" oder als „Sturm auf die Bastille".[27] Die Freiheit der Analogiebildung erlaubt es, sich in einem Korridor von Möglichkeiten zu bewegen, endet aber an den Grenzen dieses Korridors.[28] Diese Begrenzung gilt für alle Hörer, soweit sie über entsprechende Kompetenzen verfügen. Niemand könnte sagen, dass er die oben herangezogene Passage aus der *Badinerie* als Rollen einer Dampfmaschine interpretiert, ohne dass die Frage aufgeworfen würde, ob er wirklich *diese* Musik gehört hat.

---

23 Vgl. Marks 2014 und Spence 2011. Schon wenige Monate nach der Geburt können Kleinkinder Beziehungen zwischen Erfahrungen, die über unterschiedliche Sinnesmodalitäten vermittelt werden, herstellen, etwa zwischen taktilen und visuellen Erfahrungen. Vgl. Stern 1992, S. 74 ff.

24 Vgl. zum ‚crossmodalen' Wechsel vom Hören zum Sehen Eitan 2017, O'Callaghan 2008, Bertelson/de Gelder 2004 und Zbikowski 2017a.

25 Vgl. zu den vielfältigen Möglichkeiten analogischer Beziehungen Zbikowski 2017 und 1997.

26 „I have coined the phrase ‚expressive potential' to signify this ‚wide but not unrestricted range of possible expression'. The range is wide because … there is no rule or code by which we can translate musical gestures into exact expressive equivalents" (Cone 1982, S. 239).

27 So James Johnson, zitiert nach Cook 2007, S. 94.

28 „At the same time it must be stressed that the range is not unrestricted; for the expressive content – the human activity or state of mind adduced as an interpretation of the music – must be congruous with the structural content – the musical action itself" (Cone 1982, S. 239).

Eine Begrenzung der Analogiebildung ergibt sich insbesondere bei einer multimedialen Darstellung, insofern die Analogie hier an die durch ein anderes Medium präsentierte Erscheinung gebunden wird.[29] Dieser Kontext bestimmt die Grenzen des zugelassenen Interpretationskorridors. Nicht immer kann man z. B. aufwärtsstrebende Tonbewegungen mit Aufwärtsbewegungen in der realen Welt parallelisieren. Bei dem erwähnten Marsch aus dem *Figaro* geht in den ersten sechs Takten die anfänglich erklingende Marschphrase schrittweise (zuerst in einem Sekunden-, dann in einem Sextensprung) in die Höhe. Im Kontext der Oper wäre es abwegig, hier an eine Gruppe von Menschen zu denken, die sich in Marschformation nach oben bewegt.

5. Durch den Bezug auf ein Analogon entsteht die Möglichkeit, Wissen vom Analogon auf den Ausgangspunkt zu übertragen. Das gilt auch für den Bezug von Tonsequenzen auf strukturell ähnliche Weltereignisse. Ein Analogon, auch wenn es nur eines unter vielen ist, kann zum Verständnis der Musik beitragen. So können etwa die Strukturen des Analogons Strukturen der Musik verdeutlichen. Wird eine Handlungssequenz als Analogon gewählt, so strahlt die innere Einheit dieser Sequenz auf die Musik zurück. Es bildet sich hier ein Wechselverhältnis heraus: Die sinnvoll abgegrenzte musikalische Phrase legt die Selektion eines bestimmten Analogons nahe und das als einheitlicher Zusammenhang erfasste Analogon macht umgekehrt die Einheit der musikalischen Phrase deutlich. So lässt sich durch Bezug auf ein Analogon hypothetisch eine Facette des Sinns einer Tonfolge verstehen.

6. In diesem Zusammenhang gewinnt die Differenz zwischen wenig differenzierten Analoga und solchen, die differenziert gestaltet sind, einen besonderen Stellenwert. Es ist ein Unterschied, ob man als Analogon die abstrakte Form des ‚Sprungs‘, das Bild eines herabspringenden Baches oder eine differenziert auf die Musik bezogene Tanzchoreographie wählt. Um von einem Analogon Genaueres über den spezifischen Charakter der Musik erfahren zu können, muss es eine ähnliche Komplexität wie die Musik aufweisen.

Eine zureichende Differenzierung eines Analogons ist insbesondere dann wichtig, wenn unterschiedliche Ausgestaltungen einer Tonfigur beleuchtet werden sollen. Man kann dies etwa an den beiden im Notenbeispiel 2 abgebildeten Sprungfolgen erkennen, die sich am Beginn des letzten Satzes von Mozarts Symphonie Nr. 35 (KV 385) finden.

Notenbeispiel 2: Wolfgang Amadeus Mozart, Symphonie Nr. 35 (KV 385), 4. Satz, T. 1–12 (nur die Hauptstimme ist erfasst)

---

29 Zur multimedialen Darstellung vgl. Cook 1998.

Sie ähneln denen der *Badinerie*, insofern als auch sie in Intervallen von Terzen oder Quarten erfolgen. Gleichwohl haben sie einen ganz anderen Charakter. Es fehlt ihnen das Fließende, was die Sprünge der *Badinerie* auszeichnet. Bei der Sprungfolge in Takt 9/10 ergibt sich das daraus, dass die Folge der Töne durch Pausen unterbrochen wird. Die Sprünge werden mit großer Bestimmtheit ausgeführt. In der Sprungfigur von Takt 1/2 werden nach dem ersten Sprung Schritte auf demselben Niveau ausgeführt, bevor sich der zweite Sprung anschließt, was den Eindruck einer (übermütig heiteren) Verzögerung erzeugt. Durch minimale Abwandlungen solcher Art kann der Charakter eines Sprungs völlig verändert werden. Das verlangt eine entsprechende Differenzierung der zur Explikation der Musik herangezogenen Analoga.

7. Dieses Beispiel verweist darauf, dass, so wie im Fall der Typisierung von musikalischen Figuren, auch bei der Analogiebildung nur sehr begrenzt auf wortsprachliche Kennzeichnungen zurückgegriffen werden kann. Aus diesem Grund läuft die Analogiebildung häufig über eine bildhafte Vorstellung, einen gestischen Ausdruck oder ein bestimmtes Körpergefühl. So kann der Zugang zu den Feindifferenzierungen gefunden werden, die den Reichtum musikalischer Gestaltung ausmachen, aber mit sprachlichen Mitteln nur unzureichend zu erfassen sind.[30]

8. Ein zentrales Ziel der in diesem Buch durchgeführten Analysen ist es, einen Kerngedanken des formalistischen Credos zu widerlegen, wie er im folgenden Zitat festgehalten ist: „Zwar erfahren wir die Schwarzamsel, Trauer und Heldentum in der Musik [...], aber wir erfahren nichts über sie, das einen außermusikalischen Sachverhalt beschriebe".[31]

Analogien sind eine erste Form, eine Verbindung zwischen Musik und Welt herzustellen. Musikalische Tonbewegungen werden häufig gehört als etwas, das so ist wie ... Man versteht eine Musikpassage im Licht eines Analogons, auf das man in einem spontan erfolgten Suchprozess gestoßen ist.[32]

Aber dieses Verstehen ist sehr begrenzter Natur. Erstens kann wegen der Offenheit des Bezuges keine Analogie für sich genommen beanspruchen, dem Inhalt des Musikstücks in besonderer Weise zu entsprechen. Die Fixierung auf eine bestimmte Analogie ist Sache subjektiver Willkür. Es handelt sich immer um eine hypothetische Sinnzuschreibung, die den Charakter einer willkürlichen Entscheidung nicht verlieren kann.

---

30 Einige Autoren versuchen, das hohe Differenzierungsvermögen der Musik mit Rückgriff auf die Goodman'sche ‚Exemplifikation' zu fassen. Vgl. etwa Mahrenholz 1998, S. 53 ff. und Thorau 2012, S. 98 f.

31 Hindrichs 2014, S. 216. Nach dieser Auffassung ist der Sinn von Musik allein bestimmt durch „Konzeptionen, die die Folgerichtigkeit von Klängen regeln" (198).

32 „We subconsciously ascribe to the music a content based on the correspondence between musical gestures and their patterns on the one hand, and isomorphically analogous experiences, inner or outer, on the other." (Cone 1974, S. 169). Hierbei kann der analogisierende Rückbezug auf die am eigenen Körper erfahrenen Bewegungen eine wichtige Rolle spielen. Vgl. dazu Lidov 2006 und 2020. Ferner Anm. 12.

Darüber hinaus entsteht damit ein weiteres Problem. Die sequentielle Folge verschiedener musikalischer Figuren ruft eine Folge ‚lokaler‘ Analogiebildungen hervor. Die fortgesetzte willkürliche Auszeichnung einer der möglichen analogischen Beziehungen führt zu einer Ansammlung ganz heterogener Bestimmungen. Eine solche disparate Folge von analogischen Fixierungen kann keinen Sinnzusammenhang ergeben. Vergleichbar wäre dies mit einem „wallpaper design containing depictions of objects of many different sorts – a truck here, a dinosaur there, an ice cream cone over there – with no very salient connections among them".[33]

Angesichts dieser Defizite stellt sich die Frage, ob es einen Weltbezug der Musik gibt, der über die analogische Zuordnung hinausgeht, einen durch Tonbewegungen hergestellten Weltbezug, der auf etwas Bestimmtes gerichtet ist und einen sinnvollen Zusammenhang zwischen den musikalisch angezeigten Weltereignissen erkennbar macht. Erst wenn ein solcher Weltbezug nachgewiesen wird, sind Möglichkeiten des musikalischen Sinns erkennbar, die durch das formalistische Credo ausgeschlossen werden.

1.3   Analogie versus Darstellung

Bei Tonbewegungen können, wie wir gesehen haben, zu ihrem (partiellen) Verständnis analoge Erscheinungen herangezogen werden, insbesondere auch Analoga aus dem Bereich nicht-musikalischer Weltereignisse. Generell machen wir mit wahrgenommenen Ereignissen keine isolierte Erfahrung, sondern verorten sie in dem Erfahrungsraum, der durch zuvor gemachte Erfahrungen gewonnen wurde. Das gilt auch für die Wahrnehmung von Tonbewegungen. Und *in diesem Sinn* sind Tonbewegungen immer auf Außermusikalisches bezogen. Die Wahrnehmung von Tonbewegungen ist kein Geschehen, das von der Welterfahrung isoliert ist. Ohne dass dies in jedem Fall bewusst sein muss, werden Tonbewegungen in ihrer spezifischen Eigenart immer auf strukturell ähnliche Ereignisse in der Welt bezogen.

Was bedeutet dann aber der Kernsatz des Formalismus: „Music is pure form without any extra-musical content"?[34] Zur Beantwortung dieser Frage muss eine Differenzierung vorgenommen werden, die von der Formel ‚Musik hat keinen Bezug auf einen außermusikalischen Inhalt‘ verdeckt wird. Es geht um die Unterscheidung zwischen Analogisieren und Darstellen mit Hilfe von Zeichen. Formalisten könnten der Ansicht,

---

33 Walton 1994, S. 52. „It is not easy to make sense of the fictional world of a fugue or a sonata as a coherent whole, to see what the various diverse bits of make-believe have to do with each other. It will be fictional that there are instances of upward and downward movement, statements and answers, causes and effects, singing, unperceived sounds, determined or aggressive or timid behavior; all of these fictional truths jumbled together with few coherent links among them" (ebenda).

34 Young 2014, S. 1.

dass es außermusikalische Analoga zu Tonbewegungen gibt, zustimmen – auch wenn sie nicht dazu neigen, ihnen Beachtung zu schenken.[35] Der eigentliche Kern des formalistischen Credos mit seiner Vorstellung von absoluter Musik liegt woanders. Es wird bestritten, dass Musik die Funktion eines Zeichens mit einem semantischen Bezug auf Außermusikalisches besitzen könnte: „According to the formalist creed, absolute music […] does not possess semantic or representational content. It is not of or about anything, it represents no objects, tells no stories […]".[36] Genau genommen ist es nicht die Vorstellung eines analogisierenden Ausgriffs auf Weltereignisse, die Formalisten abweisen, sondern die Vorstellung von Musik als einem Zeichengeschehen, mit dem etwas in der außermusikalischen Welt dargestellt wird. Die musikalische Verknüpfung von Tönen ist nach formalistischer Auffassung nicht geeignet, einen semantischen Sinn zu entfalten.

Welcher Unterschied besteht zwischen der durch Zeichen herbeigeführten Darstellung eines Ereignisses und einer Analogiebildung? Da ich im nächsten Kapitel genauer auf die Darstellung mit Hilfe von Zeichen eingehe, beschränke ich mich an dieser Stelle auf einige Hinweise.[37]

Die Suche nach Analogien kann, wie wir gesehen haben, in mehrere Richtungen gehen. Von einer wahrgenommenen Tonsequenz aus lassen sich unterschiedliche analogische Bezüge zu Weltereignissen herstellen. In bestimmten Grenzen ist die Auswahl möglicher Analoga frei. Die Analogisierung hat pluralen Charakter, ist ein Spiel von Möglichkeiten.

Das beinhaltet auch, dass in dieser Hinsicht das Werk von sich aus keine zwingenden Vorgaben macht. Es richtet keine Aufforderung an den Hörer, sich einen bestimmten außermusikalischen Ereigniszusammenhang vor Augen zu führen. Die Suche nach Analoga ist ein Prozess, der wesentlich in der Eigenverantwortung des Hörers verläuft.

Analogien können eine Hilfe sein, um sich den Charakter eines Musikstücks zu vergegenwärtigen. Aber damit verschiebt sich nicht das Zentrum der Aufmerksamkeit. Die Analogie ist nur ein flüchtiger Gedanke, der nichts daran ändert, dass im Mittelpunkt der Aufmerksamkeit die gehörten Klänge des Musikstücks selbst stehen.

---

35 Vgl. aber Kivy (2002, S. 189 f.) zur „structural representation".

36 Kivy 2002, S. 67. Bisweilen wird dies etwas vorsichtiger formuliert: „music to be semantically interesting […] it must not only refer but say something interesting and significant *about* what it denotes […] it cannot do *that* […]" (Kivy 2002, S. 100).

37 In einer Darstellung kann etwas real Existierendes oder Fiktives erfasst werden. Entsprechend unterscheiden sich die Richtigkeitsbedingungen, die für die Darstellung gelten. In beiden Fällen rede ich davon, dass etwas in der Welt dargestellt wird. Auf die Diskussion zur Darstellung von Fiktivem kann hier nicht eingegangen werden. Vgl. dazu Detel 2013, ferner Walton 1990 und 1994. Zu dem hier nicht erörterten Komplex gehört auch die These, dass die Bezugspunkte für Darstellungen in literarischen Texten, Gemälden und Musik nicht ‚reale' Sachverhalte, sondern ‚cultural units' sind. Vgl. dazu Monelle 2006, S. 20 ff.

Betrachten wir im Gegensatz dazu, wie wir auf ein Objekt reagieren, das Zeichencharakter hat.[38] Nehmen wir das Beispiel eines (figürlichen) Bildes.

1. Das Bild lässt es uns nicht frei, ob wir einen Bezug zu dem im Bild angezeigten Inhalt herstellen oder nicht. Es verlangt zwingend vom Betrachter, dass er sich das Geschehen vergegenwärtigt, das im Bild erfasst ist. Die Vorstellung einer Welt außerhalb des Zeichenmaterials ist nicht Sache einer frei operierenden Imagination, sondern wird erzwungen, wenn man das Zeichenmaterial wahrnimmt.

2. Das, worauf das Bild verweist, ist etwas Bestimmtes. Ein Bild ist kein Stimulus, auf den wir in beliebiger Weise reagieren können. Es verlangt, dass wir uns auf der Grundlage des Zeichenmaterials einen bestimmten Bildinhalt vergegenwärtigen. Zu der bestimmten Vorstellung, die beim Wahrnehmen des Bildes entsteht, gibt es (in der Regel) keine Alternative.

3. Der Übergang in die dargestellte Welt ist wesentlicher Inhalt des Bildbetrachtens. Bilder unterscheiden sich darin, inwieweit dabei der Ausgangspunkt, das Zeichenmaterial, seine Bedeutung behält. In jedem Fall aber bleibt die Aufmerksamkeit des Betrachters an den dargestellten Inhalt des Bildes gefesselt. Er kann nicht zu einer Durchgangsstation werden, die man nach Belieben wieder verlassen kann.

4. Zusammengenommen führen diese Bestimmungen zu einer weiteren. Das Bild kann in kommunikativen Konstellationen dazu dienen, eine kollektive Aufmerksamkeit auf bestimmte Gegenstände zu richten, häufig auf Gegenstände, die in der Kommunikationssituation gar nicht vorhanden sind. Es geht in einer solchen Kommunikationssituation nicht darum, dass jeder Teilnehmer nach freiem Ermessen für sich bestimmt, was er mit dem Bild verbindet. Vielmehr ist er aufgefordert, sich an einer kollektiv eingeübten Praxis zu beteiligen, was heißt, mit demselben Verfahren wie alle anderen Teilnehmer den auf einem Bild dargestellten Gegenstand zu identifizieren und damit eine kollektiv geteilte Aufmerksamkeit herzustellen.

Darstellen ist ein kommunikativer Akt. Das bedeutet auch, dass der Übergang vom Zeichen auf das Angezeigte ‚vorbereitet' ist, insofern als die Vorstellung des Angezeigten bei der Herstellung des Zeichens eine Rolle spielt. Die am Anfang stehende Vorstellung desjenigen, der mit einem Zeichen eine Kommunikation eröffnet, ist für den Kommunikationsprozess wesentlich.[39] Wir werden später sehen, welche Konsequenzen sich daraus für die Interpretation von Werken ergeben, die Zeichencharakter haben.

Aus dieser Gegenüberstellung von Analogisierung und Darstellung folgt, dass, wenn man nach den Möglichkeiten des semantischen Bezugs der Musik zu Weltereignissen fragt, es nicht ausreicht, auf die Analogiebildung zu verweisen, die beim Hören von

---

38 Wir betrachten im Folgenden Zeichen ausschließlich hinsichtlich ihrer darstellenden Funktion.

39 Zur Diskussion um die Autorintention vgl. Danneberg 1999 und Danneberg/Müller 1983. Ferner Young 2014, S. 97 ff.

Musik in Gang gesetzt wird. Im Folgenden wollen wir der Frage nachgehen, inwiefern Musik zur *Darstellung* von Weltereignissen in der Lage ist.[40] Zu beachten ist dabei, dass die Zeichenpraxis kein einheitliches Phänomen ist. Es gibt mehrere Arten der Verwendung von Zeichen, die sich wesentlich voneinander unterscheiden. Ich habe weiter oben angedeutet, dass ich mich bei der Überlegung, ob Musik als Zeichen operieren kann, auf eine bestimmte Art des Zeichengebrauchs beschränken werde, nämlich die ikonische Verweisung. Andere Möglichkeiten, wie sich Musik auf die außermusikalische Welt beziehen könnte, werden nicht verfolgt.

Der nächste Schritt wird sein, die ikonische Zeichenpraxis in ihren Grundlagen zu erläutern. Dabei werde ich kurz das Feld der Musiktheorie verlassen und zur Bildwissenschaft überwechseln. Anders als im Kontext der ersteren hat es in der letzteren eine breite Diskussion zur Natur der ikonischen Zeichenpraxis gegeben. Im 2. Kapitel werden wichtige Ergebnisse dieser Diskussion, soweit sie für unseren Zusammenhang relevant sind, erörtert. Gestützt auf die in diesem Kapitel gewonnenen Erkenntnisse werde ich dann zu der Frage nach der Fähigkeit von Musik zur Darstellung von Weltereignissen zurückkehren (3. Kapitel).

2. Die Darstellung von Weltereignissen mit Hilfe ikonischer Zeichen

Bemalte Papiere, pantomimische Armgesten, auf Bildschirmen erscheinende Lichtpunkte und gesprochene Worte können als Zeichen dienen: Sie zeigen Sachverhalte an, die außerhalb ihres Bereichs liegen.[41] Die Funktionsweise solcher Zeichen kann dabei von sehr unterschiedlicher Art sein. Zeichen unterscheiden sich darin, auf welche Weise sie den Bezug zu dem herstellen, auf das sie verweisen. Im Folgenden werden wir uns mit der *ikonischen* Zeichenpraxis beschäftigen, und zwar mit Blick auf das piktorale Zeichen. Die verzweigten Debatten, die zu dieser Zeichenpraxis geführt wurden, nehmen wir hier nur insoweit zur Kenntnis, als sie dazu beitragen können, das Verständnis der ikonischen Zeichenpraxis auf dem Feld der Musik zu erleichtern.

---

40 Genauer: Musik, die sich nur auf ihre eigenen Mittel stützt (music alone). Neben Analogie und Darstellung ist als weitere mögliche Beziehung der Musik auf Außermusikalisches an die ‚aided representation‘ (Kivy 2002, S. 184 f.) zu denken, wie sie sich etwa aus der Verbindung der Musik mit einem sprachlichen Text ergibt. Auf diese Beziehung, die nicht zum zentralen Gegenstand dieser Untersuchung gehört, komme ich noch einmal im Zusammenhang mit der Gestenanalyse in 3.14 sowie in Teil IV zurück.

41 Zur Zeichenfunktion gehört neben dem Zeichen und dem angezeigten Objekt auch die interpretative Tätigkeit des Zeichenadressaten, in Begriffen von Peirce: der ‚interpretant‘. Vgl. dazu Dougherty 1994 und 2014 sowie 3.13.

2.1   Wesentliche Merkmale ikonischer Zeichen

Ich nenne zunächst einige Merkmale der ikonischen Zeichenpraxis, die sich später als relevant für die Semantik der Musik erweisen werden.

(1) Ikonische Zeichen gewinnen ihre Zeichenfunktion nicht durch eine spezifische konventionelle Zuordnung von Zeichen und angezeigtem Objekt.

(2) Im ikonischen Zeichen kann das angezeigte Objekt auf der Grundlage von Eigenschaften des Zeichenmaterials wiedererkannt werden. Dabei kann die Beziehung von Zeichenmaterial und Objekt höchst variabel sein.

(3) Bei der Interpretation eines ikonischen Zeichens muss häufig auf Kontextinformationen zurückgegriffen werden.

(4) Die Sinnesmodalität, in der das Zeichen wahrgenommen wird, kann sich von der Modalität unterscheiden, in der das angezeigte Objekt bei einer direkten Begegnung erscheint (crossmodal mapping). Beim Übergang vom Zeichen zum angezeigten Objekt kann es zu einem Wechsel der Sinnesmodalität kommen.

(5) Ein ikonisches Zeichen kann eine reiche Erfahrung mit dem angezeigten Objekt vermitteln.

(6) Mit der Erfassung eines ikonischen Zeichens geht eine besondere Präsenzerfahrung einher.

(7) Bei bestimmten ikonischen Zeichen lässt sich der Bezug des Zeichens auf seinen Gegenstand nicht spontan, sondern erst auf der Grundlage eines elaborierten Interpretationsprozesses erkennen.

Ich will diese Merkmale mit Blick auf die piktorale Darstellung erläutern.[42]

(1) Für alle Zeichen gilt, dass der Umgang mit ihnen durch Konventionen bestimmt ist. Nur wenn ein Zeichen den Konventionen einer eingeübten Praxis entsprechend verwendet wird, kommt es zwingend zu einer ‚zweiten Erfahrung‘.[43] Bei symbolischen Zeichen, also etwa bei sprachlichen Zeichen, sind Konventionen auch für die *spezifische* Zuordnung des Zeichenmaterials zu dem, worauf es verweist, essentiell. Dass ein bestimmter Lautkomplex die Vorstellung der bestimmten Person Timon (und nicht die der Person Elias) hervorruft, verdankt sich einer spezifischen konventionellen Zuordnung.

Beim ikonischen Zeichen kommt die ‚zweite Erfahrung‘ in anderer Weise zustande.[44] Anders als bei sprachlichen Zeichen funktioniert das Verstehen von Bildern nicht allein

---

42 Im Folgenden orientiere ich mich vor allem an Blanke 2003 und Lopes 1996. Beide Arbeiten gehören zu den verschiedenen Versuchen, in Reaktion auf die kritischen Überlegungen von Goodman (1968) die Bildtheorie neu zu konzipieren. Vgl. auch Anm. 47.

43 Bei Bildern wird dies insbesondere im Hinblick auf das Verständnis von sich extrem unterscheidenden Malstilen deutlich. Vgl. Lopes 1996, S. 8 ff. und 32 ff.

44 Zur ‚twofoldness‘ der Bilderfahrung vgl. Lopes 1996, S. 40 ff. und Kulvicki 2014, S. 13 ff. Die doppelte Erfahrung wird von Semiotikern mit dem Konzept einer doppelten Typisierung erfasst. Das Material wird

durch Konvention: Die spezifische Zuordnung von Zeichenmaterial und Dargestelltem ist nicht konventionell geregelt. Es gibt keine Konvention, die festlegt, dass wir ein bestimmtes Bild Timon zuordnen und nicht Elias.

(2) Der Übergang vom ikonischen Zeichen zu dem von ihm Angezeigten kann in sehr unterschiedlicher Weise realisiert werden. Ich nenne einige elementare Bedingungen, die diesen Übergang ermöglichen.

(2.1) Für die ikonische Typisierung ist ein gewisser Reichtum des Zeichenmaterials erforderlich. Zeichenelemente müssen so miteinander verknüpft werden, dass sie eine prägnante Gestalt ergeben. Ein Strich stellt für sich genommen nichts dar. Aber verbunden mit einer Anzahl weiterer Striche kann er die Wand eines Hauses erfassen. Erst bei einer zureichenden Verkopplung elementarer Zeichenelemente kommt die ikonische Darstellung in Gang.[45]

(2.2) Ein erster Hinweis, wie hier der Übergang vom Zeichenmaterial zum angezeigten Objekt erfolgt, ergibt sich daraus, dass das piktorale Zeichen und das angezeigte Objekt gemeinsame Eigenschaften aufweisen.[46] Diese Eigenschaften spielen für das Wiedererkennen des Objekts im piktoralen Zeichen eine entscheidende Rolle.[47]

Diese Feststellung ist jedoch unzureichend. Man erkennt dies sofort, wenn man bedenkt, dass ein Zeichen viele unterschiedliche Eigenschaften besitzt und alle diese Eigenschaften sich wiederum in irgendwelchen (ganz unterschiedlichen) Objekten finden. Das ikonische Zeichen ist in diesem Sinn zunächst ‚offen'. Es bedarf also eines Selektionsmechanismus, der bestimmt, welche dieser gemeinsamen Eigenschaften dominant sind und damit die Verweisungsfunktion des Zeichens bestimmen.[48] Wird auf diese Weise ein dominanter Bezug eines Eigenschaftskomplexes festgestellt, werden alle anderen Ähnlichkeiten zu irrelevanten Erscheinungen.[49]

---

sowohl direkt auf einen Objekttypus wie indirekt auf einen ikonischen Typus bezogen. Vgl. Blanke 2003, S. 68 ff.

45 Eine solche Verkoppelung kann (wie etwa beim Zeichnen eines Hauses) simultan erfolgen, es ist aber auch (bei bewegten Bildern) möglich, die Verkettung von Elementen im zeitlichen Verlauf herzustellen.

46 Häufig ist die Gemeinsamkeit eine von (abstrakten) Relationen, wie etwa gleichen Größenverhältnissen.

47 Sowohl in neueren semiotischen Ansätzen (vgl. Blanke 2003 und Sonesson 1989) als auch in neueren Bildtheorien (vgl. etwa Hopkins 1998, Lopes 1996 und Kulvicky 2006) spielt die notorische Frage nach der Bedeutung der Ähnlichkeitsrelation eine wesentliche Rolle. Die dort unternommenen Versuche, das komplizierte Zusammenspiel von Konvention und an Ähnlichkeit orientierter Wahrnehmung zu klären, sind alle so angelegt, dass sie gegenüber der von Goodman geäußerten Kritik an den älteren Ähnlichkeitstheorien geschützt sind. Auch die in der Kognitionspsychologie diskutierten Modelle der Ähnlichkeitserfahrung (vgl. etwa Medin/Goldstone/Gentner 1993) sind hier von Relevanz.

48 Zur Bestimmung der ‚ikonisch relevanten' Eigenschaften vgl. Blanke 2003, S. 86 ff.

49 Wenn bei einer Elefantenzeichnung ein Bein so gemalt ist, dass es als ein Baumstumpf erscheint, bestimmt diese Ähnlichkeit nicht den Bildinhalt. Sie wird irrelevant, wenn der gesamte Zeichenkomplex als Elefant identifiziert ist.

(2.3) Das ikonische Zeichen verweist auf ein Objekt, mit dem es Eigenschaften teilt. Zusätzlich ist dieses Objekt aber auch durch zeichenfremde Eigenschaften bestimmt, also Eigenschaften, die nur das angezeigte Objekt, nicht aber das Zeichenmaterial besitzt. Auf diese Weise kann die Differenz von Medium und repräsentiertem Gegenstand markiert werden: In der durch das ikonische Zeichen hervorgerufenen Vorstellung wird das angezeigte Objekt in einem anderen Realitätsbereich verortet als dem, zu dem das Zeichenmaterial gehört.[50]

(2.4) Der Selektionsmechanismus, der die dominante(n) Eigenschaft(en) bestimmt, ist insofern komplex, als die Selektion in ganz unterschiedlicher Weise erfolgen kann. Wenn wir den Inhalt eines Bildes identifizieren, kommen wir in der Regel mit einem sehr einfachen Verfahren aus: Zeichen und Objekt scheinen insofern ähnlich, als sie eine vergleichsweise hohe Anzahl von (prominenten) Eigenschaften miteinander teilen. Aber diese Bedingung ist weder hinreichend noch notwendig. In anderen Fällen sind ganz andere Bedingungen für die Selektion bestimmend.[51]

(2.5) Man kann die Selektion der dominanten Eigenschaften auch als einen Akt des Wiedererkennens verstehen.[52] Wiedererkennen ist in vielen kognitiven Prozessen operativ. Paradigmatisch ist die Identifizierung eines aktuell wahrgenommenen Objekts als eines, das man aus einer früheren Begegnung in Erinnerung hat.[53] Dabei kann sich das Objekt seit dem ersten Eindruck, den man von ihm gewonnen hat, stark verändert haben. Wiederkennen ist *dynamisch*: Es kann den Abstand, in dem die Erfahrungen zueinanderstehen, bis zu einem gewissen Punkt überbrücken, indem es im Unähnlichen das Ähnliche entdeckt.[54]

Der Prozess des Wiederkennens, der bei der Wahrnehmung eines ikonischen Zeichens angestoßen wird, ist wesentlich komplexerer Natur.[55] Hier stehen sich das Zeichenmaterial und ein zu diesem *typenfremder* Gegenstand gegenüber. Bei einer Hausskizze etwa hat man es auf der einen Seite mit einem relativ kleinen, aus Papier bestehenden Objekt, auf der anderen Seite mit einem Mauerwerk relevanter Größe zu tun. Dass

---

50 Zur essentiellen Differenz von Medium und repräsentiertem Gegenstand, der ,konstitutiven Alterität', vgl. Blanke 2003, S. 66 ff.

51 Der zentrale Aspekt der ikonischen Verweisungsfunktion, die Selektion eines dominanten Bezugs, ist in seinen verschiedenen Verzweigungen genauer in semiotischen Untersuchungen erfasst worden. Vgl. dazu insbesondere Blanke 2003, S. 90 ff. Die Operation ähnelt der, die bei der Zuordnung eines sinnlichen Eindrucks zu einem Typus erfolgt (ebenda, S. 51).

52 Wiedererkennen ist auch in umgekehrter Richtung möglich, nämlich in der Weise, dass man in realen Zusammenhängen eine Erfahrung macht, die in einem Bild vorweggenommen wurde. Vgl. zur ,Transferenz' Lopes 1996, S. 71 und 149.

53 Es wird aus allen erinnerten Objekten, die dem wahrgenommenen Objekt ähnlich sind, ein bestimmtes selektiert.

54 Vgl. Lopes 1996, S. 138.

55 Das vor allem auch aus dem Grund, weil hier die konventionelle Steuerung der Bildwahrnehmung eingreift.

die Wahrnehmung des einen zur Vorstellung des anderen führt, verdankt sich einerseits Konventionen (die auf verschiedenen Ebenen der Konstruktion eines Bildes ansetzen), andererseits dem in der Wahrnehmung ausgelösten Vorgang des Wiedererkennens, der im Unähnlichen die Spur des Ähnlichen verfolgt.[56]

Der dynamische Charakter des Wiedererkennens ist für den innovativen Einsatz des ikonischen Zeichens von Bedeutung. Er macht es möglich, neue Erscheinungsweisen eines Gegenstandes im Bild darzustellen, ohne dass die Beziehung zu einer im Gedächtnis gespeicherten Erfahrung abreißt. Ebenso ist es möglich, den Ähnlichkeitsgehalt noch weiter zu reduzieren, indem z. B. bei der Darstellung eines Gegenstandes von den reellen Konturen mehr oder weniger radikal abgewichen wird. Wir werden sehen, dass in diesem Fall Kontextinformationen eine besondere Bedeutung gewinnen können. Wenn sicher ist, dass in einer Zeichnung eine bestimmte Stadt erfasst ist, lässt sich auch ein ‚falsch‘ gezeichnetes Rathaus problemlos identifizieren.

Wiedererkennen ist kein bewusst gesteuerter und kontrollierter Erkenntnisprozess. Man hat keine klare Vorstellung von dem, was genau das Wiedererkennen auslöst. „In minimal cases of recognition one may feel familiar with an object and identify it as something encountered before, yet be unable to recall anything about its past appearance.“[57] Das gilt auch für das Wiedererkennen von Objekten in einem Bild. Wenn man beispielsweise beim Betrachten eines gemalten Gesichts eine Person wiedererkennt, wird dies nicht aufgrund einer bewusst gesteuerten Kontrolle herbeigeführt. Dieses Wiedererkennen hat gleichwohl einen objektiven Charakter. Die Tatsache, dass hier in einem stärkeren Maß Intuition als bewusste Kontrolle die Führung übernimmt, ändert daran nichts.

Dass beim Anschauen des Zeichenmaterials ein Vorgang des Wiedererkennens ausgelöst wird, erklärt die *Generativität* des Bilderkennens.[58] Wer gelernt hat, in einem Bild ein Haus zu sehen, wird auch ohne Weiteres in der Lage sein, in einem anderen Bild einen Tisch zu erkennen. Mit Bildern können unterschiedliche Inhalte kommuniziert werden, ohne dass jeweils ein neuer Code erlernt werden müsste, der spezifisch ein Zeichen mit einem Inhalt verknüpft. Es reicht die Fähigkeit des Wiedererkennens, die generativen Charakter hat.

(3) Wir sind bisher davon ausgegangen, dass für die Selektion des dominanten Bezugs auf ein dargestelltes Objekt die Kenntnis des Materials ausreicht. Das muss nicht immer der Fall sein. Das Material kann so ‚unbestimmt‘ sein, dass es von sich aus keinen eindeutigen Schluss auf ein bestimmtes Objekt zulässt. Dann muss überprüft werden,

---

56 Der dynamische Charakter des Wiedererkennens ist besonders evident, wenn sich Bild und Gegenstand extrem unähnlich sind, wie dies etwa bei Karikaturen und kubistischen Bildern der Fall ist.
57 Lopes 1996, S. 143.
58 Lopes 1996, S. 70 ff. und 148 f.

ob sich aus dem Kontext Hinweise ergeben, welche der Interpretationsmöglichkeiten gemeint ist. Darauf werde ich später noch genauer eingehen.[59]

(4) Ich habe oben erwähnt, dass wir in unserer Welterfahrung häufig von einer Sinnesmodalität in eine andere wechseln. Zum ‚crossmodal mapping‘ kann es auch bei der ikonischen Verweisung kommen. Um etwas, auf das das ikonische Zeichen verweist, zu erfassen, wird in bestimmten Fällen die Sinnesmodalität gewechselt. Nehmen wir als Beispiel das Modell einer Stadt. Man könnte ein solches Modell im Dunkeln ertasten und dabei eine Stadt oder sogar eine bestimmte Stadt erkennen. Die Erfahrungsspur, die beim Ertasten des Modells angesteuert wird, stammt aus visuellen Erfahrungen mit einer Stadt, eventuell mit einer bestimmten Stadt. Es ist vollkommen ausgeschlossen, dass hier auf eine Spur zurückgegriffen wird, die durch Ertasten einer Stadt gewonnen wurde. Der Eindruck, der beim Ertasten des Modells entsteht, wird in eine visuelle Vorstellung übersetzt.[60]

An diesem Beispiel lässt sich etwas erkennen, das in unseren späteren Überlegungen von großer Bedeutung sein wird. Während das visuelle Betrachten des Modells unmittelbar die Vorstellung einer Stadt erzwingt, kann von einem solchen spontan eintretenden Erkennen beim Ertasten nicht die Rede sein. Wer das Modell ertastet, wird in der Regel versuchen, durch eine experimentelle Hypothesenbildung und durch Überprüfen der Hypothesen am Material seine sinnlichen Eindrücke zu deuten. Irgendwann mag er plötzlich die Vorstellung gewinnen, es könne sich um eine Stadt handeln – was weitere Schritte der Überprüfung nach sich zieht. Es bedarf hier also einer zusätzlichen Aktion, um vom ikonischen Zeichen zu dem von ihm Angezeigten zu gelangen. Freilich besteht auch die Möglichkeit, dass der Betrachter sich dieser zusätzlichen Anstrengung verweigert und darum die Bedeutung des Ertasteten nicht erfährt. Das wiederum heißt nicht, dass die Deutung des Ertasteten ein bloß subjektives Imaginieren ist. Eine solche Deutung ist, wenn eine zureichende Überprüfung am Material erfolgt, intersubjektiv zwingend.

(5) Man könnte bezweifeln, dass die (unter Umständen sehr wenigen) Eigenschaften, die Zeichen und angezeigtes Objekt miteinander teilen, eine reiche Erfahrung von Weltereignissen vermitteln können. Um solche Zweifel zu zerstreuen, genügt es, an bestimmte Merkmale der ikonischen Zeichenpraxis zu erinnern, die den Weg zu einer reichen Erfahrung bahnen.

---

59 Vgl. dazu 2.4.3.

60 Zur frühen Entwicklung der Fähigkeit, Beziehungen zwischen taktilen und visuellen Erlebnissen herzustellen, vgl. Anm. 23.

(5.1) Bilder präsentieren immer eine spezifische Erscheinungsweise des Gegenstandes, den sie darstellen. Von dem Wort ‚Hund' wird abstrakt ein Genus bezeichnet, es sagt nichts über die besonderen Eigenschaften des von ihm markierten Gegenstandes ‚Hund' aus, die ihn von dem generellen Typus differenzieren. In jedem Bild aber sind notwendigerweise solche spezifischen Eigenschaften mitrepräsentiert, also etwa die Größe des Hundes, die Körperproportionen, die gegenwärtige Kopfstellung, eventuell die Farbe und die Textur des Felles.[61] Mit jedem Bildelement wird auf einen Schlag ein ganzer Komplex von Eigenschaften bestimmt. Der erscheinende Reichtum von Eigenschaften ist als einer der unendlich vielen Erscheinungsweisen zu verstehen, die der Gegenstand annehmen kann. Bilder führen unmittelbar in die Vielfalt der Erscheinungsmöglichkeiten der Welt hinein.

(5.2) Wenn in einer farbigen Skizze eine auf Rot stehende Verkehrsampel gezeigt wird, geht es nicht um eine besondere Rotfärbung, sondern um das, was der klassifikatorische Begriff ‚rot' meint. Wenn in einem Gemälde eine Stelle rot ausgemalt ist, kann es hingegen darum gehen, ein ganz spezifisches Rot, das der gemalte Gegenstand aufweist, zu erfassen. Der Reichtum der Erfahrung, den Bilder vermitteln, resultiert vor allem auch daraus, dass es mit ikonischen Mitteln möglich ist, feinste Differenzierungen anzuzeigen. Wir können unzählige Farbschattierungen und extrem viele sich minimal unterscheidende Gesichtszüge ausmachen. Wir können die verschiedensten Arten, den Kopf zu drehen oder die Augenbrauen zu heben, unterscheiden. Solche reichen sensorischen Differenzierungen können durch ikonische Zeichen ins Bild geholt werden.[62] Unter Umständen entstehen sie sogar erst aufgrund innovativer Erweiterung des Zeichengebrauchs.

Als wichtige Konsequenz aus dem Gesagten ergibt sich, dass wir nicht die verbalsprachlichen Mittel besitzen, um zureichend das, was das ikonische Zeichenmaterial abbildet, zu beschreiben. Die Differenzierung von Eigenschaften eines ikonisch dargestellten Objekts geht weit über das hinaus, was mit einer verbalsprachlichen Darstellung erreicht werden kann.[63] Jede ‚Übersetzung' einer piktoralen Darstellung in eine verbalsprachliche muss deshalb grob und in vieler Hinsicht inadäquat sein.[64]

(5.3) Hinzu kommt, dass jede Interpretation eines ikonischen Zeichenmaterials in begründeter Weise die Eindrücke von der Welt, die durch das Zeichen vermittelt werden,

---

61 Für eine präzisere Fassung dieses Sachverhalts vgl. Hopkins 1998, S. 24 ff. und Lopes 1996, S. 114. Ein Grenzfall sind Strichzeichnungen.

62 Darüber hinaus auch die spezifische Sichtweise, mit der der Maler den gemalten Gegenstand erfasst.

63 Mit Goodman lässt sich dies als besondere Leistung der ‚Exemplifizierung' beschrieben. Zur nichtverbalen Konzeptbildung vgl. Anm. 19.

64 Das gilt für jede ikonische Darstellung. Dass sogar verbalsprachlich geführte Kommunikationen nicht einfach ‚übersetzbar' sind, erkennt man, wenn man auf die komplexen Sinnbezüge achtet, in die sie eingebettet sind. Vgl. dazu Oevermann et al. 1979. Keinesfalls darf die Tatsache, dass es für einen bestimmten Zeichengebrauch keine ‚angemessene' Übersetzung gibt, zu der Schlussfolgerung führen, dass diese Zeichen keine ‚Bedeutung' haben können.

‚ergänzt'. Schon die im Sehen eines ikonischen Zeichens vorgenommene Typisierung ist eine ‚Ergänzung'. Man sieht ein Pferd, nicht eine vom Körper getrennte Pferdehaut. Wenn man ein schematisch gemaltes Bild eines Kopfes betrachtet, bei dem nur zwei schwarze Striche die Augen anzeigen, wird man spontan das nichtssagende Detail durch die Vorstellung eines Sehorgans von hoher Komplexität ersetzen.

Die *Appräsentation* geht darüber hinaus.[65] Wenn man in einem Bild ein Pferd auf der Weide sieht, ergänzt man das, was man sieht, durch eine Vielzahl von Informationen: Man weiß, dass das Tier Hinterbeine hat, auch wenn diese im Bild verdeckt sind; dass das Pferd in einer Umwelt lebt, aus dem es Mittel zu seiner Reproduktion gewinnt; dass die Wiese sich über den Bildrand hinaus erstreckt usw. Für die Erfahrung mit einem Bild ist diese *generative Erweiterung* („mechanics of generation"[66]) von größter Bedeutung.[67] Die ikonische Darstellung beschränkt sich nicht darauf, durch die Verknüpfung nichtssagender Details die Erfahrung eines Gegenstandes hervorzurufen. Sie stellt auch das Netz komplexer Weltbezüge dar, durch die der Gegenstand bestimmt ist.

(6) Mit der Präsentation eines Bildes werden zwei Eindrücke vermittelt. Einerseits wird auf einen Gegenstand verwiesen, der sich außerhalb des Materials der Darstellung befindet, gegebenenfalls auch in großer Entfernung zum Betrachter. Andererseits erscheinen Merkmale dieses Gegenstandes im Zeichenmaterial, also in unmittelbarer Nähe.[68] Wenn das Rathaus, das man im Bild erkennt, rot gefärbt ist, erscheint das Rot auch auf der Leinwand, vor der man steht, und dies verleiht ihm eine besondere Präsenz. Verstärkt wird dies dadurch, dass der dargestellte Gegenstand in eine besondere Nähe zum Betrachter gerückt wird. Im Bild ist erkennbar, dass der Maler sich in näherer oder größerer Entfernung zum Gegenstand befand, als er ihn malte. Davon zu unterscheiden ist die Distanz, die faktisch zwischen dem Betrachter und dem abgebildeten Gegenstand besteht. Der wahrnehmungsähnliche Eindruck, den das Bild vermittelt, suggeriert aber, dass der Betrachter dem Gegenstand in der derselben Distanz gegenübersteht wie der Maler, als er den Gegenstand erfasste. Die Darstellung zieht gewissermaßen den Gegenstand in die aktuelle Situation des Betrachters hinein. Diese Suggestion besteht, obwohl der Betrachter weiß, dass seine faktische Distanz zum Gegenstand in der Regel sehr viel größer ist.

---

65 Zu diesem von Husserl und Schütz verwendeten Begriff vgl. Schütz/Luckmann 1984, S. 178 ff.

66 Walton 1990, S. 138 ff.

67 „So the world of even [...] the sketchiest story or picture will turn out to be vastly richer, vastly more detailed, than anyone would have dreamed [...]. Fictional truths breed like rabbits. The progeny of even a few primary ones can furnish a small world rather handsomely" (Walton 1990, S. 148 und 142). Zu den Gründen, die solche ‚Ergänzungen' legitimieren, vgl. S. 144 ff.

68 Autoren, die Goodman (1968) folgen, sprechen von ‚Denotation' und ‚Exemplifikation', von ‚Verweisen' und ‚Vorweisen'. Darauf komme ich zurück.

Abschließend soll noch einmal daran erinnert werden, dass die ikonische Darstellung ein kommunikativer Akt ist. Der Betrachter eines Bildes wird nicht aufgefordert, frei seinen Assoziationen nachzugehen, sondern er muss einen Inhalt erfassen, der kommunikativ durch das Bild vermittelt wird. Wir werden sehen, dass nicht nur das Bildmaterial, sondern auch Kontextinformationen, die sich auf den Maler und die Bedingungen, die die Erzeugung des Bildes beeinflusst haben, beziehen, bei der Bestimmung des Bildinhalts von Relevanz sein können.

2.2 Eine komplexe ikonische Verweisung durch verschlüsselte Bilder

Das siebte der oben genannten Merkmale soll im Folgenden etwas genauer betrachtet werden. Es ist im Hinblick auf die Möglichkeit einer semantischen Interpretation von Musik von besonderem Interesse.

2.2.1 Die Ausdünnung des Zeichenmaterials und die Erscheinung verschlüsselter Bilder

Dass bei einer ikonischen Darstellung eine Verkopplung von Elementen essentiell ist, um eine prägnante Gestalt hervorzubringen, heißt nicht, dass alle Elemente einer ,vollen' Gestalt realisiert sein müssen. Das Zeichenmaterial kann (bei weitgehender Beibehaltung der Grundstruktur) reduziert und ausgedünnt werden.[69] Der Gestaltungsreichtum, den das ikonische Zeichen eröffnet, hängt wesentlich damit zusammen, dass Zeichenkomplexe, die in verschiedenster Weise ,deformiert' sind, dazu genutzt werden können, um einen Gegenstand zu erfassen. Ein Objekt kann in einer reduzierten Form gezeichnet und dennoch erkennbar sein. In den meisten Fällen setzen hier automatisch operierende Korrekturprozesse ein.[70]

Bei weitergehenden Reduktionen können solche Korrekturprozesse versagen. Gleichwohl kann es auch dann zu einer ikonischen Darstellung kommen. Es gibt Bilder, die auf den ersten Blick ,abstrakt' erscheinen, bei genauerem Hinsehen aber erkennen lassen, dass sie etwas darstellen. Es handelt sich um ,emergent pictures' oder ,verschlüsselte' Bilder, wie ich sie nennen will. Die Materialien solcher Bilder ermöglichen es nicht ohne Weiteres, in ihnen etwas Bestimmtes zu sehen: Sie erzeugen nicht spontan den wahrnehmungsähnlichen Eindruck, der ihre Bestimmtheit zum Ausdruck bringen

---

69 Vgl. dazu Blanke 2003, S. 64. Ein einfaches Beispiel wäre die Strichzeichnung eines Hauses, bei der der untere horizontale Strich, der das Fundament erfasst, fehlt. Oder die schematische Darstellung eines Gesichtes (Punkt, Komma, Strich) ohne die ovale Linie, die die Kontur des Kopfes nachzeichnet.

70 Diese Korrekturen erfolgen in derselben Weise wie die einer gegenständlichen Wahrnehmung, bei der bestimmte Elemente des Gegenstandes nicht sinnlich erfasst werden. Es werden mit einem Vorgriff auf einen Typus die fehlenden Elemente ergänzt. Zu diesen Korrekturprozessen vgl. Anderson 2013, S. 37 ff. und 43 f. Spezifisch zur „contour interpolation" vgl. auch Keane 2018.

würde.[71] Zur Veranschaulichung will ich drei Beispiele solcher verschlüsselten Bilder heranziehen.[72]

Zunächst ein Foto von Ronald C. James (von dessen Titel ich vorerst absehe).

Abb. 1 Ronald C. James, Foto von 1965

In der Regel wird man das abgebildete Objekt nicht sofort identifizieren können. Man sieht auf dem Bild zunächst nur eine Ansammlung von schwarzen Linien und schwarzen Flecken, die sehr unregelmäßig gestaltet und chaotisch über das Bild verstreut sind. Nirgendwo ist ein Element zu erkennen, das unmittelbar mit Bestimmtheit als Abbildung eines Gegenstandes verstanden werden könnte. Betrachtet man etwa zwei parallel zueinander verlaufende Linien, wäre nicht zu entscheiden, was man darin sehen soll: das Bein eines Tieres, einen Stock, eine Straße? Alle Elemente sind vieldeutig. Es ist zunächst offen, ob es sich hier überhaupt um eine Darstellung handelt oder nicht vielmehr um rein ornamentale Markierungen.[73]

Ein zweites Beispiel sind Lichtpunkt-Bilder, wie sie in den von Gunnar Johansson (1973) eingeführten Experimenten verwendet werden. Man kann eine Reihe von im Dunkeln leuchtenden Glühbirnen so zusammenstellen, dass sie Gegenstände abbilden. In den genannten Experimenten werden 10 bis 15 Glühbirnen an den Hauptgelenken einer am Experiment beteiligten Person befestigt. Dieses Arrangement wird Probanden im Dunkeln präsentiert, sodass diese nur die Lichtpunkte, nicht aber den die Lichtpunkte tragenden Körper wahrnehmen können. Bei dieser Versuchsanordnung ist nicht mit Bestimmtheit zu erkennen, was durch das Lichtpunkte-Arrangement angezeigt

---

71 Vgl. dazu auch das oben diskutierte Beispiel des Ertastens eines Stadtmodells, das erst sukzessive seinen Gegenstand erkennen lässt.

72 Beispiele wären auch kubistische Bilder, im Übergang zur Abstraktion geschaffene Bilder wie etwa das 1912 entstandene Bild *Improvisation 26 (Rudern)* von Kandinsky, aber auch Bilderrätsel von der Art der Drudel (zu letzteren vgl. Blanke. S. 2003, S. 96–98).

73 Vgl. dazu Lopes 2005, S. 42 ff.

werden soll. Solange der Körper sich nicht bewegt, das ‚Bild' also statisch präsentiert wird, bleibt die Darstellung unbestimmt.[74]

Schließlich noch ein drittes Bild, das zu den verschlüsselten Bildern gerechnet werden kann. Es handelt sich um ein Standbild aus einem von Heider und Simmel 1944 produzierten Animationsfilm, der in einem Experiment Versuchspersonen vorgeführt wurde.[75]

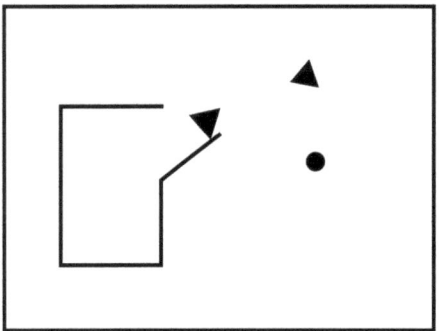

Abb. 2 Ein Standbild aus einem Animationsfilm, nach Heider/Simmel 1944, S. 244

Aus dem Arrangement der Zeichen, der beiden Dreiecke, des Kreises und des Rechtecks, das an einer Seite geöffnet ist, lässt sich nicht mit Bestimmtheit erkennen, was hier dargestellt werden soll. Man hat keinen Anhaltspunkt, um zwischen verschiedenen Deutungen eine Entscheidung herbeizuführen.

In allen drei Beispielen erscheint es wegen der Unbestimmtheit der Zeichen als äußerst zweifelhaft, dass etwas dargestellt sein könnte.

Von besonderem Interesse sind nun diese Bilder, weil sie sich als verschlüsselt erweisen. Bei einer bestimmten Veränderung der Sehbedingungen zeigt sich, dass sie trotz der Unbestimmtheit ihrer Elemente etwas darstellen.

1. Im Fall des ersten Bildes braucht man nur die Augen eine Zeitlang in dem Bild herumwandern zu lassen und erkennt dann irgendwann die Darstellung eines Dalmatiners.[76]

2. Im Fall der erscheinenden Lichtpunkte lässt man den Akteur bestimmte Bewegungen ausführen, also gehen, hüpfen, Rad fahren, Gewichte heben usw. Damit gerät das Arrangement der Lichtpunkte in Bewegung. Im ersten Moment scheinen diese Bewegungen einen chaotischen Charakter zu haben, aber dann wird deutlich, dass mit

---

74 Vgl. dazu Johansson 1973.

75 Vgl. Heider/Simmel 1944.

76 Zu den psychoneuralen Abläufen bei der hier stattfindenden „contour interpolation" bzw. „contour closure" vgl. Keane 2018.

den höchst unbestimmten Elementen etwas angezeigt wird, nämlich die Bewegung des Gehens, Hüpfens, Radfahrens oder Hebens.[77]

3. Heider und Simmel lassen in ihrem Animationsfilm die beiden Dreiecke und den Kreis verschiedene Bewegungen ausführen, beispielsweise: sich voneinander wegbewegen, sich annähern, durch die Öffnung in das Rechteck schlüpfen, gegen die Rechteckwand prallen. Den Versuchspersonen erscheinen diese Bewegungen zunächst als chaotisch. Aber dann erkennen sie eine Geschichte mit einem narrativen Verlauf. Man glaubt zu sehen, dass das größere Dreieck das kleinere verfolgt, der kleine Kreis in dem Gehäuse Schutz sucht, aber dann von dem großen Dreieck daraus vertrieben wird, oder das Gehäuse gewaltsam von dem großen Dreieck zertrümmert wird. Darüber hinaus werden aufgrund dieser Deutungen den ‚Akteuren‘ konkrete Charaktereigenschaften wie bösartig, hilflos, durchsetzungsfähig usw. zugesprochen.[78]

In allen drei Fällen gelingt es, nachdem zunächst die Identifikation des Abgebildeten an der Unbestimmtheit des Materials scheitert, im Bild bzw. Bildgeschehen eine Darstellung von etwas zu erkennen, und zwar von einem eindeutig bestimmten Gegenstand oder Geschehen. Es handelt sich nicht um beliebige subjektive Imaginationen, sondern um die Herausbildung einer ganz bestimmten ‚zweiten Erfahrung‘. In jedem der Bilder sind alle Elemente unbestimmt, keines lässt sich als eine bestimmte Darstellung verstehen. Aber wenn die Elemente ‚richtig‘ verkettet werden, erscheint ein Geschehen, das einer anderen Welt angehört als der des Zeichenmaterials. Das ikonische Zeichen legt eine Spur, die nur unter bestimmten Bedingungen ihren Sinn erkennen lässt.

Im Folgenden will ich diese besondere Form, in der sich eine ‚zweite Erfahrung‘ herausbildet, genauer betrachten. Im Kern handelt es sich darum, dass in dem verschlüsselten Bild Elemente ‚fehlen‘, die notwendig sind, um eine spontane Wahrnehmung des angezeigten Ereignisses zu gewinnen, und dass angesichts dieses Mangels eine Suchaktion nach den fehlenden Elementen erfolgen muss. An die Stelle der oben beschriebenen ikonischen Typisierung tritt hier die *holistische Interpretation*. Der Grundgedanke der holistischen Interpretation ist, dass ein einzelnes Element nicht für sich interpretiert wird, vielmehr ein Interpretationsversuch unmittelbar mit den Interpretationsmöglichkeiten anderer Elemente abgeglichen werden muss. Durch einen solchen Abgleich können Deutungsversuche bestätigt oder widerlegt werden. Auf diese Weise kommt

---

77 Eine Präsentation von Lichtpunkt-Filmen findet sich online unter: http://www.biomotionlab.ca/Demos/ BMLwalker.html, letzter Zugriff 01.09.2024. Auch genauere Informationen sind aus solchen Präsentationen zu gewinnen, z. B. über das Geschlecht der aktiven Akteure, über die Größe eines Gewichts, das hochgestemmt wird, usw. Vgl. dazu Runeson/Frikholm 1981, Cutting/Kozlowski 1977 und Proffitt/ Kaiser 1995.

78 Zu weiteren Experimenten dieser Art vgl. Scholl/Tremoulet 2000 und Kassin 1982.

es zu einer iterierten Abfolge der Aufstellung von Deutungshypothesen und deren Überprüfung durch das Material (conjectures and refutations).[79]

Ich will dieses Verfahren an dem ersten Beispiel, dem Foto *The Dalmatian* von Ronald C. James, erläutern, indem ich die einzelnen Schritte, die zur Interpretation des Fotos erforderlich sind, nachzeichne.[80]

Bevor wir damit beginnen, zwei Vorbemerkungen:

(1) Die Elemente eines verschlüsselten Bildes sind zwar vieldeutig, aber nicht beliebig deutbar. Sie können sich Deutungen auch widersetzen. Nehmen wir beispielsweise ein Element aus der Mitte des genannten Fotos. Man sieht dort links neben einem schwarzen Balken eine ballonförmige offene Fläche, die einige punktförmige Markierungen aufweist. Betrachter könnten sehr Unterschiedliches in diesem Bildteil sehen, etwa ein Gesicht, einen Mandolinenkörper, die Schlagfläche eines Tennisschlägers oder eine umgekehrte Korbflasche. Andererseits ist dieses Bildelement aber mit vielen Deutungen unvereinbar. Es kann z. B. nicht als Pfeil, Seestern oder Kreuz gesehen werden. Jedes Element des Fotos ist so bestimmt, dass mit Verweis auf Eigenschaften des Elements Deutungen widerlegt werden können. Die Eigenschaften der Materialelemente erlauben viele Deutungen, aber gleichzeitig sind sie mit noch mehr Deutungen nicht vereinbar.

(2) Die Zusammenstellung verschiedener Bildelemente ergibt sich oft aus Strukturzusammenhängen, die zwischen den dargestellten Objekten bestehen. Ein Laptop etwa steht häufig auf einem Tisch, dieser auf einem Boden, dieser gehört zu einem Zimmer usw. Ein anderes Beispiel wären Elemente eines organischen Körpers, bei denen Strukturzusammenhänge aus funktionalen Gründen zwingend sind. Insofern solche Strukturzusammenhänge auch die Bildgestaltung bestimmen, können sie für das Verstehen von Bildern in Anspruch genommen werden.[81]

---

79 Zu einer formalen Rekonstruktion des holistischen Interpretationsverfahrens vgl. Detel 2016, S. 203 ff., Detel 2014, S. 214 ff., und Scholz 2015. Verwiesen sei vor allem auch auf die im Kontext der Objektiven Hermeneutik entwickelte Interpretationsmethodik, insbesondere das Verfahren der sequentiellen Analyse. Vgl. Oevermann et al. 1979.

80 Wer den Inhalt des originalen Fotos relativ problemlos erfasst (und darum weitergehende Interpretationsschritte für überflüssig hält), sollte die Entschlüsselung des Bildes erschweren, indem er es um 90° dreht oder alternativ an eine Variante des Fotos denkt, die noch abstrakter ausfällt als das Original und sich deshalb definitiv einem spontanen Verstehen verschließt.

81 Was hier als Strukturzusammenhang oder regelförmiger Zusammenhang bezeichnet wird, müsste genauer bestimmt werden. Ein solcher Versuch findet sich bei Detel 2014, S. 146 ff. und 215 ff. Vgl. insbesondere auch seine Überlegungen zum nomischen Muster eines „semantischen Netzwerks" (Detel 2016, S. 205 f.). In der Semantik von Sprache spielen Strukturzusammenhänge eine wichtige Rolle. Die Kognitionspsychologie hat dies mit dem Begriff des semantischen Schemas erfasst. Vgl. Anderson 2013, S. 105 ff.

2.2.2   Die holistische Interpretation

Wir beginnen unsere Interpretation des Fotos bei einem bestimmten Element, nämlich der schon angesprochenen ballonförmigen Fläche in der Mitte des Bildes. Ein erster Interpretationsversuch wäre etwa, in dieser Fläche die Darstellung eines zum Kinn hin schmaler werdenden Gesichtes zu sehen. Mit dieser Interpretation wird ein regelförmiger Zusammenhang unterstellt, insofern zu einem Gesicht im Normalfall Augen, Nase und Mund und im Weiteren ein Hals, ein Körper usw. gehören. Die Interpretation verlangt daher, dass weitere Elemente des Bildes sich in die hypothetisch unterstellte Gesamtgestalt einpassen lassen. Es muss also andere Elemente geben, die sich als Augen, Nase und Mund, darüber hinaus auch Elemente, die sich als Hals, als zu dem Gesicht gehörender Körper usw. verstehen lassen. Untersucht man das Material daraufhin, erweist es sich, dass es den durch die Hypothese gestellten Anforderungen nur sehr partiell genügt. Zwar lassen sich Augen, Nase und Mund finden, auch könnte man die beiden parallelen breiten Striche, die vom ‚Kinn‘ aus nach unten abgehen, als Umrisse eines Halses verstehen, aber darüber hinaus findet die Hypothese keine Entsprechung mehr. So befindet sich etwa unterhalb des Halses nichts, was sich als Körper verstehen ließe.

Machen wir einen neuen Versuch und interpretieren die offene Fläche als einen Mandolinenkörper. Insofern zu einem Mandolinenkörper Dinge gehören wie parallel zueinander verlaufende Saiten, die über ein größeres Loch in der Mitte hinweg verlaufen, oder ein Griffbrett, ist mit dieser Interpretation die Anforderung verbunden, dass sich für diese Dinge entsprechende Elemente im Material finden. Bei einer Überprüfung am Material wird deutlich, dass dieser Anforderung nur sehr unzureichend entsprochen wird. Zwar lassen sich die zuvor als Hals interpretierten parallel verlaufenden Linien als Darstellung eines Griffbretts verstehen, aber ansonsten finden sich keine der hypothetisch unterstellten Elemente.

Wichtiger als dieser Mangel aber ist ein anderer. Die Mandolinenhypothese hat von ihrer Anlage her eine extrem geringe Ausstrahlung. Sie bezieht sich nur auf einen sehr kleinen Teil des Bildes, der größere Rest bleibt vollständig uninterpretiert. Man könnte natürlich die Hypothese erweitern, etwa zu ‚Mandoline in den Händen eines Mandolinenspielers‘. Aber nicht nur diese, sondern auch jede andere in dieser Weise erweiterte Hypothese würde vermutlich vom Material nicht gedeckt werden können.

Machen wir schließlich noch einen Versuch, indem wir jetzt mit der Hypothese arbeiten, dass es sich bei der offenen Fläche und ihrer durch die beiden parallelen Striche angezeigten Fortsetzung nach unten um das Bein eines Tieres handelt. Damit wird als Sachzusammenhang ein Tierkörper unterstellt, bei dem sich Rücken, Bauch, Schulter, Beine, Hals, Kopf usw. zu einem Ganzen zusammenschließen. Fügen sich die anderen Elemente in eine solche Deutung ein? Das an die ballonförmige Fläche links angrenzende Dreieck kann jetzt ohne Probleme als Kopf bestimmt werden. Ebenso unproblematisch ist es, die obere Abgrenzung der Fläche als Rundung der Schulter zu interpretieren. Es gibt andere Elemente, die als Bauch, wiederum andere, die als Umgrenzungslinie des Rückens, und schließlich auch solche, die als eine Hinterpfote des Tieres verstanden werden können. Insgesamt kann diese Interpretation als über weite Strecken erfolgreich gelten (ohne dass alle Materialelemente lückenlos daraus zu bestimmen wären).

Im Vergleich zu den beiden anderen Hypothesen erscheint die dritte Hypothese als entschieden aussagekräftiger. Sie ist mit vielen Elementen des Bildes kompatibel. Als großflächige Hypothese deckt sie auch im Gegensatz zu den anderen einen wesentlichen Teil des Bildes ab. Mit ihr wird etwas erfasst, das als bestimmender Inhalt des Bildes verstanden werden kann. Insgesamt muss die auf der Grundlage der dritten Hypothese durchgeführte Interpretation (unterstellt, dass es sonst keine noch überzeugenderen Interpretationen gibt) als beste Interpretation gewertet werden.[82]

In einem Punkt ist die vorgenommene Interpretation zu ergänzen. Wenn man nicht nur eine grobe Kennzeichnung des Bildes vornehmen, sondern zu dem spezifischen Reichtum, der in der ikonischen Darstellung erfasst wird, gelangen will, müssen im Zuge der Konfrontation der Hypothesen mit dem Material die Hypothesen spezifiziert werden.[83] Auf den jeweils erreichten Ebenen der Spezifizierung kann der Prozess der Eliminierung von Hypothesen fortgesetzt werden. Im konkreten Fall müsste man versuchen, die Tierart zu konkretisieren, dabei würden dann Hypothesen wie die, dass es sich hier um ein Schaf oder – auf der nächsten Ebene – um einen Dackel handelt, bei der Überprüfung am Material scheitern.

Am Ende wird sich ein deutliches Bild des dargestellten Gegenstandes ergeben, ein erstaunliches Ergebnis, wenn man an die Unbestimmtheit des Ausgangspunktes denkt.

Ich fasse noch einmal die wichtigsten Schritte der holistischen Interpretation zusammen.
- Ausgangspunkt ist die Vieldeutigkeit der Bildelemente. Jedes der Elemente lässt verschiedene Deutungen zu.
- Der erste Schritt der Interpretation besteht darin, dass man sich im Hinblick auf ein ausgewähltes Bildelement hypothetisch auf eine der Deutungsmöglichkeiten festlegt.
- Im zweiten Schritt werden Deutungshypothesen formuliert, die sich auf den Zusammenhang des ausgewählten Elements mit anderen Elementen beziehen. Die Hypothesen zielen auf Strukturzusammenhänge, in denen Elemente nomisch miteinander

---

82 Im Prinzip müssten weitere Interpretationen erprobt werden. Die Auswahl der zu berücksichtigenden Hypothesen wird durch Hintergrundannahmen, die als Filter fungieren, eingeschränkt. Vgl. dazu Scholz 2015 und 2.4.4.

83 Dies entspricht der von Oevermann erhobenen Forderung, die sequentielle Analyse auf der Basis „einer möglichst riskanten, möglichst informationshaltigen, reichhaltigen Strukturhypothese" voranzutreiben. Oevermann 1988, S. 282.

verknüpft sind. Auf diese Weise ergeben sich aus der Deutung eines Zeichenelements implizit Kompatibilitätsanforderungen an die übrigen Zeichenelemente.

- Je nachdem, welche Bedeutung einem Bildelement zugesprochen wird, ergeben sich unterschiedliche Zusammenhangshypothesen. Diese Hypothesen unterscheiden sich darin, in welchem Umfang die von ihnen jeweils implizierten Anforderungen an die Ausprägung anderer Bildelemente vom Zeichenmaterial bestätigt oder abgewiesen werden.
- Der Inhalt der Deutungshypothese, die am besten bestätigt wird, ist der bestimmte Inhalt, der durch die Bilddarstellung erfasst wird.

Mit Blick auf das diskutierte Beispiel kann man die Grundidee der holistischen Interpretation noch einmal in einer anderen Form fassen. Bei der Darstellung eines Gegenstandes in einem Bild sorgt in der Regel eine dichte Folge von Elementen dafür, dass das typenhafte Muster, das die Elemente zu einer sinnvollen Einheit zusammenschließt, sofort zu erkennen ist. Dagegen ist das verschlüsselte Bild ‚ausgedünnt'. In ihm finden sich elementare Teilstücke eines Ganzen, die aber deshalb nicht sogleich als solche zu erfassen sind, weil essentielle Verbindungslinien, die den Gesamtzusammenhang sichtbar machen würden, fehlen. Die Aufgabe ist es, mit Hilfe der holistischen Interpretation diese Verbindungslinien zu rekonstruieren. Das Bestimmte, das in einer ikonischen Darstellung erfasst wird, ist in verschlüsselten Bildern nicht das Bestimmte einer sich spontan einstellenden Anschauung, sondern das bestimmte Ergebnis eines (mit hypothetischen Mustern arbeitenden) Suchprozesses. Dies zeigt noch einmal in besonderer Weise, wie weit sich ein Bild von einer anschaulichen Ähnlichkeit mit dem abgebildeten Gegenstand entfernen kann.

Weil holistische Interpretationen den Zugang zu latenten Sinnstrukturen eröffnen, ergibt sich die Möglichkeit, dass eine Kommunikation auch mit Hilfe eines stark ausgedünnten, abstrakten Zeichenmaterials zustande kommen kann. Der Maler, der ‚verschlüsselte' Zeichen verwendet, kann darauf setzen, dass die Betrachter des Bildes die Fähigkeit besitzen, im ausgedünnten Material den gemalten Gegenstand zu entdecken. Die Spur reicht, um eine reiche Erfahrung hervorzurufen.

2.3 Eine komplexe ikonische Verweisung durch bewegte Bilder (Filme). Die Interpretation mit Hilfe von Narrationen

So wie mit einem ausgedünnten Bildmaterial ist mit einem ausgedünnten Filmmaterial eine ikonische Darstellung realisierbar. Ich will auf diesen Punkt kurz eingehen, weil sich daraus wichtige Hinweise für die Interpretation von Tonbewegungen gewinnen lassen. Nehmen wir an, wir sehen in einer kurzen Filmsequenz, wie ein nicht näher bestimmtes Objekt sich nach oben bewegt. Aus einer solchen kurzen Sequenz ist nicht zu entnehmen, um welche konkrete Bewegung es sich handelt. Das filmische Material ist hier in zweifacher Weise ausgedünnt. Erstens fehlt Material, um sofort erkennen zu können, um welches Objekt es sich handelt. Zweitens fehlt das Material, mit dem die Fortsetzung der Bewegung erfasst würde. Wie ändert sich nun das Verständnis des Films, wenn man die Materialbasis anreichert? Würde man das Objekt im Detail darstellen, sodass es etwa als ein Vogel zu identifizieren wäre, könnte man die Bewegung spezifizieren, also im Fall des Vogels eine aus eigener Kraft gesteuerte Flugbewegung erkennen. Das wäre aber auch auf anderem Wege zu erreichen, also auch ohne eine ‚Ausmalung' des Objekts. Die Filmaufnahme müsste nur so angereichert werden, dass weitere Teile der Bewegung erfasst würden. Je nachdem, wie die weitere Bewegung verläuft, könnte man erkennen, dass es sich um die Flugbewegung eines Vogels oder die Bewegung eines hochgeworfenen Balls oder die Bewegung eines hochgeworfenen Steins handelt. Wenn genügend aufeinanderfolgende Bewegungselemente gezeigt werden, ist der diese Elemente verbindende Zusammenhang erkennbar. Bewegungselemente sind identifizierbar, wenn aufgrund einer dichten Folge von Elementen eine, wie wir sagen wollen, *narrative Verlaufsform* zu erkennen ist.[84]

Gleichzeitig würde damit, dass man die narrative Struktur des Bewegungsablaufs erfasst, auch der nicht ‚ausgemalte' Akteur (zwar nicht in seiner Individualität, aber seinem Typus nach) identifiziert (ein Vogel, kein Stein). Daraus ist eine wichtige Folgerung zu ziehen: Die extensive Darstellung eines Bewegungsablaufs kann zumindest teilweise eine Ausdünnung des filmischen Materials kompensieren.

Ganz analog wie in dem genannten Beispiel verläuft der Verstehensprozess, wenn man den von Johansson gezeigten Film eines Rad fahrenden Akteurs betrachtet. Hier werden in dichter Folge so viele Bewegungselemente aneinandergereiht, dass der volle Bewegungsablauf und damit das für das Fahrradfahren typische Muster der Tretbewegung erfasst werden kann. Gleichzeitig wird mit dem Bewegungsablauf ein Akteur erkennbar, der die Bewegung in Gang setzt.

Im Vergleich zu diesem Film ist der von Heider/Simmel weiter ausgedünnt. Der Bewegungsablauf ist zunächst nicht eindeutig zu identifizieren. Wenn sich zwei Figuren A und B einander annähern und sich wieder voneinander entfernen, ist nicht klar, worum es sich hier handelt. Es müssten weitere Elemente gezeigt werden, um das zu entscheiden. Deutlicher wäre der Sinn dieser Bewegungen etwa dann, wenn A bei der Annäherung B einen Schlag versetzen oder B mit einer freundlichen Geste etwas überreichen würde. Aber gerade solche detaillierteren Bewegungselemente fehlen im Film von Heider/Simmel. Aus diesem Grund lässt sich eine narrative Verlaufsform nicht spontan erfassen.

Aber auch unter der Voraussetzung eines extrem ausgedünnten Filmmaterials lassen sich unter Umständen Abläufe inhaltlich identifizieren. Die Identifizierung erfolgt nach

---

84 So wie Körperteile identifizierbar sind, wenn man die gesamte Körperstruktur erfasst.

dem oben dargestellten Muster einer holistischen Interpretation. Ein zu interpretierendes Element im filmischen Ablauf, eine für sich nicht verständliche kürzere Sequenz, wird hypothetisch auf andere Elemente des Ablaufs bezogen, und zwar auf die sequentiell unmittelbar folgenden.[85] Die Zusammenhangshypothesen, die wir für einen solchen Vorgriff benötigen, haben hier einen anderen Charakter. Sie richten sich auf strukturierte Ablaufmuster, in denen Elemente mit ihnen sequentiell folgenden Elementen nomisch verknüpft sind. Die Bewegungsstruktur eines auf den Boden aufprallenden Balls ist dafür ein Beispiel. Mit Hilfe eines solchen narrativen Ablaufmusters können im Film nicht gezeigte Bewegungselemente rekonstruiert werden.

Die Ablaufmuster, auf die bei der holistischen Interpretation von ausgedünnten Filmen zurückgegriffen wird, können ganz unterschiedlicher Natur sein. In den beiden oben genannten Filmen macht ein durch eine Maschinenstruktur vorgegebener mechanischer Ablauf bzw. ein typisches Interaktionsmuster das Geschehen verständlich. Weitere Beispiele wären konventionell geregelte Ereignisfolgen (wie z. B. ein Restaurantbesuch), die in ‚Skripten‘ festgehalten sind,[86] ferner die Abfolge von Handlungsschritten bei intentionalem Handeln oder auch Muster von Verläufen, wie sie typischerweise Erzählungen zugrunde liegen.[87] Ich spreche im Hinblick auf diese unterschiedlichen Verlaufsformen zusammenfassend von *typischen Ablaufmustern*.

Bei verschlüsselten Filmen müssen mit Bezug auf die einander folgenden unbestimmten Bewegungselemente solche typischen Ablaufmuster hypothetisch herangezogen und am Material überprüft werden. Von einem Anfangselement aus lassen sich hypothetisch unterschiedliche Verläufe konzipieren. Zu überprüfen ist dann, ob eine dieser Hypothesen besser der Gesamtfolge der Elemente entspricht als andere.[88]

Auch im Fall von stark ausgedünnten Filmen ist es also im Prinzip möglich, durch Rückgriff auf typische Ablaufmuster Lücken der Darstellung zu kompensieren und damit das dargestellte Sinngeschehen eindeutig zu identifizieren.

Durch das Gesagte wird noch einmal eine wesentliche Differenz eines multiplen analogisierenden Zugriffs auf Weltereignisse und der Erfassung einer bestimmten Verweisung

---

85 Ein Bezug auf willkürlich herausgegriffene, unzusammenhängende Elemente des Ablaufs würde schwerlich zu einem Ergebnis führen. Methodisch ist eine streng sequentielle Analyse erforderlich. Vgl. dazu insbesondere Oevermann et al. 1979.

86 Zu solchen – in der Sprache der Kognitionspsychologie – „Ereigniskonzepten" oder „Skripten" vgl. Schank/Abelson 1977 und Anderson 2013, S. 109 ff.

87 Vgl. dazu Ricœur 1980, Newcomb 1984 und Almén 2008. Die Erzähltheorie spricht von ‚Plots‘ oder ‚narrativen Schemata‘.

88 Im Fall des Heider/Simmel-Films wäre es die Hypothese einer (mit aggressiven Absichten unternommenen) Verfolgungsjagd, mit der wohl am besten das Gesamtgeschehen zu erfassen ist. Dagegen würde das Interaktionsmuster ‚Schenken und Verstärken der sozialen Beziehung‘ dem Material weitgehend widersprechen.

auf Weltereignisse durch Zeichen deutlich. Kürzere Phasen der Bewegungen der geometrischen Figuren im Heider/Simmel-Film können zu vielen Weltereignissen analogisch in Beziehung gesetzt werden. Diese multiple Verweisung führt zu keiner genauen Bestimmung dessen, was im Film geschieht. Wenn es aber (als Ergebnis mehrfacher hypothetischer Deutungsversuche) gelingt, einen übergreifenden narrativen Zusammenhang zu erfassen, dann gewinnt das zunächst Unbestimmte eine Bestimmtheit.

Bei verschlüsselten Filmen beruht also die Erfahrung eines narrativen Zusammenhangs nicht darauf, dass einzelne Elemente jeweils für sich einen Weltbezug spontan zu erkennen geben, vielmehr sichert umgekehrt erst der narrative Zusammenhang diesen Bezug. Darauf komme ich bei der Diskussion der Narrativität in der Musik zurück.

2.4 Ergänzungen

Eine umfassende Analyse der Darstellungsmöglichkeiten von verschlüsselten Bildern liegt außerhalb der Grenzen dieser Untersuchung.[89] In einigen Punkten möchte ich aber das Gesagte ergänzen: 1. die Vermittlung einer reichen Erfahrung durch verschlüsselte Bilder, 2. die Identifikation eines Akteurs, 3. die Stützung durch den Kontext und 4. die Bedingungen der Zeichenerstellung als Kontext.

1. Wenn die Reduktion und Ausdünnung des Zeichenmaterials zur Verschlüsselung von Bildern führt, muss dies nicht bedeuten, dass der durch das Zeichen erfasste Inhalt reduziert wird. Das Foto *The Dalmatian* zeigt dies. Auch als verschlüsseltes kann dieses Foto denselben Erfahrungsreichtum vermitteln wie ein weniger reduziertes. In diesem Fall müsste man sogar sagen, dass der Erfahrungsreichtum durch die Reduktion gesteigert wird. Das Foto macht etwas Spezifisches deutlich, nämlich die Tatsache, dass die besondere Ausprägung des Tierfells einen Camouflageeffekt erzeugt. Durch Abstraktion kann das Foto mehr über die sinnliche Erscheinungsweise des Hundes aussagen als ein weniger reduziertes Bild.

Ich habe oben gesagt, dass ikonische Zeichen in besonderer Weise dazu geeignet sind, Erscheinungen in ihrer Differenziertheit zu erfassen. Angesichts der unterschiedlichen Stile, in denen eine piktorale Darstellung erfolgen kann, muss diese Überlegung relativiert werden. Jeder Malstil ist sowohl durch das gekennzeichnet, was sich mit ihm erfassen lässt, als auch dadurch, dass er bestimmte Möglichkeiten der Repräsentation ausschließt.[90] Dass auch mit dem Gebrauch von verschlüsselten Zeichen Grenzen des Darstellbaren verbunden sind, ist evident. In den von uns diskutierten Filmen beispielsweise sind genauere Eigenschaften von Akteuren, etwa exakte Körperproportionen oder spezifische Gesichtszüge, nicht darstellbar. Das wiederum hat zur Folge, dass eine Unsicherheit im Hinblick auf die Identität von Akteuren besteht. Wenn das

---

89 Zu einer weiter reichenden Analyse des Verstehens schwacher ikonischer Zeichen vgl. Blanke 2003, S. 97 ff. und 121 ff.

90 Lopes 1996, S. 117 und 124.

große Dreieck aus dem Bild tritt und später wieder erscheint, handelt es sich dann um denselben Akteur? Und was ist, wenn sein schwarzer Innenraum jetzt weiß ausgemalt ist? Die Liste der Dinge, die mit diesem Bildstil nicht erfassbar sind, ist gerade auch im Vergleich zu den Möglichkeiten des ‚konkreten‘ Spielfilms sehr groß. Das erzeugt, wie gezeigt, besondere Unsicherheiten im Hinblick auf die Interpretation der in diesem Stil geschaffenen bildlichen Darstellungen. Daraus den Schluss zu ziehen, dass mit den Mitteln dieses Stils nichts Wesentliches dargestellt werden könnte, wäre allerdings ein Irrtum.

Hier ist auch an den Vorgang der generativen Erweiterung zu denken, zu der das ikonische Zeichen einlädt und durch die es erst eine reiche Erfahrung vermittelt. Im Bild *The Dalmatian* befindet sich an der Stelle des Kopfes nur ein minimal gestalteter schwarzer Fleck. Was wir sehen, ist aber ein vielgestaltiges, mit feinsten Sinnesorganen ausgestattetes Körperteil. Aus nichtssagenden Details werden dadurch, dass man sie zu anderen Details in Beziehung setzt, nicht nur bestimmte Objekte, sondern sie eröffnen auch die Erfahrung komplexer Gehalte.

2. Wie aus den genannten Filmsequenzen zu ersehen ist, ist die Schwierigkeit, Filme zu deuten, die mit ‚unbestimmten‘ Materialien arbeiten, vor allem darauf zurückzuführen, dass mit diesen Materialien die Körper der Akteure, um die es in dem Filmgeschehen geht, nur schwach oder gar nicht dargestellt sind. Die Tatsache, dass in Spielfilmen die Akteure, die Bewegungen ausführen oder in sie einbezogen sind, in ihrer besonderen körperlichen Ausprägung erscheinen, ist für das Verstehen des gezeigten Geschehens essentiell. Eine Bewegung, die wellenförmig nach oben und unten sich entfaltet, kann sofort verstanden werden, wenn man erkennt, dass es sich um einen schwimmenden Menschen oder einen in der Luft schwebenden Vogel handelt. Ersetzt man die Körper durch geometrische Figuren, droht das Erkennen seine Bestimmtheit zu verlieren.

Allerdings bieten verschlüsselte Filme unter bestimmten Bedingungen die Möglichkeit, diesen Mangel zu kompensieren. Bei einer bestimmten Ausgestaltung der gezeigten Bewegungen lässt sich unter Umständen auf die Akteure, die diese Bewegungen ausführen oder in sie einbezogen sind, schließen. Das ist auch bei den oben diskutierten Interpretationen der Fall. Durch das Aufleuchten der an den Gelenken befestigten Glühbirnen für sich genommen kommt keine Darstellung eines Körpers zustande. Sobald aber das Ganze in Bewegung gerät, wird nicht nur die bestimmte Art der ausgeführten Bewegung erkennbar, man denkt auch an Akteure, die diese Bewegung ausführen. Die Identifizierung einer Bewegung als Radfahren lässt auch einen Akteur erkennen, der Rad fährt.

Wenn ein Körper A an einen Körper B stößt und der Körper B sich von A entfernt, kann dies vieles sein. Wenn aber der Körper A nach einem gewissen Zögern dem sich entfernenden B folgt und zwar mit erhöhter Geschwindigkeit, sodass er B einholt, wird man nicht an Billardkugeln denken. Und wenn der Körper B, noch bevor er von A berührt wird, das Weite sucht, beginnt man, an einen Akteur zu denken, der den möglichen weiteren Zusammenstoß antizipiert und ihn vermeiden möchte.

Die Rekonstruktion eines Akteurs aus der Spezifik einer gezeigten Bewegung gehört mit zu den interpretativen Anstrengungen, die im Kontext einer holistischen Interpretation unternommen werden.

3. Semiotiker unterscheiden zwischen intrinsischer und extrinsischer ikonischer Typisierung.[91] Im ersten Fall ist das Zeichenmaterial so aussagekräftig, dass sich das Ansteuern eines bestimmten Typus wie von selbst ergibt, eine Erfahrung, die wir normalerweise auch beim Betrachten eines Bildes machen. In manchen Fällen aber ist der Weg von der wahrgenommenen Erscheinung zum Typus höchst unsicher, es kann mehrere Möglichkeiten geben, die Erscheinung zu identifizieren, und eine Entscheidung zwischen diesen ist nicht ohne Weiteres zu treffen. In diesen Fällen muss auf den äußeren Kontext zugegriffen werden.

Ein einfaches Beispiel ist das Drudel, das sowohl als Duschkopf wie als Reisigbesen interpretierbar ist.[92] Eine Entscheidung zwischen unterschiedlichen Interpretationen ist hier durch Verweis auf das Zeichenmaterial nicht möglich. Unter bestimmten Bedingungen kann aber auch bei solchen Bildern eine eindeutige Interpretation gelingen, doch geschieht dies nicht allein aufgrund von Merkmalen des Zeichenmaterials, sondern durch den Kontext, der den Möglichkeitsraum der Typisierung einengt. Wenn etwa das genannte Drudel auf der Rückseite einer Armbanduhr erscheint, wird man aufgrund der Tatsache, dass Uhren gegen funktionsschädigende Faktoren, wie z. B. Wasser, geschützt sein müssen, die Interpretation ‚Duschkopf' wählen. Kontexte können in dieser Weise zur Selektion von Interpretationen herangezogen werden.[93]

Das Verständnis von verschlüsselten Bildern ist in besonderer Weise auf Kontextinformationen angewiesen. Durch das Verfahren der holistischen Interpretation wird das Feld möglicher Interpretationen stark reduziert. Wenn dennoch Unklarheiten bleiben, muss zusätzlich darauf geachtet werden, inwieweit Interpretationen durch Kontextinformationen gestärkt oder geschwächt werden.

4. Der Gedanke, dass Vorstellungen desjenigen, der ein Zeichen aussendet, einen Kontext bilden, der bei der Interpretation eines Zeichenmaterials beachtet werden muss, bedarf einer genaueren Klärung.[94] Darstellen ist ein kommunikativer Akt. Bei der Herstellung eines Zeichens hat die Vorstellung des Senders von dem, was er kommunizieren will, eine wesentliche Bedeutung.[95] Aber das heißt nicht, dass der Inhalt des Zeichens sich vollständig mit dem deckt, was derjenige, der das Zeichen sendet, im Sinn hat. Je

---

91 Vgl. dazu Blanke 2003, S. 97.

92 Eine genauere Analyse dieses Beispiels findet sich bei Blanke 2003, S. 98.

93 Die explizite oder implizite Wirkung von Kontextinformationen ist Gegenstand einer Pragmatik der Zeichenverwendung. Vgl. Blanke 2003, S. 119 ff. sowie Anm. 98.

94 Zu einer differenzierten Analyse der Rolle der „artists' intentions" vgl. Lopes 1996, S. 157 ff. sowie Wollheim 2015.

95 Man kann in Wolken, in Mauerrissen, sogar in Ameisenspuren Bilder entdecken, aber hier wird, weil der kommunikative Akt fehlt, nichts dargestellt.

komplexer das Zeichenmaterial ist, umso wahrscheinlicher ist es, dass die Herstellung des Zeichens nicht unter der vollen Kontrolle des Absenders steht. Das gilt natürlich insbesondere für Kunstwerke. Darum kann auch die Interpretation eines Kunstwerks nicht einfach dadurch abgesichert werden, dass man nach den (gegebenenfalls geäußerten) Vorstellungen des Künstlers fragt, die er mit dem Kunstwerk verbindet.

Gleichwohl können lebensweltliche Erfahrungen des Künstlers und die Vorstellungen, die er mit seiner künstlerischen Praxis verbindet, zur Interpretation herangezogen werden. Sie können als Kontext dienen, der neben anderen Kontextinformationen dazu führen kann, dass bestimmte Interpretationshypothesen ausgeschlossen und andere verstärkt werden. Die Grenzen des Sinnhorizonts, in dem sich der Künstler bewegt, setzen auch Grenzen für die Interpretation.

Ich will dies am Beispiel des Fotos *The Dalmatian* erläutern. Nehmen wir an, wir hätten uns genauer mit dem Fotografen James und seinem Werk beschäftigt und wüssten, dass er größere Serien von Bildern angefertigt hat, mit denen er demonstriert, wie sich spezifische Lichtverhältnisse auf die Erscheinungsweise von Tieren auswirken. In diesem Fall würde das Hintergrundwissen unsere Interpretation, dass in dem Bild ein Hund erfasst ist, bestätigen. Nehmen wir aber nun an, wir wüssten, dass der Fotograf mit seinen Fotografien immer nur Muster von Markierungen oder Lichtflecken einfängt, Muster, die keinen gegenständlichen Charakter haben, und dass er grundsätzlich die Abbildung von Gegenständen vermeidet. Dann wäre unsere Interpretation infrage zu stellen. Man könnte vor diesem Hintergrund vermuten, dass es auch in dem von uns betrachteten Bild wesentlich darum geht, bestimmte (ornamentale) Lichtmuster zu präsentieren. Die Tatsache, dass man in dem erfassten Muster von Licht und Schatten irgendwo eine Hundefigur entdecken kann, ist unter dieser Bedingung kein Beleg dafür, dass bei der Aufnahme ein Hund erfasst wurde. Die Erscheinung ist dann nicht anders zu bewerten als Figuren, die man zuweilen in bestimmten Wolkenformationen zu erkennen glaubt.

Das Beispiel zeigt, dass es bei der Frage, ob wir einer bestimmten Interpretation folgen sollen, entscheidend auf das Kontextwissen ankommen kann.[96] Selbst bei scheinbar unbezweifelbaren Interpretationen sind Kontextinformationen im Spiel.[97] Das gilt in besonderem Maß auch für die Identifizierung des Geschehens in stark abstrahierten Bewegungsfilmen. Ein abstrakter Bewegungsfilm wird in der Regel in einem Kontext mit anderen Filmen stehen, die in ihrer Gesamtheit eine spezifische Kultur des Filmes

---

96 Der Kontext entscheidet darüber, welche Zusammenhangshypothesen (Schemata, Skripte) überhaupt verfügbar sind. Es wäre sogar möglich, dass man hier gar nicht auf die Vorstellung eines Hundes käme, weil aufgrund eines bestimmten unterstellten Kontextes sich die Interpretation des Fotos von vornherein in eine ganz andere Richtung bewegt.

97 Wenn uns jemand mitteilt, dass er in sein Haus am Meer fährt, und uns dann ein Foto schickt, auf dem das Meer zu sehen ist, nehmen wir an, dass mit dem Foto das Meer gezeigt wird und nicht ein Bild aus einem Prospekt, das täuschungsecht abfotografiert ist.

definieren. Auch ein solcher Kontext greift auf die Interpretation durch. Es macht beispielsweise einen Unterschied für das Verständnis einer Filmsequenz, ob der Film zu einer Serie von erzählenden Animationsfilmen gehört oder ob er in die Sparte der Filme fällt, die die Bewegungen von Atomteilchen dokumentieren. Im ersten Fall würde man die Bewegung der Figuren als Handlungen interpretieren, die auf Intentionen von (unbekannten) Akteuren schließen lassen. Dagegen wäre der Typ ‚atomare Bewegung‘ hier nicht ‚zugänglich‘. Im zweiten Fall wäre es umgekehrt. Der Kontext schließt auf diese Weise Unbestimmtheitslücken.

Eine genauere Analyse müsste zeigen, wie hier die für Kommunikationen geltenden Relevanzanforderungen greifen.[98] Filmemacher wie Zuschauer teilen ein Vorverständnis, das sich auf grundlegende Bestimmungen des Films bezieht. Ein solches Vorverständnis hat auch Einfluss auf die Zugänglichkeit von Typen, die zur Identifizierung von Bewegungen herangezogen werden.[99] Der Filmemacher kann im Rahmen dieses Vorverständnisses antizipieren, welche Interpretationsschritte für den Zuschauer am nächsten liegen und seine Zeichenpraxis darauf einstellen. Er kann dann damit rechnen, dass Unbestimmtheitslücken, die das Zeichenmaterial aufweist, vom Zuschauer so geschlossen werden, wie es seiner Antizipation entspricht.

Aus all dem ergibt sich eine wichtige Konsequenz. Wir haben oben gezeigt, wie Bilder ikonisch etwas Bestimmtes darstellen können. Aus dem zuletzt Gesagten folgt, dass diese Bestimmtheit kontextrelativ ist. Ikonische Zeichen sind nicht unverrückbar an einen bestimmten Realitätsgehalt gekettet. Kontextverschiebungen tangieren, was sie anzeigen. Dennoch ist es möglich, mit ihnen über etwas Bestimmtes zu kommunizieren. Der Kontext und die pragmatischen Regeln der Kommunikation sorgen dafür, dass man sich trotz aller Unbestimmtheiten nicht in Zweifeln verliert.

Zum Schluss sei darauf hingewiesen, dass die Möglichkeit, in verschlüsselten Bildern eine Darstellung zu erkennen, wesentlich von dem Interpretationsbemühen des Betrachters abhängt. Die Interpretation kann in einer expliziten Form, so wie hier demonstriert, erfolgen, sie kann sich aber auch latent beim Betrachten eines Bildes entfalten. Zur Realisierung der kommunikativen Intention, die mit dem Bild verbunden ist, gehört die Aktivität des Betrachters. Mit der Aussage „in dem betrachteten Bild ist nichts zu erkennen" sagt ein Betrachter in vielen Fällen nichts über das betrachtete Werk, wohl aber etwas über seine fehlende Bereitschaft, sich angemessen auf die Sache einzulassen.

---

98 Zu den pragmatischen Schlussfolgerungen, die zur Spezifizierung eines Zeicheninhalts führen, vgl. Blanke 2003, S. 131 ff. und 159 ff. Ferner, grundlegend zur Pragmatik der Zeicheninterpretation, Sperber/ Wilson 1986.

99 Zum Verhältnis von Kontext und Zugänglichkeit der relevanten Typen vgl. Blanke 2003, S. 95, 100 und 103.

Resümee

Die Möglichkeit einer ikonischen Darstellung auf der Basis eines ausgedünnten und abstrahierten Zeichenmaterials ist für die Analyse der Zeichenpraxis der Musik von besonderer Bedeutung. Ich möchte noch einmal einige wesentliche Punkte einer solchen Darstellung rekapitulieren, und zwar im Hinblick auf verschlüsselte Filme etwa in der Art des Animationsfilms von Heider/Simmel.

1. Bei verschlüsselten Filmen ist die Möglichkeit der ikonischen Darstellung dadurch erschwert, dass das Zeichenmaterial ausgedünnt ist. Insbesondere fehlt die Möglichkeit, durch simultane Verkettung von Elementen Akteure des dargestellten Geschehens sichtbar zu machen. Umso wichtiger ist es, dass die Zeichenelemente hier in einer zeitlichen Abfolge verkettet werden.

2. Die ikonische Darstellung erfolgt hier wesentlich durch die Bewegungsmuster, die die zeitlich verketteten Elemente bilden.

3. Die Ausdünnung des Materials hat eine gravierende Folge: Es wird nicht spontan ein Übergang vom Zeichenmaterial in das Bild eines Weltgeschehens ausgelöst. Unmittelbar ist kein übergreifender Sinn des Geschehens erkennbar, durch den die einzelnen elementaren Bewegungen eine bestimmte Bedeutung gewinnen könnten.

4. Bei verschlüsselten Filmen kann das anfängliche Unverständnis durch eine holistische Interpretation aufgehoben werden. Die einzelne elementare Bewegung, die für sich genommen plurale Sinnmöglichkeiten besitzt, wird auf andere Bewegungen bezogen und erfährt damit eine definitive Sinnbestimmung. Es muss hypothetisch eine Anzahl von unterschiedlichen, in ihrem narrativen Sinn verständlichen Gesamtverläufen konstruiert und dann überprüft werden, welcher dieser Gesamtverläufe am besten mit dem Zeichenmaterial übereinstimmt.

5. Auch wenn hier die Möglichkeiten der Darstellung reduziert sind, kann ein Weltgeschehen in seiner komplexen Ausprägung erfasst werden.

6. Auch bei reduzierten Darstellungsmöglichkeiten sind – aufgrund spezifischer Bewegungsmuster – Akteure des Bewegungsgeschehens erkennbar.

7. Die Angewiesenheit der Interpretation von ikonischen Darstellungen auf Kontextinformationen ist im Fall von verschlüsselten Filmen besonders ausgeprägt.

3. Die ikonische Darstellung von Weltereignissen durch musikalische Tonbewegungen

Beim Hören von Musik befinden wir uns in einer Sonderwelt, in der Töne und Geräusche nach eigenen Regeln erzeugt und miteinander verknüpft werden.[100] Trotz ihrer Eigenständigkeit ist die Welt der Klänge aber nicht isoliert, sondern in verschiedener Weise mit der Welt, die sie umgibt, verknüpft. Eine der Formen dieser Verknüpfung haben wir oben erörtert: den analogischen Zugriff auf Weltereignisse, der beim Hören von Tonbewegungen in Gang gesetzt wird.

In diesem Kapitel wollen wir der Frage nachgehen, ob musikalische Tonbewegungen auch als zeichenartige Verweisungen eine Verbindung zu Weltereignissen herstellen können. Zeichen präsentieren Welt in indirekter Form. An die Stelle einer ,direkten' sensorischen Stimulierung durch ein Weltereignis tritt die durch das Zeichen vermittelte Vorstellung eines solchen. Wesentliches Merkmal dieser Verweisung ist, dass sie zwingend ein *bestimmtes* Ereignis zu ihrem Gegenstand hat. Während bei Analogien der Zugriff auf Weltereignisse in viele Richtungen gehen kann, ist der Gegenstand, auf den das Zeichen verweist, eindeutig bestimmt. Das Zeichen vermittelt einen kommunikativen Akt, in dem sich der Absender des Zeichens und der Zeicheninterpret über einen bestimmten Inhalt verständigen.[101]

Eine Zeichenpraxis kann darauf beruhen, dass wie etwa im Fall der Wortsprache eine spezifische konventionelle Verknüpfung des Zeichenmaterials mit dem, was es anzeigt, den semantischen Gehalt begründet. Mit diesem Modell aber lässt sich die Semantik der Musik nicht erfassen. Zwar finden sich Beispiele für eine konventionelle Zuordnung von musikalischem Material und einem von diesem ausgedrückten Gehalt, aber diese bilden eine seltene Ausnahme.[102]

Wir haben im 2. Kapitel am Beispiel piktoraler Zeichen ein Zeichenmodell betrachtet, bei dem der Bezug auf Weltereignisse in ganz anderer Weise hergestellt wird, nämlich das Modell der *ikonischen Verweisung*. Die ikonische Zeichenbeziehung ist nicht auf diesen Bereich beschränkt, sie kann in unterschiedlichen Medien realisiert werden, z. B. in Gesten, Pantomimen, diagrammartigen Zeichen oder onomatopoetischen Wörtern. Von hier aus gesehen, wäre es naheliegend, bei der Untersuchung der Semantik der Musik auf das ikonische Zeichenmodell zurückzugreifen.[103] Ein solcher Versuch könnte

---

100 „Das Sosein des Klanges erhellt aus dem elementaren Gesamtzusammenhang der Klänge im Werk, in dem er seine Funktion gewinnt [...]. Was im Falle eines literarischen Textes der buchstäbliche Sinn darstellt, das stellt im Falle der Musik der funktionale Sinn dar" (Hindrichs 2014, S. 193 und 220).

101 Vgl. oben 1.3.

102 Relevant sind konventionelle Zuordnungen vor allem bei den musikalischen Topoi. Vgl. dazu Mirka 2014, Monelle 2006, Agawu 1991 und 2009, S. 41 ff.

103 Zum ikonischen Zeichencharakter von Musik mit Verweis auf Peirce vgl. insbesondere Cumming 2000, hier vor allem S. 72 ff. Ferner Zbikowski 2017, S. 38 ff. Einige Autoren sprechen statt von ikonischer

aber aus verschiedenen Gründen als von vornherein wenig aussichtsreich erscheinen. Unproblematisch ist dabei die Vorstellung, dass man auf der Grundlage von musikalischen Tonbewegungen Geräusche und Töne, die mit Weltereignissen verbunden sind, ikonisch darstellen kann. Beispiele dafür sind musikalische Repräsentationen von Tierstimmen, Sturm- und Donnergeräuschen, Angstschreien usw. Dagegen lässt sich zunächst nicht erkennen, wie eine musikalische Darstellung von Weltereignissen möglich sein soll, bei denen Geräusche oder Töne gar nicht in Erscheinung treten oder einen nur peripheren Stellenwert haben. Dazu trägt insbesondere auch bei, dass – wie wir gleich sehen werden – das musikalische Material Züge aufweist, die eine ikonische Darstellung erschweren. Gerade im Vergleich zum piktoralen Zeichen sind die Restriktionen erheblich. Formalisten betrachten diese als so einschneidend, dass sie dem Medium der Musik die Fähigkeit zur ikonischen Darstellung von außermusikalischen Ereignissen absprechen.

Dementgegen werde ich auf der Grundlage der im 2. Kapitel angestellten Überlegungen zu zeigen versuchen, dass solche Schlussfolgerungen voreilig und unbegründet sind. Mit Blick auf komplexere semiotische Prozesse, etwa die betrachtete Zeichenpraxis verschlüsselter Bilder, lassen sich solche Engführungen vermeiden. Aus dieser Perspektive heraus spricht vieles für die Annahme, dass im Prinzip eine ikonische Darstellung von Weltereignissen durch Tonbewegungen gelingen kann.[104] Nur diese eine Form eines außermusikalischen Bezuges der Musik wird im Folgenden erörtert.

Die modellartige Überlegung, mit der ich beginne, kann nur hypothetischer Natur sein. Ob die ikonische Verweisung in konkreten Musikstücken tatsächlich Verwendung findet, bleibt zunächst offen. Nur die Analyse der Musikstücke kann darüber Auskunft geben. Erst in den später vorgestellten Interpretationen wird sich die Relevanz der ikonischen Verweisung in der Musik zeigen, die an dieser Stelle nur im Hinblick auf ihre Möglichkeit erörtert wird. Aus dieser Perspektive sind die in den Teilen II, III und IV dieses Buches durchgeführten Analysen als eine Weiterführung des Versuchs anzusehen, die ikonische Darstellung als wesentliches Element einer Semantik der Musik nachzuweisen. Zunächst wird das Konzept einer solchen Darstellung in seinen Grundzügen bestimmt.

Verweisung von „illustrative representation" (Young 2014, S. 91) oder auch von „analogical representation" (Zbikowski 2017, S. 1 ff.). Kutschke (2014, S. 9 ff.) stellt den Übergang von einer Zeichenklasse, die eine referentielle Beziehung auf der Grundlage von „stipulation" herstellt, zu einer Zeichenklasse, die auf der Grundlage von „similarity" Referenz erzeugt, in den Mittelpunkt einer Theorie der musikalischen Semantik und verteidigt dabei „the construction of similarity" gegenüber Missverständnissen und Kritiken.

104 Dabei muss im Auge behalten werden, dass wir uns in den Grenzen bewegen, die in der Einleitung zu diesem Buch festgelegt worden sind. Das heißt insbesondere, dass wir die Semantik der Musik (zunächst) nur im Hinblick auf einstimmige Tonbewegungen zu erfassen suchen.

1. Filme, Gesten und Pantomimen zeigen, dass Bewegungen von Materialien als Grundlage für eine ikonische Darstellung dienen können. Da wir Aneinanderreihungen von Tönen (in der Regel) als Bewegungen erfahren, könnten auch diese im Prinzip zu einer ikonischen Darstellung geeignet sein. Mit Tonketten, die sich aufwärts und abwärts bewegen, die innehalten und wieder in Gang kommen, die schneller und langsamer werden und die in bestimmten Figurationen erscheinen, ist ein Zeichenmaterial gegeben, das zur Darstellung von Weltereignissen genutzt werden kann. Wenn die Bewegungen eines piktoralen Materials oder eines menschlichen Körpers geeignet sind, etwas außerhalb der Zeichenwelt darzustellen, gibt es keinen Grund, anzunehmen, dass dies nicht prinzipiell auch für die Bewegungen von Tönen gilt.

2. Ich habe weiter oben (2.1 (4)) gezeigt, dass bei einer ikonischen Darstellung ein Wechsel der Sinnesmodalität eintreten kann. Wenn man ein Stadtmodell nicht bei Licht betrachtet, sondern es im Dunkeln ertastet, dann ruft das Ertasten, wenn man die Stadt identifiziert, eine visuelle Vorstellung hervor. Die Möglichkeit eines solchen ‚crossmodal mapping' ist bei allen ikonischen Darstellungen gegeben, auch bei der ikonischen Darstellung durch Tonbewegungen. Dass bei der an der Musik ansetzenden Analogisierung das ‚crossmodal mapping' eine wichtige Rolle spielt, wurde bereits gezeigt (vgl. oben 1.1). Sehr oft wird der Hörer dazu angeregt, in den Strukturen des Tonmaterials Strukturen von visuell erfahrenen Weltereignissen wahrzunehmen. Diese Fähigkeit kann auch bei der ikonischen Darstellung durch Tonbewegungen in Anspruch genommen werden. Wenn auf welche Weise auch immer Tonbewegungen eine Darstellungsfunktion gewinnen, wird man in die visuell erfahrbare Welt geführt.[105]

3. Jedes Darstellungsmedium ist dadurch gekennzeichnet, dass bestimmte Darstellungsmöglichkeiten zur Verfügung stehen, dagegen andere ausgeschlossen sind.[106] Die Grenzen, die dem Tonmaterial gesetzt sind, scheinen besonders restriktiv zu sein, wie die folgende (unvollständige) Auflistung zeigt.

(1) Bei der Verwendung von piktoralem Zeichenmaterial besteht die Möglichkeit, durch simultane Verknüpfung von Elementen ein Gebilde hervorzubringen, das als Darstellung eines materiellen Gegenstandes identifiziert werden kann. Offensichtlich bietet das Medium der Musik diese Möglichkeit nicht. Mit übereinandergelegten Tönen kann man nicht etwas erzeugen, was sich als Haus oder Baum oder Katze identifizieren ließe.

(2) Am Beispiel des Ertastens eines Stadtmodells (vgl. 2.1 (4)) lässt sich erkennen, dass sich durch ein sukzessives Abtasten von Zeichenmaterialien eine Gegenstandserfahrung herausbilden kann: Durch sukzessives Abtasten der Modellmaterialien sind Häuser,

---

105 Ausnahmen sind die eher seltenen Darstellungen von ‚tönenden' Ereignissen.
106 Zur Selektivität von Malstilen vgl. Lopes 1996, S. 112 ff.

Bäume, Stadtmauern usw. identifizierbar. Auch diese Möglichkeit der Erschließung eines Gegenstandes ist in der Musik nicht gegeben.

(3) Mit der zeitlichen Verkettung von Lichtpunkten ergeben sich andere Darstellungsmöglichkeiten als mit der Verkettung von Tönen. Mit dem Lichtpunktarrangement von Johansson ist es beispielsweise möglich, rückwärtsgerichtete Bewegungen darzustellen. Tonketten können dies nicht, allenfalls in indirekter Form.[107]

(4) Bei der zeitlichen Verkettung von Zeichenelementen in Filmen ist unmittelbar erkennbar, ob die verketteten Elemente die fortlaufende Bewegung eines einzigen Akteurs oder die aufeinanderfolgenden Bewegungen verschiedener Akteure darstellen.[108] Bei einer Verkettung von Tönen ist die unmittelbare Zuordnung von Akteuren zu den angezeigten Bewegungsverläufen erschwert. Bei längeren Tonketten ist (zunächst) unklar, ob die Bewegung als ganze einem einzigen Akteur zuzuordnen ist oder ob Teilstücke der Bewegung von unterschiedlichen Akteuren ausgeführt werden.

(5) Mit einem ikonischen Filmmaterial lässt sich etwas gestalten, was zwingend zu einem unmittelbaren Erfassen von Weltereignissen führt. Dagegen ruft häufig das ‚ausgedünnte' Tonmaterial spontan keine sich aus dem Material zwingend ergebende Weltvorstellung hervor.

Wichtig ist nun, dass man aus diesen (und anderen) Restriktionen nicht die falschen Schlussfolgerungen zieht. Keine dieser Restriktionen ist als Beweis dafür zu nehmen, dass Musik nicht zur Darstellung von Weltereignissen in der Lage wäre.[109] Schon allein die Ausführungen über ‚verschlüsselte' Bilder weiter oben zwingen dazu, voreilige Schlüsse zu vermeiden. Wir haben z. B. gesehen, dass eine piktorale Darstellung auch dann möglich ist, wenn das Material so ausgedünnt ist, dass es nicht unmittelbar eine visuelle Vorstellung vermittelt. Es können, wie wir feststellten, auch ‚körperlos' gezeigte Bewegungen Akteuren zugeordnet werden. Mit dem Hinweis auf Darstellungsrestriktionen ist die Frage, ob ein Medium im Prinzip über die Möglichkeit einer ikonischen Darstellung verfügt, nicht zureichend beantwortet.

4. Die genannten Restriktionen weisen darauf hin, dass eine ikonische Darstellung mit musikalischen Mitteln ähnlich der sein muss, wie wir sie im Fall verschlüsselter Filme kennengelernt haben. Die Kernstruktur einer solchen ikonischen Beziehung lässt sich im Hinblick auf musikalische Tonbewegungen so beschreiben:

---

107 Bei der Darstellung einer Radbewegung kehren die Töne in einer Bogenbewegung zum Ausgangspunkt zurück, sie bewegen sich aber nicht rückwärts.

108 Mit der fortgesetzten Bewegung von Zeichenpunkten in eine bestimmte Richtung wäre etwa zu erfassen, dass ein Akteur zu einem anderen Akteur läuft und dieser sich daraufhin in der gleichen Richtung weiterbewegt.

109 Das gilt auch für die Feststellung, dass „Musik selber keine propositionale Form besitzt" (Hindrichs 2014, S. 215), mit der einige Autoren die Möglichkeit einer Darstellung von Weltereignissen durch Musik ausschließen wollen.

(1) Die Beziehung ist eine zwischen extrem unterschiedlichen Ereignissen, zwischen musikalischen Tonbewegungen einerseits und (im einfachsten Fall) Bewegungen in nichtmusikalischen Weltzusammenhängen andererseits.

(2) Grundlage für die ikonische Darstellung sind partielle Ähnlichkeiten, die Material und Angezeigtes aufgrund gemeinsamer Merkmale aufweisen.[110]

(3) Mit der Erfassung solcher Ähnlichkeitsbeziehungen ist der Bezug der Tonbewegung auf eine Ereignisfolge in der Welt zunächst offen, er ist nicht auf eine bestimmte Ereignisfolge festgelegt.[111] Möglicherweise lässt sich aber eine der infrage kommenden Ähnlichkeitsbeziehungen als dominante auszeichnen, wodurch der Bezug auf Weltereignisse eindeutig wird.

(4) Die Selektion einer dominanten Ähnlichkeitsbeziehung kann nur auf dem Weg einer holistischen Interpretation erfolgen. Durch sie kann es gelingen, den Übergang von der im Material angelegten Spur zum angezeigten Geschehen herbeizuführen.[112]

5. Das musikalische Material, auf das sich die holistische Interpretation richtet, besteht aus einer Folge von kürzeren Sequenzen, von denen jede einen unbestimmten Charakter hat. Keine weist mit Bestimmtheit auf ein Weltereignis hin. Die Grundidee, auf der die Interpretation fußt, ist, dass durch Bezug von unbestimmten Sequenzen aufeinander diese eine Bestimmtheit erhalten können. Dieser Bezug wird hergestellt durch narrative Zusammenhangshypothesen[113], die für sequentiell aufeinander folgende Ereignisse eine mögliche sinnvolle Abfolge entwerfen.[114] Die Analyse richtet sich zunächst auf eine bestimmte Sequenz, die, betrachtet man sie als ikonisches Zeichen, viele Möglichkeiten eines Bezuges auf Weltereignisse aufweist. In einem zweiten Schritt wird nach möglichen Entwicklungen gefragt, die sich aus einem im ersten Schritt hypothetisch identifizierten Ereignis ergeben könnten. Hier kommen die narrativen Zusammenhangshypothesen ins Spiel. Im dritten Schritt werden solche hypothetisch

---

110 Beispiele für solche Ähnlichkeitsbeziehungen wurden im Abschnitt über analogische Beziehungen (1.2) vorgestellt. Im traditionellen Musikdiskurs wurde dieser Zusammenhang häufig angesprochen, wenn auch nie systematisch analysiert, etwa wenn Herder die spezifischen „Gegenstände" der Tonkunst bestimmt: Es handele sich hier um „Dinge und Vorfallenheiten, die vorzüglich durch Bewegungen ausgedrückt werden könnten" (zit. nach Köhler 1996, S. 22).

111 Mit dem Ausdruck ‚bestimmte Ereignisfolge' ist ein bestimmter Typus einer Ereignisfolge gemeint, nicht ein individualisierter Vorgang.

112 Zur Notwendigkeit eines holistischen Vorgehens in musikalischen Interpretationen vgl. Spitzer 2010.

113 Vgl. dazu oben 2.3. Newcomb (2009, S. 119) spricht hier von „plot archetypes" und bestimmt sie als „paradigmatic temporal procedures, operations, or transformational sequences". Die Diskussion über die dramatische bzw. narrative Verlaufsform von Musik wurde vor allem von Cone (1974), Newcomb (1984) und Maus (1991) in Gang gebracht. Zu neueren Überlegungen vgl. vor allem McClary 1993, 1994 und 1997, Karl 1997, Micznik 2001, Hatten 2018, Klein 2004 und Almén 2008. Eine kritische Einschätzung findet sich bei Nattiez 1990a, Wolf 2008 und Lodes 2013.

114 Zur Notwendigkeit eines sequenzanalytischen Vorgehens vgl. oben Anm. 85.

formulierten Ereignisfolgen mit den Interpretationsmöglichkeiten konfrontiert, die sich aus den folgenden Sequenzen ergeben. Bei einer solchen Konfrontation können Zusammenhangshypothesen widerlegt oder (vorläufig) bestätigt werden. Indem man in dieser Weise verschiedene Zusammenhangshypothesen erprobt, wird erkennbar, ob es unter diesen Hypothesen eine gibt, die in besonders überzeugender Weise sich in der Konfrontation mit dem Material bewährt.

Entscheidend sind also einerseits eine möglichst breite Einbeziehung von Interpretationsvarianten und andererseits eine durch Kontrolle am Material vorgenommene Aussonderung von nicht bewährten Hypothesen. Nur auf diese Weise kann die Vieldeutigkeit der Sequenzen reduziert, jede (zunächst unbestimmte) Sequenz durch Abgleich mit anderen Sequenzen eine Bestimmtheit erfahren.[115]

Die narrativen Zusammenhangshypothesen, die erforderlich sind, um eine Abfolge von Sequenzen in ihrem Sinn zu erfassen, können sehr unterschiedlicher Natur sein. Hypothesen können sich auf eine kausalgesetzliche Ereignisabfolge richten, z. B. die typische Ereignisabfolge bei Unwettern oder bei Tierbewegungen. Bei intentionalem Handeln lassen sich die einzelnen Elemente des Handlungsablaufs in einer Hypothese zusammenfassen. Eine typische Verlaufsform besitzen auch konventionell geregelte soziale Verhaltensabläufe oder kontrollierte strategische Operationen wie etwa das Zusammenziehen von militärischen Angriffspotentialen.[116] Schließlich sind auch die Ablaufmuster zu nennen, wie sie typischerweise Erzählungen zugrunde liegen, etwa die Abfolge von Unterdrückung, Kampf und Sieg.[117]

Wie der hier zunächst nur grob gekennzeichnete Gedanke einer holistischen Interpretation im Hinblick auf ein konkretes Musikstück umgesetzt werden kann, wird detailliert in einer sequenzanalytischen Interpretation einer musikalischen Passage in Teil II gezeigt.

6. Wenn das musikalische Material in der vorgeschlagenen Weise holistisch interpretiert wird, kann ein Problem vermieden werden, für das eine Deutung, die sich auf Analogien stützt, keine Lösung bietet. Wie oben (1.2.8) gezeigt, hat bei einer Folge verschiedener musikalischer Figuren das Verfahren, diesen Figuren jeweils auf analogischem Weg einen Sinn zuzuschreiben, zur Konsequenz, dass der Zusammenhang der musikalischen

---

115 Hier geht also der Bezug der Zeichenelemente auf Weltereignisse nicht der Erfahrung eines narrativen Zusammenhangs voraus, sondern dieser Bezug wird erst durch eine (sich am Material bewährende) narrative Zusammenhangshypothese gesichert. In der Musik gibt es nicht wie im Film die Möglichkeit, aus sich heraus verständliche ‚Standbilder‘ aus dem Geschehen herauszuschneiden. Alle Versuche, eine Art Vokabular für kürzere musikalische Sequenzen zu entwickeln, müssen an der Unbestimmtheit der behaupteten Beziehungen scheitern.

116 Vgl. zu solchen ‚Ereigniskonzepten‘ oder ‚Skripten‘ die in Anm. 86 genannte Literatur.

117 Theaterdramen und Erzählungen unterscheiden sich in der Art, wie ein narrativer Ablauf konstruiert wird. Ein narrativer Verlauf in der Musik hat den Charakter eines Dramas. Vgl. dazu Maus 1991.

Passage zerfällt. Indem in der holistischen Interpretation von vornherein nicht nur die Deutung einzelner Figuren, sondern auch die Art der Abfolge der Figuren in den Blick genommen wird, ist im Ergebnis der Interpretation immer auch enthalten, dass ein sinnvoller Zusammenhang im Prozess der Entfaltung dieser Figuren erfasst wird.

Die Notwendigkeit, strukturelle Zusammenhänge zu erfassen, ist gerade im Hinblick auf die Identifizierung von musikalisch ausgedrückten Emotionen hervorgehoben worden. Nur in den wenigsten Fällen führt eine bestimmte musikalische Figur direkt zur Erfahrung einer spezifischen Emotion.[118] Entscheidend ist, dass man den gesamten Strom der musikalischen Entwicklung und des sich dabei ständig verändernden emotionalen Geschehens erfasst. Die Bestimmtheit einer einzelnen Emotion ergibt sich erst durch Positionierung in dem musikalisch gestalteten übergreifenden Gefühlsstrom, den „composed expressive trajectories that make the flow of changing emotions both coherent and richly significant".[119]

7. Die direkt angrenzende musikalische ‚Umgebung' einer musikalischen Sequenz, auf die in der holistischen Interpretation zugegriffen wird, ist nicht der einzige Kontext, der bei einer Interpretation erfasst werden muss. Auch andere Teile des Musikstücks müssen herangezogen werden, da sich aus der besonderen Ausgestaltung dieser Passagen Hinweise ergeben, die Interpretationen bestätigen oder infrage stellen können.

Auch weitere (‚äußere') Kontexte sind daraufhin zu prüfen, ob sie zur Deutung einer musikalischen Passage etwas beitragen können. Dazu zählen etwa:
- kompositorische Verfahren, die zu Lebzeiten des Komponisten als stilkonform bzw. stilbildend verstanden wurden und in diesem Sinn generelle Bedeutung erlangten,
- Aussagen des Komponisten über das Werk, auch in Form einer Titelangabe oder einer programmatischen Erläuterung,
- der biographisch aus verschiedenen Quellen aufgebaute Sinnhorizont, durch den das Denken und die Imagination des Komponisten bestimmt sind.

Mit keinem Hinweis aus diesen Kontexten für sich genommen kann eine definitive Bewertung einer Interpretation erfolgen. Aber der Abgleich einer Interpretation mit Informationen aus solchen Kontexten kann dazu dienen, die Vielfalt der erwogenen Deutungshypothesen einzuschränken sowie plausible Hypothesen zu bestärken und genauer zu spezifizieren.[120]

Von Bedeutung ist vor allem ein weiterer Kontext, der sich häufig als besonders aufschlussreich erweist, nämlich andere musikalische Werke des Komponisten, darunter

---

118 Das ist der Kernpunkt in Robinsons Kritik an der Konturtheorie von Kivy. Vgl. Robinson 2005, S. 303.
119 Robinson/Hatten 2012, S. 89. Zu dieser holistischen Form der Interpretation von Emotionen vgl. auch Spitzer 2010.
120 Eine sorgfältige Erörterung der These, dass die Bestimmtheit eines musikalischen Weltbezugs nur durch Einbeziehung von Kontexten gesichert werden kann, findet sich in Kutschke 2014.

insbesondere solche, in denen Texte vertont sind.[121] An vokalen Kompositionen lässt sich häufig ablesen, welche Inhalte in der Gedankenwelt des Komponisten von besonderer Relevanz sind. Vor allem aber ist erkennbar, mit welchen Mitteln der Komponist die begleitende Musik so gestaltet, dass sie an im Text formulierte Gedanken anschließt.[122]

Wir haben oben (2.4.4) gesehen, dass für das Verständnis einer ikonischen Darstellung die Vertrautheit mit der jeweils zugrundeliegenden Darstellungspraxis wesentlich ist. Das gilt auch für die Interpretation von musikalischen Darstellungen. Was musikalisch kommuniziert wird, bestimmt sich wesentlich durch den Kontext der Kultur einer Musikpraxis, die Komponist und Hörer teilen. Mit dieser Kultur ist immer schon ein Vorverständnis der Sinnbereiche verbunden, in denen die künstlerische Darstellung sich bewegt.[123] Schon durch diesen Rahmen wird der Bereich möglicher Deutungshypothesen drastisch reduziert. Dies gehört zu den tieferen Gründen dafür, warum das semantisch unbestimmt erscheinende musikalische Material einen bestimmten Sinn entfalten kann.

8. Zur Rechtfertigung des Formalismus wird bisweilen das Argument herangezogen, dass alle Bemühungen, die Möglichkeit der Musik zur Darstellung von Weltereignissen nachzuweisen, nur zu schalen Ergebnissen führen würden. Es reiche nicht, der Musik irgendeinen Bezug zur Welt zu unterstellen. Nachzuweisen sei vielmehr, dass die vermutete Darstellung durch Musik nicht trivial sei, dass sie interessante, inhaltsreiche Gehalte erfassen könne. Aber gerade dazu sei Musik nicht in der Lage.[124]

Zur Widerlegung dieses Arguments reicht der Hinweis auf die Möglichkeiten der Darstellung, die der ikonische Bezug ganz generell eröffnet. Wir haben oben (2.1 (5)) gezeigt, dass einer der wichtigsten Unterschiede zwischen sprachlichem und ikonischem Verweisen auf Weltereignisse darin besteht, dass die sprachlichen Ausdrücke eine abstrakte Klassifizierung vornehmen, während ikonische Darstellungen feinste Differenzierungen in sich aufnehmen. Was sprachlich als ‚Sprung' bezeichnet wird, ist in sich nicht weiter differenziert. Dagegen weist jeder musikalisch erfasste Sprung eine Fülle von Details auf, die ihm ein einzigartiges Gepräge geben (vgl. oben 1.1). Durch diese detaillierte Ausführung ist jeder musikalische Sprung von anderen musikalischen Sprüngen unterschieden.

---

121 Vgl. etwa den Versuch von Fisk (2001), die späten Sonaten von Schubert aus dem Kontext der *Winterreise* heraus zu interpretieren.

122 Es wäre allerdings falsch zu unterstellen, dass der Text hier unmittelbar sagt, was die Musik bedeutet. Der Bezug der Musik auf den Text kann ganz unterschiedlicher Natur sein. An welcher Stelle sich Musik und Text treffen, ist erst durch genaue Analyse zu erfahren. Vgl. dazu 3.14 und Teil IV.

123 Der durch den Kontext bewirkte Ausschluss betrifft z. B. Skripte, die außerhalb des Relevanzbereichs der vorherrschenden Musikkultur liegen.

124 Vgl. Kivy 2002, S. 100, 144 und 157.

Zu denken ist hier auch an die Konsequenzen für die ikonische Darstellung, die sich aus dem ‚dynamischen' Charakter des Wiedererkennens ergeben (vgl. oben 2.1 (2.5)). Wenn Bewegungen musikalisch nachgezeichnet werden, kann die genaue Ausgestaltung der Bewegung mehr oder weniger radikal von der erfahrenen Welterscheinung abweichen. Ebenso ist es möglich, neue Erscheinungsweisen von Bewegungen in musikalischer Form darzustellen, ohne dass die Beziehung zur Welterfahrung abreißt.

Wesentlich ist auch, dass mit der Darstellung bestimmter Bewegungen ein hoch expressives Geschehen erfasst werden kann. Ein paar Schritte aufwärts und wieder abwärts zu gehen, ist keine ausdrucksstarke Bewegung. Dagegen ist ein Sich-Aufbäumen und dann In-sich-Zusammenfallen ein dramatischer Vorgang. Gerade durch die differenzierte Erfassung derart expressiver Bewegungen gewinnt die ikonische Darstellung durch Musik ihren narrativen Reichtum.

Vielfach liefert die ikonische Darstellung nur Spuren. Aber beim Ausdeuten dieser Spuren verwandelt sich das Abstrakte in Konkretes. In einer holistischen Interpretation wird, wie wir am Beispiel der verschlüsselten Zeichen gesehen haben, vieles sichtbar, was im Zeichen nur angedeutet ist. Durch die holistische Interpretation kann das, was in der Darstellung ausgelassen ist, ergänzt werden.[125]

Darüber hinaus wirken die Mechanismen der generativen Erweiterung.[126] Wie bei jedem Eindruck, den wir von Weltereignissen haben, wird auch bei einer ikonischen Darstellung vieles (zwingend) appräsentiert, was nicht in den Zeichen eigens erfasst ist. Auch zu einem Bewegungsmuster, das musikalisch dargestellt wird, muss eine Umwelt hinzugedacht werden, in die die Bewegung eingebettet ist. Bestimmte Bewegungen etwa verweisen auf einen festen Boden, der für die Realisierung der Bewegung notwendig ist. Bei einer musikalisch dargestellten Jagd muss eine Umwelt mitgedacht werden, in der eine Jagd sinnvoll ist. In dieser Form kann es gelingen, auf der Grundlage minimaler Spuren eine reiche Welterfahrung zu machen.[127]

9. Das lässt sich gerade auch im Hinblick auf die Darstellung virtueller Akteure beobachten. Bestimmte Medien wie stark abstrahierte Animationsfilme, Lichtpunktbilder, aber auch musikalische Kompositionen werden vor allem deshalb als ‚abstrakt' bezeichnet, weil das hier verwendete Zeichenmaterial keine Zeichen enthält, die unmittelbar Akteure der präsentierten Bewegungen erkennen lassen. Wie wir aber schon festgestellt haben, kann im Zuge der Interpretation eines unbestimmten Zeichenmaterials häufig nicht

---

125 So falsch es wäre, in einem pointilistischen Bild ein durchlöchertes Pferd zu sehen, so wenig Sinn würde es machen, in einer staccato gespielten Melodie eine ständig unterbrochene Ereigniskette zu hören.

126 Vgl. dazu oben 2.1 (5.3).

127 Zu den Regeln, die ein Appräsentieren rechtfertigen und seine Grenzen festlegen, vgl. Walton 1990, S. 144 ff. Bei dem von ihm selbst unternommenen Versuch, die Umwelt einer kompositorisch erfassten Bewegung zu bestimmen, hat Walton allerdings diese Regeln nicht beachtet – mit der Folge, dass seine Interpretation die Form einer frei phantasierten Geschichte annimmt. Vgl. Walton 1994, S. 50 ff.

nur die angezeigte Bewegung identifiziert werden, sondern auch der diese Bewegung ausführende Akteur.[128] Die Tatsache, dass mit einem solchen Zeichenmaterial keine Körper von Akteuren darstellbar sind, kann unter Umständen dadurch kompensiert werden, dass von einer dargestellten spezifischen Bewegung auf einen bestimmten Akteur geschlossen werden kann. Das gilt auch für die Musik.[129] Die Bewegungsformen der Musik sind so spezifisch, dass auf ihrer Grundlage ganz unterschiedliche Akteure identifiziert werden können.[130] Betrachtet man die europäische Musik, wie sie sich seit dem 16. Jahrhundert entwickelt hat, unter dem Gesichtspunkt der Akteursidentifikation, findet man eine Fülle von musikalischen Figuren, die sich als charakteristische Bewegungskonturen menschlicher Akteure verstehen lassen.[131] Das Spektrum der Aktivitäten, die auf diese Weise erfasst werden, reicht von relativ einfach strukturierten Handlungen bis hin zu komplexen seelischen Vorgängen wie z. B. verzweifeln, außer sich geraten, innehalten, nachdenken, nachdrücklich betonen, eine spirituelle Erfahrung machen usw. Auf diese Weise können auch komplexe emotionale Verlaufsformen nachgezeichnet und insgesamt ein differenziertes Bild der Eigenschaften von Akteuren erstellt werden.[132]

Tonbewegungen können nicht nur auf Aktionen einzelner, sondern auch auf solche kollektiver Akteure bezogen sein. Bei Szenen der Jagd oder des militärischen Angriffs etwa wird man nicht an einzelne, sondern an viele zu einem Handlungsgeschehen vereinigte Akteure denken. Das Scherzo aus Anton Bruckners 4. Symphonie beispielsweise

---

128 Vgl. dazu 2.4.2.

129 Für musikalisch dargestellte „characters" gilt: „we should envision them not as static essences but as emerging properties expressed through sequences of movement" (Zbikowski 2012, S. 160). Dies ist Teil der Aktivität der ‚generativen Erweiterung': „If music represents an instance of behaving calmly or nervously or with determination, it represents, at least indirectly, someone so behaving" (Walton 1994, S. 50). In diesem Zusammenhang verwenden einige Autoren den (von Cone 1974 eingeführten) Begriff der Persona. Zur neueren Diskussion dieses Begriffs vgl. Levinson 1990, Kivy 2002, S. 113 ff., Davies 2003 und Robinson 2005, S. 323 ff.

130 Vgl. grundlegend zur Akteursdarstellung in der Musik Hatten 2018, Massow 2001 sowie Monahan 2013. Hatten differenziert systematisch zwischen verschiedenen Arten von Akteuren und deren charakteristischen Bewegungen, die durch Musik erfasst werden können. Die Möglichkeit eines Bezugs der Musik auf einen Akteur wird nicht nur von Formalisten, sondern auch von denen bestritten, die, gestützt auf Goodman, der Musik nur die Fähigkeit der ‚Exemplifikation' einräumen. Vgl. insbesondere Mahrenholz 1998, S. 56 ff. und Thorau 2012, S. 96 ff. „Musik dagegen weist qua Bezugnahmeweise nicht auf anderes, sondern auf ihre Eigenschaften hin; zu ihren basalen Bezugnahmeweisen gehört damit die Fähigkeit, Melodisch-Rhythmisches […] ohne Objekt auszustellen" (Thorau 2012, S. 105).

131 Vgl. dazu McClary 2004 und Hatten 2018, S. 6 f. und 142 ff. Auch die älteren Vokalkompositionen sind aus diesem Blickwinkel zu interpretieren.

132 Vgl. dazu neben Hatten 2018 auch Robinson/Hatten 2012 sowie Massow 2001 und 2019. Mit diesen Mitteln ist es aber nicht möglich, bestimmte Individuen zu erfassen. Der Versuch mancher Komponisten (etwa Bach, Schumann und Berg), dies dadurch zu erreichen, dass sie Noten verwenden, deren Bezeichnungen sich auf die Namen von Individuen beziehen lassen, führt zu einer Art Privatsprache und ist für die Semantik der Musik irrelevant.

oder die Angriffsaktionen im *Marsch* von Alban Berg können nur mit Bezug auf eine Kollektivität von Akteuren verstanden werden.[133]

Exkurs

Ich möchte das Gesagte vorgreifend an einem Beispiel verdeutlichen. In Schumanns *Vogel als Prophet* sind sehr charakteristische Bewegungen zu hören, die sich deutlich von ‚einfachen‘ musikalischen Bewegungsformen unterscheiden (Notenbeispiel 3).

Notenbeispiel 3: Robert Schumann, *Vogel als Prophet* aus: *Waldszenen* op. 82, Nr. 7, T. 1–8 (nur die Hauptstimme ist erfasst)

In einer Analyse dieses Stücks hat Thorau darauf hingewiesen, dass „in der Syntax der kurzen Motive und Pausen ein Moment des Nervösen, Kurzatmigen, ein Stillhalten zum Schauen und Lauschen, ein Den-Kopf-Hin-und-Herkippen oder sogar Umherfliegen und -flattern exemplifiziert wird, eine Agilität, die sowohl für Singvögel als auch für andere kleine Tiere charakteristisch ist“.[134] Ich möchte dieser Interpretation folgen und sie in einigen Punkten konkretisieren.

Mit Verweis auf zwei Bewegungselemente kann man zu Thoraus Schlussfolgerung gelangen. Diese Elemente sind in der Figur verknüpft, die durch vielfache Wiederholung das Musikstück dominiert: eine punktierte Achtel und eine Zweiunddreißigsteltriole, die in gerader Linie zum nächsten ‚Ruhepunkt‘ führt. In der ständigen Wiederholung dieser Figur wechseln sich Verweilphasen und kurze hastige Bewegungen miteinander ab. Dabei kommt es wiederholt nach Erreichung eines Ruhepunktes zum Wechsel der

---

133 Inwiefern bei Textvertonungen die Interpretation eines Akteursbezugs der Musik leichter gelingen kann, wird später (3.14) noch zu erörtern sein.
134 Thorau 2012, S. 203 f.

Bewegungsrichtung. Durch die Folge von Aufschwüngen und Abschwüngen entsteht die Form einer langgezogenen Wellenbewegung.[135]

Schon durch diese Bewegungsmerkmale ist ein Bezug zu vielen Gegenständen ausgeschlossen. Es kann sich beispielsweise nicht um einen unbelebten Körper handeln, der in seiner Bewegung durch von außen ansetzende Kräfte bestimmt wird. Ebenso wenig um ein maschinelles Geschehen, das programmatisch gesteuert wird. Am ehesten wird man an Lebewesen denken, die aus sich heraus eine Folge von Bewegungen realisieren können und dabei typischerweise zwischen den beiden dominierenden Bewegungsformen wechseln. Wegen der Kleinteiligkeit und Hast, mit der das geschieht, wird man nicht von Lebewesen ausgehen können, die einen massiven, nur schwer beweglichen Körper besitzen, sondern eher an agile Wesen wie etwa „Singvögel" und „andere kleine Tiere" denken. Zwei weitere Merkmale deuten ebenfalls in diese Richtung. Erstens bleibt die Bewegung bei allem Auf und Ab in hohem Register und wird zweitens durchweg *pp* gespielt. Dadurch erhält sie eine außerordentliche Leichtigkeit und wird zu etwas (in der Höhe) Schwebendem.

Durch weitere Merkmale erhält der Bewegungscharakter genauere Konturen. Zunächst erweist sich die Bezeichnung ‚Ruhepunkt' als irreführend. Denn dieser Punkt wird häufig mit einem dissonanten Ton erfasst, was diesen Moment als einen von großer Unruhe und Gespanntheit erscheinen lässt. Es handelt sich wie bei einer gespannten Feder um ein Stillhalten, das unter einer inneren Anspannung steht. Auf diese Weise kommt eine schutzbedürftige Verletzbarkeit zum Ausdruck, die höchste Wachsamkeit verlangt.

Durch ununterbrochene Wiederholung der dominanten Figur kann ein kontinuierlicher Ablauf entstehen, wie dies etwa in der Passage von T. 2/4 bis zu T. 4/2 der Fall ist. Zu Beginn des Stücks aber wird nach einer einmaligen Wiederholung der Anfangsfigur der Ablauf unterbrochen. Nach einer kurzen Pause erklingt ein drittes Bewegungselement: ein besonders hervorgehobener Sprung zu g6. Dieses g6 liegt deutlich über dem Vorangehenden und dem Nachfolgenden. Durch die zugefügte tiefer liegende Vorschlagsnote wie auch durch die besondere dynamische Akzentuierung – ein einmaliges Ausbrechen aus dem sonst vorherrschenden *pp* – wird der Eindruck verstärkt, es würde hier etwas hochgerissen. Im Gegensatz dazu erscheint die folgende kontinuierliche Verkettung der anfänglichen Figur wie eine beruhigte Zone.

Mit diesem stark markierten Element wird der Akteur genauer spezifiziert. Zu seinem typischen Bewegungsablauf muss gehören, dass er das vorherrschende Bewegungsmuster periodisch unterbricht, um sich in besonderer Weise ‚aufzurichten'. Hier drängt sich die Vorstellung von bestimmten Kleintieren auf, die nicht nur durch die Doppelbewegung von Verweilen und hektischer Bewegung gekennzeichnet sind, sondern die sich

---

135 Die Überlagerung verschiedener inhaltlicher Bestimmungen (hier das Hin- und Herhuschen und das schwebende Auf und Ab) ist eine spezifische Darstellungsform. Zu dieser von ihm als „Tropen" bezeichneten Figuration vgl. Hatten 2004, S. 8 ff., 35–89, 217 ff. und 270 ff.

gelegentlich auch aufrichten, um nach Feinden Ausschau zu halten. Erst, wenn sie sich vergewissert haben, dass keine Gefahr besteht, können sie, jetzt entspannter, zu der unterbrochenen Suchaktivität zurückkehren.

Das Beispiel zeigt, dass eine musikalische Bewegungsform ikonisch einen charakteristischen Akteur der Bewegung sichtbar machen kann und dass dies im Unterschied zu einer abstrakten sprachlichen Genusbezeichnung (etwa ‚Vogel') in einer solchen Form geschieht, dass ein großer Reichtum feiner Differenzierungen zu erkennen ist.[136]

10. Generell gilt für ikonisch verfahrende Darstellungsmedien, dass der erfasste Gehalt in der Regel zu komplex und differenziert ist, als dass er zureichend in sprachlicher Form wiederzugeben wäre.[137] Eine sprachliche Interpretation kann nur grob das Geschehen skizzieren, das in der ikonischen Darstellung erfasst wird. Das gilt auch für die Musik.[138] Wie am eben diskutierten Beispiel zu erkennen ist, können wenige Takte ausreichen, um ein Gebilde von hoher Differenziertheit hervorzubringen. Es liegt in der Konsequenz dieser detaillierten Darstellung, dass die Mittel der Wortsprache nicht ausreichen, um das musikalisch Ausgedrückte angemessen zu bestimmen. Musik ist in dem Sinn ein Paradox, als sie einerseits zu abstrakt ist, um in ihr spontan einen Weltbezug zu erkennen, andererseits sich aber gleichzeitig so differenziert auf die Welt bezieht, dass sie nicht angemessen in verbale Sprache zu übersetzen ist.

11. Das ikonische Zeichen ist nur dadurch darstellend, dass eine Differenz zwischen Medium und Gegenstand besteht. Der Gegenstand ist auch durch zeichenfremde Eigenschaften bestimmt, also Eigenschaften, die nur der angezeigte Gegenstand, nicht aber das Zeichenmaterial besitzt.[139] Auf diese Weise wird in der Vorstellung, die durch das ikonische Zeichen hervorgerufen wird, der angezeigte Gegenstand in einem anderen Realitätsbereich verortet als dem, zu dem das Zeichenmaterial gehört.

Gleichzeitig aber ruft die ikonische Darstellung eine spezifische Präsenzerfahrung hervor. Durch die gemeinsamen Merkmale, die das ikonische Zeichen mit dem Dar-

---

136 Zum Vermögen von Musik, durch eine spezifische Bewegungskontur eine bestimmte Vogelart anzuzeigen, vgl. Zbikowski 2017, S. 26 ff.

137 Vgl. oben 2.1 (5.2).

138 Wer aus der Tatsache, dass Musik „nicht übersetzbar" ist, schließt, dass sie zur Darstellung eines Weltereignisses nicht in der Lage ist – vgl. etwa Vogel 2007, S. 318 –, trifft damit die ikonische Darstellung ganz generell, also etwa auch die Malerei. Auch komplexe sprachliche Gebilde, wie etwa Gedichte, machen die Übersetzung zu einem Problem. Wie oben schon vermerkt, können selbst Redebeiträge in einer sprachlich verfassten Alltagskommunikation ein so komplexes Sinngeschehen zum Ausdruck bringen, dass sie zwar interpretierbar, aber nicht übersetzbar sind.

139 Im Hinblick auf viele Eigenschaften können sich Tonbewegung und das durch sie angezeigte Ereignis stark unterscheiden. Das Wiedererkennen in einer ikonischen Beziehung ist, wie oben ausgeführt, dynamisch.

gestellten teilt, kommt es zu einer direkten sinnlichen Erfahrung von Elementen des Dargestellten. Der Betrachter eines Bildes oder eines Films kann sich dem dargestellten Gegenstand so nahe fühlen, wie es beim direkten Betrachten des Gegenstandes der Fall ist. In bestimmten ikonischen Darstellungen kann diese Präsenzerfahrung so eindringlich werden, dass die Tatsache, dass auf etwas Anderes verwiesen wird, ganz in den Hintergrund tritt.

Auch beim Hören von Musik ist die Präsenzerfahrung besonders ausgeprägt. Als ikonische Darstellungen weisen Tonbewegungen an sich selbst Merkmale auf, die auch die angezeigten Ereignisse besitzen. Sie ‚verweisen' auf Weltereignisse im Modus des ‚Vorweisens'. Die starke Präsenz der Musik modifiziert diese doppelte Erfahrung. Das ‚Verweisen' wird gewissermaßen in den Hintergrund gedrängt, während das ‚Vorweisen' ein solches Gewicht erhält, dass alles, was zu erfahren ist, ‚in der Musik' zu sein scheint. Bei Musiktheoretikern führt dies bisweilen dazu, notwendige Differenzierungen einzuziehen. Man sagt etwa: Was in der Musik erfasst wird, „is not so much doings that occurred in another place and time, of which one is receiving an report, but a drama of events happening here and now".[140] Oder konkreter: „Messiaens Schwarzamselgesang *ist* ein Schwarzamselgesang […;] wir verstehen Messiaens Klänge als Vogelgesang und nicht als Repräsentationen eines Vogelgesangs […] Der Klang ist die Amsel".[141] Die einseitige Betonung des ‚Vorweisens' lässt die Differenz von Medium und Gegenstand verschwinden.[142]

12. Wie jedes Darstellen mit Hilfe von Zeichen ist auch die ikonische Darstellung durch Musik ein Kommunikationsvorgang.[143] Was oben (2.4.4) im Hinblick auf die Intentionen, die Künstler mit einem von ihnen geschaffenen Werk verbinden, gesagt wurde, gilt entsprechend auch für das musikalische Komponieren. Die Bestimmtheit der Darstellung hängt wesentlich damit zusammen, dass es einen Autor gibt, der mit

---

140 Levinson 2004, S. 440.

141 Hindrichs 2014, S. 216.

142 Für an Goodman orientierte Autoren ergibt sich dies schon dadurch, dass sie die eine Seite des doppelten Bezuges ganz streichen: „Der Referenzmodus ist ein Vorweisen und kein Verweisen." Musik besteht darin, „statt auf ein Ereignis zu verweisen, selbst ein Ereignis zu sein" (Thorau 2012, S. 96 und 97). Demgegenüber stellen Robinson und Hatten fest: „In listening to music with close attention we are often induced to imagine (make-believe) certain actions […]; the music can refer to this action by exemplifying it" (Robinson/Hatten 2012, S. 82, auch 81 und 89). Sie beziehen sich dabei unter anderem auf Budd (1995, S. 170). Ähnlich argumentiert Wellmer (2009, S. 156): „Die Kunstwerke […] ‚zeigen', ‚führen vor' […] und in diesem Zeigen, Vorführen, Darstellen, Exponieren und Inszenieren ‚beziehen' sie sich auf die Welt bzw. unsere Erfahrung von ihr."

143 Vgl. Agawu 1991, S. 3 f.

dem Zeichenmaterial etwas Bestimmtes kommunizieren will.[144] Bereits im Akt der Generierung des musikalischen Zeichenmaterials ist dasjenige präsent, auf das das Material verweist. Dabei kann die Art der Präsenz des Inhalts sehr unterschiedlich sein. Wie das Beispiel der Programmmusik zeigt, ist es möglich, dass der außermusikalische Bezug vom Komponisten in bewusster Weise verfolgt wird. Es kann aber auch sein, dass Außermusikalisches nur über eine vage analogische Beziehung berührt wird.[145] Wie immer sich Weltvorstellungen mit dem Kompositionsgeschehen verbinden, dieser Ausgangspunkt ist für die Interpretation eine wichtige Markierung.

Dabei ist nicht anzunehmen, dass, wenn außermusikalische Gehalte in eine Komposition eingeflossen sind, der Komponist selber besonders gut darüber Auskunft geben könnte. Auch hier ist davon auszugehen, dass der Künstler nicht die volle Kontrolle über die Sinnzusammenhänge hat, die sein Werk entfaltet. Darum sind aber Kenntnisse der Vorstellungen des Komponisten nicht per se irrelevant.[146] Sie können zur Kontrolle von Deutungen herangezogen werden, etwa in der Form, dass überprüft wird, ob bestimmte Deutungen durch die Gedankenwelt des Komponisten nahegelegt werden oder vielleicht völlig aus ihr herausfallen.[147]

13. Bei allen Arten von verschlüsselten Zeichen kann man nicht darauf setzen, dass ein zureichendes Verständnis des Kommunizierten sich gewissermaßen von selbst ergibt. Es ist möglich, dass manche (komplexe) Interpretationsschritte spontan erfolgen.[148]

---

144 Zur Bedeutung der Intention des Komponisten vgl. Young 2004, S. 90, 101 ff. und 107 ff. Mit Blick auf diesen Zusammenhang ließe sich sagen, dass die Darstellung eines außermusikalischen Ereignisses ‚Ausdruck' ist, nämlich Ausdruck der Vorstellung des Komponisten. Zu einer Engführung des Ausdrucksbegriffs kam es in den Debatten des 18. Jahrhunderts, die darauf zielten, den ‚Ausdruck' auf das eigene emotionale Erleben des Komponisten zu beziehen. Zu diesen Debatten, die zu keiner klaren Analyse des komplexen Verhältnisses von Darstellung und Ausdruck gelangten, vgl. Eggebrecht 1955 und Köhler 1996.

145 Vergleichbar mit den analogischen Ausgriffen, mit denen Hörer sich das musikalische Material verständlich machen können.

146 Komponisten äußern sich immer wieder nicht nur zu einzelnen Musikstücken, sondern auch grundsätzlich zu der von ihnen entfalteten Kompositionspraxis. Ein Beispiel ist die Aussage von Mahler, dass „der Künstler […] jeden Stoff und jede Form der Welt, die ihn umgibt, entnimmt […]" (zitiert nach Floros 1977, S. 142). Man kann solche Äußerungen zunächst als einen Hinweis darauf verstehen, dass im Komponieren die Möglichkeiten eines Bezugs auf Außermusikalisches erprobt werden. In ihren interpretativen Selbstbeobachtungen sind Komponisten häufig näher am Material als die Musiktheoretiker, die sie mit ihren Analysen überbieten wollen.

147 Dass die Weltsicht des Komponisten und seine biographische Situation eine Bedeutung für die Interpretation haben, impliziert nicht die irrige Vorstellung, dass sich in einer Komposition zwangsläufig die aktuelle Befindlichkeit des Komponisten widerspiegelt. Zusammenhänge dieser Art müssen fallspezifisch rekonstruiert werden. Als Beispiel kann etwa die von Monahan (2011) vorgenommene Interpretation der 6. Symphonie von Mahler dienen, in der sich ein Bezug auf biographische Zusammenhänge nachweisen lässt.

148 So wie dies etwa beim spontanen Verstehen von ironischen Bemerkungen der Fall ist.

Andere verlangen eine besondere Suchaktivität des Interpreten. Für den Interpretationsprozess im Fall der Musik gilt Gleiches. Manche Gehalte können sich spontan beim Hören erschließen. Dafür bietet die das musikalische Geschehen begleitende Suche nach analogischen Beziehungen die Grundlage. Dagegen ist, um einen komplexeren Sinnzusammenhang zu erfassen, ein wiederholter interpretativer Durchgang durch das musikalische Material erforderlich. Nur so können kleinste ‚Spuren‘ verfolgt, differenzierte Hypothesen entworfen und relevante Kontexte einbezogen werden. Ein bestimmter Verweis auf Außermusikalisches gelingt nur, wenn der Hörer diese Interpretationsarbeit auf sich nimmt.

Ein wichtiger Punkt bleibt nachzutragen. In Kommunikationsprozessen ist der kommunizierte Inhalt eine Vorgabe, an die der Interpret sich halten muss. Gleichzeitig eröffnen sich aber aufgrund der Komplexität des Sinngeschehens Spielräume, die dem Interpreten die Aufgabe zuweisen, den Inhalt der Kommunikation mitzugestalten. Das ergibt sich schon daraus, dass der erfahrene Inhalt in den Sinnhorizont des Interpreten übersetzt werden muss.[149] Die Bestimmung des Inhalts der Kommunikation liegt also nicht allein in der Entscheidung des Absenders. Das gilt gerade auch im Hinblick auf den Inhalt von Kunstwerken und der Musik im Besonderen.[150] Unter diesem Gesichtspunkt erweisen sich die hier angestellten Überlegungen als einseitig. Sie haben nur erfasst, wie der Interpret den mit dem Werk gesetzten Vorgaben folgt, nicht aber die Freiheiten, mit denen er in das Kommunikationsgeschehen eingreift.

14. Musik kann mit anderen Medien verknüpft sein, die mit ihren eigenen Mitteln Ereignisse in der Welt darstellen. Diese Medien können sprachlicher Natur sein, aber auch (wie etwa Filme oder Tanzchoreographien) selbst ikonischen Charakter besitzen.[151] Formalisten, die bestreiten, dass Musik für sich genommen Weltereignisse darstellen kann, sind teilweise der Auffassung, dass eine solche Darstellung gelingen kann, wenn Musik multimedial eingebettet ist: „The music does not tell the story. It is the text that tells".[152]

---

149 Peirce erfasst dies mit dem dritten term der von ihm entwickelten Zeichenrelation, dem ‚interpretant‘. Vgl. dazu auch Nattiez 1990, S. 5 ff., Dougherty 1994 und 2014 und Samuels 1995, S. 3 ff.

150 Zur Frage, ob man einen ‚neutralen‘ Gehalt einer Komposition unabhängig von der ‚ästhetischen‘ Dimension der Interpretation des Zeichenmaterials bestimmen kann, vgl. (mit Bezug auf Nattiez) Samuels 1995, S. 8 ff.

151 Zum ikonischen Charakter von Gesten vgl. Mittelberg 2014, Mittelberg/Evola 2014, Müller 2010 und 2014.

152 Kivy 2002, S. 195. Kivy spricht hier von „aided representation" (184 ff.). Auf anderem Wege kommen an Goodman orientierte Autoren zum selben Ergebnis: „Umso stärker wirkt aber dann ein denotativer Zusatz, z. B. ein Name oder ein Titel, der etwas Gegenständlich-Objekthaftes zuzuordnen vermag" (Thorau 2012, S. 97). Dabei wird übersehen, dass in der langen Geschichte der Vokalkompositionen Komponisten musikalische Mittel entwickelt haben, um die Musik an den Bedeutungsgehalt des Textes

Ich möchte diesen Punkt kurz beleuchten. Dabei gehe ich von zwei grundsätzlich unterschiedenen Formen von Multimedialität aus. (1) Bei der ersten Form geht es darum, mit der Musik ein von anderen Medien zum Ausdruck gebrachtes Sinngeschehen zu vertonen. (2) Bei der zweiten Form ist die Komposition der Musik ganz auf sich konzentriert, die begleitenden Medien mit ihren Darstellungsweisen werden ihr nachträglich hinzugefügt, z. B. um den Gehalt der Musik zu explizieren.

(1) Die erste Form der Multimodalität kommt zustande, wenn poetische Texte oder programmatische Erzählungen vertont, einem dramatischen Bühnengeschehen eine musikalische Fassung gegeben oder eine begleitende Musik für einen Film geschaffen werden.[153] Prinzipiell ist hier von einer Differenz auszugehen, die zwischen der Darstellung durch Musik einerseits und dem vertonten Mediengehalt andererseits besteht. Zwar ist die Komposition auf den durch das andere Medium ausgedrückten Gehalt gerichtet, aber in welcher Weise sie diesen erfasst, kann ganz unterschiedlich sein. Von dem komplexen Sinn eines poetischen Textes etwa wird die Musik nur bestimmte Elemente mit ihren Mitteln darstellen.[154] Man kann deshalb nicht ohne Weiteres vom Text auf den Gehalt der Musik schließen. An welcher Stelle sich Musik und Text treffen, ist erst durch genaue Analyse zu erfahren.[155] Und diese Analyse setzt voraus, dass die musikalische Darstellung für sich genommen in ihrem Gehalt erfasst wird. Ohne ein solches Verständnis der Musik wäre gar nicht zu bestimmen, welche Aussagen des Textes in die Musik Eingang gefunden haben.[156]

(2) Einem abgeschlossenen musikalischen Werk können andere mediale Darstellungen hinzugefügt werden, etwa Texte, Tanzchoreographien, Filme usw. De Momigny (1805) ging beispielsweise in der Analyse einer Fuge aus einer Händel-Suite so vor, dass er eine Geschichte erzählte, die in seinen Augen geeignet war, den Gehalt der Fuge zum

---

heranzuführen. Musik erhielt dadurch eine semantische Aussagekraft, die unabhängig vom Text ihre Wirkung entfalten kann.

153 Bisweilen werden Texte oder Programme, die vertont werden, nicht kenntlich gemacht, so etwa in der *Lyrischen Suite* von Berg.

154 Augenscheinlich ist dies, wenn, was häufig geschieht, derselbe Text mehrfach vertont wird.

155 Vgl. dazu Agawu 1992, Zbikowski 1999, 2002, S. 243 ff., und 2017, S. 167 ff., sowie Thorau 2012, S. 217 ff.

156 Bei Textvertonungen kann bisweilen mit Verweis auf den Text eine Interpretation des musikalischen Geschehens konkretisiert werden (was wird durch die mit der linken Hand auf dem Klavier gespielte wellenartige Bewegung in Schuberts *Gretchen am Spinnrad* angezeigt?). Aber eine solche Benutzung des Textes als eine kontextuelle Interpretationshilfe darf nicht vermengt werden mit der These, dass der Text anstelle der Musik den Weltbezug herstellt. Zu dieser Differenz vgl. die in Teil IV durchgeführte Analyse einer Textvertonung.

Ausdruck zu bringen.[157] In einem Werbespot wurde die Ouvertüre zu *Figaros Hochzeit* mit einer filmischen Aufnahme eines fahrenden PKW verkoppelt.[158]

Eine in dieser Weise einem Musikstück hinzugefügte mediale Darstellung sagt nicht zwingend etwas über die Musik aus. Ob eine solche Darstellung in einer inneren Beziehung zur Musik steht, ist nur durch eine Überprüfung im Einzelfall zu erkennen. Und dazu ist wiederum Voraussetzung, dass der Gehalt der Musik durch eine eigene Interpretation des musikalischen Materials erfasst wird.

Eine gewisse interpretative Kraft können hinzugefügte mediale Darstellungen gewinnen, wenn das Dargestellte in einer analogischen Beziehung zur Musik steht.[159] In diesem Fall gilt für solche Darstellungen das, was oben generell über die Analoga gesagt wurde, an die man beim Hören von Musik denkt. Mit ihnen kann nicht der bestimmte Sinn der Musik erfasst werden. Der Bezug zu den hinzugefügten Medien ist pluraler Natur, vielfältige, ganz unterschiedliche mediale Darstellungen können auf diese Weise beanspruchen, etwas über die Musik auszusagen.

(3) Man könnte fragen, ob das Hinzufügen einer anderen medialen Darstellung zur Musik mehr zur Erhellung des Sinns der Musik beitragen kann, wenn dieses Hinzufügen nicht willkürlich erfolgt, sondern gewissermaßen durch die Musik selbst herbeigeführt wird. Das ist bei Gesten der Fall, die beim Hören von Musik spontan erzeugt werden. Sie sind als von der Musik selbst erzeugte Reaktionen innerlich mit dieser verbunden.[160] Aus verschiedenen Gründen erscheint es jedoch zweifelhaft, dass die Interpretation einer in dieser Weise hinzugefügten Geste den Zugang zum Bedeutungsgehalt der Musik erleichtern oder sogar eine sich auf das musikalische Material konzentrierende Interpretation ersetzen könnte.

1. Zunächst ist festzustellen, dass, auch wenn eine bestimmte musikalische Passage eine spontane Geste auslöst, diese Geste nicht die einzige ist, die die Musikpassage hervorrufen kann. Wenn aber die Musikpassage zu ganz unterschiedlichen Reaktionen führen kann, ist der innere Zusammenhang von Musik und Geste brüchig. Das Problem des pluralen Bezuges kehrt also in anderer Form wieder. Der reaktive Charakter der Geste ändert nichts daran, dass es sich um eine spezifische Analogie handelt, die nur eine von vielen möglichen ist. Welche der möglichen Gesten sollte als Ausgangspunkt der Interpretation gewählt werden?

---

157 Vgl. dazu Almen 2008, S. 16 ff. sowie zur Vertextung von Musik generell Reynolds 2003, S. 88 ff.

158 Vgl. Cook 1998, S. 4 f.

159 Eine Geste etwa in einer Tanzchoreographie kann langsam oder hastig, aufwärts- oder abwärtsgerichtet, vorwärts drängend oder gebremst sein und sich damit analogisch an die Bewegungskontur der Musik anschließen.

160 Für Becker (2007, S. 293) führt der „Bewegungsimpuls […], den das Hören des Stücks ausgelöst hat" zur Interpretation. Vgl. auch Vogel 2007.

2. Tanzchoreographien sind zumeist genügend komplex, um an die Komplexität der Musik heranzureichen. Für spontan hervorgerufene Gesten gilt dies nicht: Sie haben eine höchst einfache Struktur, an der nur ein beschränkter Inhalt abgelesen werden kann.[161] Bei einer inhaltlich komplexeren Musik ist oft nicht zu erkennen, wie sie einen angemessenen Ausdruck in solchen Gesten finden könnte.[162]

3. Wenn der Zusammenhang von Musik und Geste als brüchig erscheint, muss auch gefragt werden, ob der spontanen Geste wirklich eine größere Bedeutung zukommt als den auf Analogien beruhenden Vorstellungen, die von Musik ausgelöst werden.[163] Es gibt keinen Grund, wenn man nach Analoga für musikalische Sequenzen sucht, nachvollziehende Gesten für aussagekräftiger anzusehen als die durch Musik hervorgerufenen imaginativen Vorstellungen von außermusikalischen Weltereignissen, die analoge Eigenschaften aufweisen.

4. Diese Frage stellt sich umso mehr, als die Geste, wenn man sie für sich nimmt, also nicht als redebegleitende Geste, keineswegs spontan einen eindeutigen Gehalt erkennen lässt. Als Medium der ikonischen Darstellung hat sie einen verschlüsselten Charakter. Nur mit erheblichen interpretatorischen Anstrengungen kann man etwa erfassen, was eine schlängelnde Handbewegung bedeutet.[164] Was ist gewonnen, wenn man sich anstelle der Interpretation einer Musik, die vieldeutig ist, auf eine Geste richtet, die nicht weniger vieldeutig ist?

5. Ein besonderes Problem ergibt sich daraus, dass von aufeinanderfolgenden Musikpassagen unterschiedliche spontane Gesten ausgelöst werden. Reduziert man die Interpretation auf eine jeweils lokale Ausdeutung der Gesten, ergibt sich eine lose Ansammlung heterogener Bestimmungen, die keinen übergreifenden Sinn erkennen lässt.[165]

6. Insgesamt ergibt sich aus dem Gesagten, dass hinzugefügte Gesten, auch spontan ausgelöste, nicht mehr zur Interpretation beitragen können als andere der Musik hinzugefügte mediale Darstellungen. Die letzteren können hinsichtlich ihres interpretatorischen Werts nur eingeschätzt werden, wenn man zuvor den Gehalt der Musik selber erfasst hat. Dasselbe gilt auch für hinzugefügte Gesten. Es gibt keinen Grund, einer Interpretation, die das Verstehen von durch die Musik ausgelösten Körperreaktionen ins Zentrum rückt, mehr Erfolg zuzuschreiben als einer Interpretation, die sich ohne diesen Umweg direkt auf die Musik richtet. Und dies vor allem aus dem Grund, dass

---

161 Es ist auch möglich, dass sie überhaupt keinen inneren Bezug zum Gehalt der Musik haben.

162 Als Beispiel kann die musikalisch dargestellte Verschärfung militärischer Aggression dienen, die im *Marsch* von Berg zum Ausdruck gebracht wird. Vgl. dazu Teil III.

163 Vgl. etwa die oben diskutierte Vorstellung eines herabspringenden Baches beim Hören von Bachs *Badinerie*.

164 Zur Vieldeutigkeit ikonischer Gesten vgl. etwa Fricke 2014 und Mittelberg 2014.

165 Vgl. dazu oben 1.2.8 und den dort zitierten, von Walton (1994, S. 52) angestellten Vergleich mit einer Tapete, die mit unterschiedlichen Figuren ornamental ausgestaltet ist.

die Interpretation von Körpergesten im Prinzip dieselben Schwierigkeiten aufwirft wie die Interpretation von Tonbewegungen.

Die Frage, mit der dieses Kapitel eingeleitet wurde, war, ob mit musikalischen Mitteln eine ikonische Darstellung von Weltereignissen möglich ist. Das hier in Grundzügen vorgestellte Modell gibt darauf eine erste Antwort. Tonbewegungen können sich ikonisch auf Weltereignisse beziehen. Dabei ergibt sich die Bestimmtheit dieses Bezuges nicht allein aus dem musikalischen Material. Die verschiedenen Kontexte, in die die Musik eingebettet ist, insbesondere die spezifische Ausgestaltung einer musikalischen Praxis, die Komponist und Hörer teilen, wirken daraufhin, dass im Interpretationsprozess über die Offenheit von Bedeutungen hinausgegangen und eine bestimmte Erfahrung gewonnen wird.

Die weiteren Teile des Buches werden Gelegenheit geben, das Modell über das Gesagte hinaus zu konkretisieren. Aber die zentrale Fragestellung, die in diesen Teilen des Buches verfolgt wird, ist eine andere. Mit dem vorgestellten Modell ist lediglich eine Möglichkeit der ikonischen Darstellung durch Musik aufgewiesen worden. Offengeblieben ist, ob es Kompositionen gibt, die (im Kontext eines bestimmten musikalischen Stils) die kompositorischen Möglichkeiten, die das Modell expliziert, einsetzen, um zwingend einen Bezug auf außermusikalische Ereignisse herbeizuführen. Das ist nur in detaillierten Einzelfallanalysen zu klären. Damit ist die Aufgabe bezeichnet, die zu den folgenden Teilen des Buches und den dort vorgestellten Analysen dreier musikalischer Kompositionen führt.

Teil II   Die depressive Verlaufskurve einer Initiative. Eine zentrale Passage aus dem ersten Satz der Klaviersonate in c-Moll (D 958) von Franz Schubert

Die Analysen von Schuberts c-Moll-Sonate D 958, auch die zuletzt erschienenen,[166] konzentrieren sich überwiegend auf den formalen Aufbau des Werks. In der folgenden Interpretation des ersten Satzes dieser Sonate wird demgegenüber die Frage im Mittelpunkt stehen, ob die Musik Schuberts narrative, auf ein außermusikalisches Geschehen gerichtete Gehalte erkennen lässt.[167]

Die Analyse folgt dem methodischen Verfahren, das in Teil I des Buches entwickelt wurde.[168] Das bedeutet erstens, dass sie sich in den Grenzen bewegt, die in der Einleitung zu Teil I gezogen wurden. Das heißt u. a., dass sie nur die in einer musikalischen Passage hervortretende Hauptstimme daraufhin untersucht, ob sie einen semantischen Sinn erkennen lässt, und dies nur im Hinblick auf deren melodische Struktur. Zweitens beschränkt sich die Analyse, um das methodische Verfahren im Detail und in der vorgeschlagenen Schrittfolge durchführen zu können, zunächst ganz auf eine ausgewählte Passage aus dem Sonatensatz. Drittens wird die Interpretation streng sequentiell durchgeführt.

Nach Abschluss dieser detaillierten Analyse wird der Interpretationsrahmen erweitert. Als erstes werde ich zunächst nicht berücksichtigte Parameter in die Interpretation einbeziehen (3. Abschnitt). Dann werden verschiedene Kontexte daraufhin überprüft, ob aus ihnen weiterführende Hinweise zu der vorgeschlagenen Interpretationshypothese zu gewinnen sind. Dabei werden sowohl intratextuelle Bezüge (4. und 5. Abschnitt) als auch Kontexte außerhalb des interpretierten Werks (7. und 8. Abschnitt) berücksichtigt. Gegenstand des 6. Abschnitts ist die Frage, inwieweit die interpretierten musikalischen Bewegungen aus sich heraus Akteurseigenschaften erkennen lassen und genauere Hinweise auf einen Akteur geben.

---

166 Ich beziehe mich vor allem auf Godel 1985, Krause 1992, Hinrichsen 1994 und Fisk 2001.

167 Analysen von Klaviersonaten Schuberts, die unter diesem Gesichtspunkt durchgeführt wurden, finden sich in Fisk (2001), Hatten (2004) und Massow (2019).

168 Vgl. oben Teil I, 3. Kapitel, insbesondere 3.5.

1.   **Eine Passage aus dem ersten Satz von Schuberts c-Moll-Sonate D 958: das musikalische Material**

Das Notenbeispiel 4 gibt auszugsweise eine Passage aus dem ersten Satz der Klaviersonate c-Moll D 958 von Franz Schubert wieder. Nur die Hauptstimme ist erfasst.

Notenbeispiel 4:   Franz Schubert, Klaviersonate c-Moll D 958, 1. Satz, T. 117–151

    Wir beginnen mit einigen Hinweisen auf das musikalische Material, die später noch zu ergänzen sind. Der erste Satz der Sonate hat die Form eines Sonatenhauptsatzes. Die herausgegriffene Passage findet sich im Mittelteil des Satzes, der Durchführung. Ihr geht ein erster, kurzer Durchführungsteil (T. 99–116) voraus, in dem mit markanten ‚Schlägen‘ auf das Material des in der Exposition eingeführten ersten Themas Bezug genommen wird. Die daran anschließende Passage bildet mit ihren 35 Takten das Zentrum der Durchführung.

    Zentral für diese Passage ist eine thematische Figur, die am Anfang eingeführt wird und dann das ganze weitere Geschehen bestimmt. Diese Figur tritt in zwei Varianten auf, A1 und A2. Sie erscheint hier zum ersten Mal, gehört also nicht zum Themenmaterial der Exposition. A1 wird in T. 119 *pp* in sehr tiefem Register eingeführt. Es handelt sich um eine zügig gespielte zweitaktige Achtelbewegung, die chromatisch eng geführt wird und kreisförmig zum Ausgangston zurückkehrt. Sie beginnt mit einem dreitönigen Wechselschritt, hält einen Moment inne, wiederholt die Dreitonfigur einen halben Ton höher, fällt aber dann zurück, um den unteren Teil der Kreisbewegung zu realisieren.[169]

Die zuerst in T. 125 erklingende, ebenfalls zweitaktige Figur A2 reproduziert bis zum sechsten Ton die Struktur von A1. Nach dem zweiten Wechselschritt wird die Bewegung ein zweites Mal angehalten, dann (weiterhin halbtönig) nach oben fortgeführt und endet eine kleine Terz höher als der Ausgangston.[170]

Mit der Abfolge von A1, A1, A2, A2, A2, A2, A1, A1, A1 und A1 (T. 119–151) wird eine Bogenform beschrieben. Aufgrund der kreisförmigen Bewegung von A1 bleibt die Bewegung zunächst an den Ausgangston d2 gefesselt. Mit dem vierfachen Einsatz von A2 wird die Bewegung dann von d nach f, dann as, dann b und schließlich nach des in die Höhe getrieben, was durch Oktavverschiebung noch verstärkt wird. An dieser Stelle erfolgt die Umkehr in den abwärtsgerichteten Arm der Bogenform. Mit dem erneuten Auftreten von A1 wird das Geschehen (durch eine jeweils eingefügte Abwärtspassage) Schritt für Schritt wieder in tiefere Register abgesenkt. Das letzte Erklingen der Figur A1 (im *ppp*) liegt unterhalb des Niveaus, von dem die Bewegung ursprünglich ausging.

Die Einsätze der Figur A2 werden an zwei Stellen durch eine Abfolge zweier neuer Figuren unterbrochen. In der ersten dieser Figuren (B) (T. 129 bzw. 138) wird ohne die anfängliche Hemmung durch den Wechselschritt eine flüssigere Aufwärtsbewegung realisiert, die zweite (C) (T. 131 bzw. 140) ist durch ein ausgreifendes Oktavenarpeggio bestimmt. Für einen Moment scheint es so, als könne sich die Bewegung aus der chromatischen Engführung lösen und einen freieren diatonischen Charakter gewinnen, aber im abschließenden Oktavenabgang kehrt die Chromatik zurück.

Zusammengefasst weist das Tonmaterial folgende Merkmale auf:
- zügig aufeinanderfolgende, enge Bewegungsschritte,
- am Anfang in tiefem Register ein In-sich-Kreisen im *pp* (A1),
- Hemmung der zirkulären Anfangsbewegung durch eine eingeschobene Pause,
- Verlassen dieser Bewegungsform mit A2,
- eine in mehreren Schritten aufgebaute Bewegung mit einem bestimmten Richtungssinn,
- dabei schematische Wiederholung der anfänglichen engen Bewegungsfiguren,
- teilweise Lockerung des Bewegungsmodus durch eingefügtes Zwischenmaterial, dabei aber Fesselung an den jeweiligen Ausgangspunkt,

---

169 Im Kern handelt es sich um die Abfolge d–es–cis–d.

170 Im Kern handelt es sich um die Abfolge d–es–e–f. Hinrichsen (1994, S. 263 ff.) sieht in dieser und den folgenden chromatischen Aufwärtsbewegungen einen für die Gesamtkonstruktion des Satzes wesentlichen Bezug zur Chromatik des ersten Themas der Exposition.

- Umkehr der Bewegung in den nach unten gerichteten Arm der Bogenform (T. 140), dabei Rückkehr zu der in sich kreisenden Figur A1,
- Abschwächung der Dynamik,
- sukzessives Absinken der Bewegung, am Ende unter das Niveau des Ausgangspunktes und
- schließlich das Verstummen der Tonbewegung im *ppp*.

Tonbewegungen können, wie wir gezeigt haben, zu Analoga in der außermusikalischen Welt in Beziehung gesetzt werden. Das gilt auch für die elementaren Figuren der ausgewählten Passage. Bei dem durch Hemmungen und kreisförmigen Verlauf bestimmten Bewegungsmuster von A1 z. B. kann man etwa daran denken, dass ein aufgeregt auf der Stelle trippelndes Tier zurückgehalten wird, dass der Wind Blätter umherwirbelt, dass sich jemand unschlüssig vor- und zurückbewegt, dass ein Akteur sich auf sich konzentriert oder auf etwas insistiert usw.[171]

In ähnlicher Weise lassen sich Analoga auch für die anderen elementaren Figuren bestimmen. Jede dieser Figuren erweist sich dabei als vieldeutig. Das Material lässt an keiner Stelle direkt erkennen, dass es auf etwas Bestimmtes in der Welt verweist. An jeder Stelle bieten sich (in den Grenzen eines bestimmten Korridors) unterschiedliche Deutungsmöglichkeiten an. Wenn in einer Zeichensequenz alle Elemente vieldeutig sind, ist nicht unmittelbar zu erkennen, ob es sich hier tatsächlich um ein Material handelt, das einen semantischen Gehalt hat. Denkbar ist aber, dass die Tonbewegungen dieser Passage als ‚verschlüsselte‘ Zeichen zu verstehen sind. Ob dies der Fall ist, lässt sich vorab nicht entscheiden. Erst eine holistische Interpretation, mit deren Hilfe versucht wird, die Zeichen zu entschlüsseln, kann darüber Auskunft geben.

Auf dem Hintergrund dieser Überlegungen werden wir im Folgenden untersuchen, ob es mit den Mitteln einer holistischen Interpretation gelingt, in dem musikalischen Material der ausgewählten Tonsequenz eine semantische Verweisung auf außermusikalische Ereignisse freizulegen. Dabei können wir uns an dem in Teil I vorgestellten Muster einer solchen Interpretation orientieren.

2. Die holistische Interpretation des musikalischen Materials

Wie in Teil I gezeigt, lässt sich die Durchführung einer holistischen Interpretation als eine Abfolge von vier Schritten verstehen. In der folgenden Interpretation der ausgewählten musikalischen Passage halten wir uns an die Reihenfolge dieser Schritte.

---

171 In allen diesen Deutungen werden Grenzen der Modalität übersprungen. Wir suchen bei dem, was wir hören, nach Analoga, die uns aus der visuellen Welt vertraut sind. Zum *crossmodal mapping* vgl. Teil I, 1.2.1.

(1)   Auswahl und Interpretation einer durch Segmentierung gewonnenen
        (kürzeren) Sequenz

Die holistische Interpretation verlangt eine vorgängige Segmentierung einer musikalischen Passage, die zu kürzeren Tonsequenzen führt. Wir beginnen mit einer am
Anfang der betrachteten Passage platzierten, von T. 119 bis T. 127 reichenden deutlich
abgrenzbaren Sequenz. In ihr sind die Figuren A1 und A2 miteinander verknüpft. Diese
Sequenz erlaubt viele Deutungen. Es könnte sich um einen Gegenstand handeln, der
durch eine von außen wirkende Kraft, etwa einen Windstoß, zunächst herumgewirbelt
und dann vorangeschoben wird. Man könnte auch an einen Fluss denken, der durch
eine Strudelbewegung für einen Moment auf der Stelle zu stehen scheint, dann aber
wieder in Richtung des Abwärtsgefälles fließt. Es könnte sich auch um den zögerlichen
Beginn einer Handlungsinitiative eines Akteurs handeln, die dann aber den Charakter
einer energischen Vorwärtsbewegung annimmt. Möglich wäre es auch, in der in sich
kreisenden Anfangsbewegung wie auch in dem darauf folgenden langsamen Voran-
kommen eine tiefer reichende Blockierung eines Handlungsimpulses zu vermuten. Die
beiden zuletzt genannten Deutungen kennzeichne ich mit D1 und D2.

(2)   Die Generierung von Hypothesen hinsichtlich des Gesamtverlaufs der
        miteinander verknüpften Sequenzen

Der Grundgedanke der holistischen Interpretation ist, dass die Elemente eines Ganzen nicht jedes für sich interpretiert werden, sondern dass jede Interpretation eines
Elements unmittelbar durch den Bezug auf die Interpretation der anderen Elemente
kontrolliert wird. Von diesem Gedanken her ist die Forderung zu verstehen, dass jede
Interpretation eines Elements unmittelbar mit einer Hypothese verknüpft wird, die ein
Beziehungsnetz über die weiteren relevanten Elemente wirft (vgl. oben Teil I, 2.2.2). Für
den spezifischen Fall der Interpretation von Tonbewegungen heißt dies, dass wir erstens
einer kürzeren Sequenz der Gesamtbewegung eine bestimmte Bedeutung zuweisen und
zweitens gleichzeitig damit eine hypothetische Annahme über den weiteren Verlauf des
Geschehens machen.[172]

Nachdem wir für die Anfangssequenz verschiedene Deutungen vorgeschlagen haben,
müssen nun im zweiten Schritt die an diese Deutungen sich anschließenden Hypothesen
aufgestellt werden. Um den Interpretationsgang überschaubar zu halten, werden wir nur
die beiden zuletzt genannten Deutungen D1 und D2 weiter verfolgen. Beide Deutungen

---

172 Wie oben gezeigt, unterliegen die Hypothesen bestimmten Bedingungen; sie müssen den Charakter
      von ‚Skripten' oder ‚Narrationen' haben (2.2.3), sich also auf einen Ereigniszusammenhang richten, in
      dem die Elemente in einer bestimmten ‚Regelhaftigkeit' miteinander verknüpft sind. Die Verfügbarkeit
      solcher Skripte wird durch den Kontext eingeschränkt.

lassen sich mit Hypothesen verknüpfen, die sich auf den weiteren Gang der Ereignisse beziehen.[173]

Die an D1 anschließende *Hypothese 1* lautet: Dargestellt wird ein aufgrund von Anfangsschwierigkeiten zunächst gehemmter, letztlich aber erfolgreicher zielgerichteter Prozess. Sie enthält folgende Aussagen: Bei der Anfangssequenz handelt es sich um die ersten Momente eines zielgerichteten Prozesses. Der Akteur, der diesen Prozess in Gang setzt, verfügt über genügend Energie, um die Anfangsschwierigkeiten, die die Bewegung zunächst abbremsen, zu überwinden und Schritte zu realisieren, die sukzessiv die Distanz zum Ziel verringern und schließlich zur Erreichung des Ziels führen. Möglicherweise könnte es auch nach den ersten zögerlichen Schritten zu einem Durchbruch kommen, der die ganze Entwicklung beschleunigt.

Die an D2 anschließende *Hypothese 2* lautet: Dargestellt wird ein von Anfang an mit Schwierigkeiten belasteter, dann eine krisenhaft-depressive Verlaufsform annehmender Prozess. Sie besagt, dass es sich um eine zielgerichtete Bewegung handelt, die nach anfänglichen starken Hemmungen zunächst unter großen Anstrengungen ein Stück weit vorankommt, wobei sich hier schon eine gravierende Schwäche des Handlungsimpulses andeutet, die nur durch eine Überanstrengung der Kräfte kompensiert werden kann. Das lässt erwarten, dass irgendwann die Kräfte erlahmen, die Bewegung zurückgeworfen wird und schließlich, wenn alle Handlungsenergie erschöpft ist, vollständig zum Erliegen kommt.[174]

Die unterschiedlichen Hypothesen bezeichnen die Konsequenzen, die sich aus den Sinngehalten der unterschiedlichen Deutungen D1 zw. D2 ergeben. Wenn man in der anfänglichen Bewegung eine schrittweise Freisetzung der Handlungsfähigkeit eines Akteurs sieht, ergeben sich für den weiteren Fortgang andere Konsequenzen, als wenn man sie als ein mühsames Sich-Voranarbeiten versteht, das durch Kräfte gehemmt wird, von denen es sich nicht befreien kann.

In den beiden ersten Schritten der Interpretation wird der Vieldeutigkeit des Materials Rechnung getragen. Ziel der holistischen Interpretation ist es aber, einen eindeutig bestimmten Inhalt zu erfassen, der kommunikativ vermittelt werden kann. Darum geht es im dritten und vierten Schritt der Interpretation.

---

173 In den diskutierten Hypothesen wird nicht auf das Merkmal des ‚Aufsteigens‘ der musikalischen Figur Bezug genommen, sondern nur auf das Fortschreiten der Bewegung in eine Richtung. Vgl. dazu die Überlegungen zum Variationsreichtum ikonischer Darstellung in Teil I, 2.1 (2.5).

174 Zur narrativen Struktur derartiger krisenhafter Verlaufskurven vgl. Schütze 1981.

(3)   Überprüfen der generierten Hypothesen durch Konfrontation mit dem
         musikalischen Material

Mit den aufgestellten Hypothesen werden unterschiedliche Prognosen hinsichtlich des
weiteren Fortgangs des Geschehens formuliert. Damit sind die Hypothesen überprüfbar.
Sie lassen sich danach bewerten, ob sie besser oder schlechter dem musikalischen
Material entsprechen.[175]

Verfolgen wir zunächst das weitere Geschehen im Licht der Hypothese 1. Die das
Material bestimmende stetige Aufwärtsbewegung in T. 125–139 kann als Beleg der
These genommen werden, dass hier ein Entwicklungspfad systematisch und beharrlich
verfolgt wird. Oder konkreter: dass eine Annäherung an ein intendiertes Ziel gelingt.
Die erkennbaren Hemmungen würden als nicht essentieller Natur verstanden, sie
erscheinen als Momente einer Bewegung, die erst allmählich sich freier entfaltet. Die
schematische Wiederholung in der Abfolge der aufwärtsgerichteten Schritte könnte
verstanden werden als Resultat einschränkender Bedingungen, z. B. eines vorgegebenen
Korridors, in dem die Bewegung erfolgen muss. Oder einer Arbeitsaufgabe, die repetitive
Schrittfolgen verlangt.

Die in T. 129–132 realisierten aufwärtsstrebenden Figuren B und C bleiben zwar letztlich an den jeweiligen Ausgangspunkt gekettet, aber für den weiteren Fortgang ist wichtig,
dass es zu einer Lockerung kommt, wodurch die Bewegung einen flüssigeren Charakter gewinnt. Hemmungen der Bewegung – etwa die anfängliche Pendelbewegung –
werden abgebaut und neue Möglichkeiten, die weitere Fortschritte erwarten lassen, gewissermaßen erprobt, wie etwa das zur Oktave reichende Arpeggio. Zusammen mit der
Figur C lässt sich die Figur B als eine Zwischenepisode in einer insgesamt ungebroche-
nen Ablaufdynamik verstehen – ein Moment freierer Entfaltung. Die Wiederaufnahme
der Aufwärtsbewegung in T. 134 wäre als eine Bestätigung dieser Interpretationslinie
anzusehen.

Schwierigkeiten ergeben sich aber für die Hypothese 1 im Hinblick auf die Abwärtsbewegung, die in T. 140 in Gang kommt und sich bis zum Ende der Passage fortsetzt.
Zwar lässt sich die nach Hypothese 1 zu erwartende Zielrealisierung mit der Vorstellung
verbinden, dass ein solcher Erfolg ein Zurückgehen zum Ausgangspunkt motivieren
könnte. Aber wird eine solche Vorstellung durch das Material gedeckt? Im Sinne der
Hypothese müsste T. 138 als Zielrealisierung erscheinen – hier wird der höchste Punkt
erreicht – und entsprechend die folgende Abwärtsbewegung als Rückkehr zum Ausgangspunkt. Aber diese Interpretation wird durch das Material nicht bestätigt.

---

175 Die Möglichkeit der Überprüfung beruht darauf, dass die Elemente zwar unterschiedlich, aber nicht
    beliebig gedeutet werden können. Es besteht ein Korridor von Deutungsmöglichkeiten. Hypothesen
    können nicht dadurch, dass Elemente einfach umgedeutet werden, passend gemacht werden. Vgl. dazu
    Teil I 1.2.4.

- Der ‚Absturz' in T. 140 ist wegen der Tiefe des Einbruchs und des Verharrens im unteren Register nicht mit der Vorstellung einer erfolgreichen Zielrealisierung zu vereinbaren.
- T. 138 ist nicht der Zielpunkt einer harmonischen Entwicklung, die auf diesen Takt zusteuert (etwa in der Form einer Kadenzierung). Der Takt ist ein Moment in einem ziellos sich entwickelnden harmonischen Geschehen (vgl. unten 3. (2)).
- Das Wiederauftreten der kreisförmigen Bewegung und das weitere Absinken von T. 142 aus haben nicht den Charakter einer Bewegung, die nach einer Zielrealisierung planvoll und kontrolliert gesteuert wird.
- Die Abwärtsbewegung führt unter das Niveau, von dem die Bewegung ausging.
- Die Verminderung der Dynamik bis hin zum *ppp* entspricht nicht der Stimmung, die eine erfolgreiche Zielrealisierung begleitet.

Insgesamt muss wegen dieser vielfältigen Diskrepanzen die Hypothese 1 als durch das Material widerlegt gelten.

Zu welchem Ergebnis führt nun die Überprüfung der Hypothese 2 am Material? Die Aufwärtsbewegung in den T. 125–139 gewinnt im Lichte dieser Hypothese einen anderen Charakter. Dass immer wieder nur kleine Schritte unternommen werden und auch dies nur in sehr schematischer Form, erscheint als ein Zeichen für Hemmungen, die essentieller Natur sind. Das ändert sich auch nicht mit den freier wirkenden Bewegungen der Takte 129–132 und 138–141. Abgesehen davon, dass die Bewegung hier konsequent an den jeweiligen Ausgangston as bzw. des gefesselt bleibt, erscheinen die auf die ersten freieren Schritte reagierenden Abwärtsspiralen in T. 131 f. bzw. T. 140 f. als ein Rückfall, ein erstes Anzeichen dafür, dass die Kräfte schwinden. Auch bei der Wiederaufnahme der Aufwärtsbewegung (T. 134) werden die Hemmungen des Vorwärtsimpulses nicht aufgelöst. Neue Möglichkeiten sind hier nicht erkennbar. Mit dem Absturz in T. 140, der sich in der Folge fortsetzt, verschärft sich der krisenhafte Verlauf. Alle Elemente, die die Entwicklung von T. 142 an kennzeichnen, liegen auf der Linie dieser Interpretation: das kreisförmige Auf-der-Stelle-Treten (jeweils mit einer abwärtsgerichteten Endfigur) in den thematischen Wiederholungen ab T. 142, die hektische Aufeinanderfolge der Schritte, die Zurücknahme der Dynamik bis ins *ppp*, vor allem aber die Tatsache, dass trotz der weiterhin unternommenen Anstrengungen nicht verhindert werden kann, dass die Bewegung immer weiter zurückgeworfen wird. All dies deutet auf ein zunehmendes Versiegen der Kräfte und einen schließlich eintretenden Zustand vollkommener Erschöpfung hin.

(4)   Bestimmung der den Überprüfungstest am besten bestehenden Hypothese

Eine holistische Interpretation ist dann erfolgreich, wenn zu erkennen ist, dass unter den zunächst formulierten Deutungshypothesen sich eine dadurch auszeichnet, dass sie am besten dem Material entspricht. Die hier durchgeführte Kontrolle der ausgewählten Hypothesen führt zu dem Ergebnis, dass die Elemente des Materials sich nicht in gleichem Maße in die von den beiden Hypothesen jeweils entworfenen Muster einfügen lassen. Die zweite Hypothese erweist sich der ersten gegenüber offensichtlich in dem Sinn als überlegen, als sie deutlich mehr Elemente zu integrieren vermag als jene. Wenn wir annehmen, dass weitere Hypothesen die Integrationskraft der zweiten Hypothese nicht zu überbieten vermögen, muss angenommen werden, dass mit dieser Hypothese der kommunizierte Inhalt der betrachteten Tonbewegung erfasst ist.

Damit haben wir einen wichtigen Schritt zu einer Interpretation der herangezogenen musikalischen Passage getan. Mit Hilfe einer holistischen Interpretation ist es gelungen, in einem Komplex von miteinander zusammenhängenden Elementen, von denen jedes für sich genommen keinen bestimmten semantischen Sinn erkennen lässt, eine semantisch bestimmte Darstellung eines (außermusikalischen) Ereigniszusammenhangs zu entdecken. Gleichwohl ist dieser erste Interpretationsschritt nicht ausreichend. Vieles bleibt unbestimmt. Wer ist der Akteur der nachgezeichneten Bewegung? Und um was für eine Art von ‚Bewegung‘ handelt es sich überhaupt? Wir werden in der Folge noch weitere Schritte mit dem Ziel unternehmen müssen, das bisher Erreichte abzusichern und die Deutung weiter zu spezifizieren.

3.   Spezifizierung der Interpretation durch Berücksichtigung weiterer Parameter

Die Weiterführung der interpretatorischen Arbeit kann auf zwei Wegen erfolgen. Einerseits kann bisher nicht berücksichtigtes musikalisches Material daraufhin untersucht werden, ob es weitere Facetten des angezeigten Geschehens zum Ausdruck bringt.[176] Zweitens kann mit Blick auf Kontexte, in die die interpretierte Passage eingebettet ist, überprüft werden, ob aus ihnen Hinweise hinsichtlich der Gültigkeit der entwickelten Deutungshypothese gewonnen werden können.

Wir wollen zunächst mit drei Hinweisen andeuten, was für eine Interpretation der betrachteten Passage zu gewinnen wäre, wenn ansonsten hier nicht berücksichtigte Parameter einbezogen würden. Informativ sind (1) das Register, in dem sich das Tongeschehen entfaltet, (2) die harmonische Entwicklung, die in der Passage durchlaufen wird, sowie (3) die Art der Begleitung, die die Hauptstimme durch andere Stimmen erfährt.

---

176 Zur semantischen Differenzierung durch die kombinierte Wirkung unterschiedlicher ‚Schichten‘ des musikalischen Materials vgl. Zbikowski 2017, S. 82 ff. und 93 ff.

(1) Im Hinblick auf Register und Dynamik ist hier insbesondere die Ausgestaltung des Anfangs und des Endes der Passage von Bedeutung. An beiden Stellen erklingen – gespielt im *pp* bzw. *ppp* – Töne in tiefem Register. Hier kann sich die Interpretation auf den Topos des *Schattens* stützen.[177] Mit dieser Topik wird Tönen in tiefem Register, wenn sie in bestimmter Weise ausgestaltet sind, eine spezifische Bedeutung zugewiesen. Es handelt sich darum, dass ein Ort bezeichnet wird, der nicht einfach nur ‚unterhalb‘ des sonstigen Geschehens liegt, sondern als abgeschatteter, dunkler Ort erfahren wird. Was sich hier entfaltet, ist vom sonstigen Geschehen getrennt, hat den Charakter des Fremden, mitunter des Unheimlichen. Durch diese Einfärbung wird man aus dem gewohnten Spiel differenter Erscheinungen herausgeführt und mit einem tiefgreifenden Gegensatz konfrontiert. ‚Unterirdische‘ Bewegungen im *pp* zeigen etwas an, das – ähnlich einer Wühlarbeit im Erdreich – sich abseits der vertrauten Realität im Verborgenen entfaltet.

(2) Die harmonische Bewegung ab T. 125 lässt sich vereinfacht so beschreiben: zunächst im Kleinterzzyklus von D-Dur über F-Dur, As-Dur und (leicht modifiziert) B-Dur nach Des-Dur und von dort dann über C-Dur und G-Dur nach c-Moll (T. 160).[178] Mit dem durch A2 vermittelten Aufsteigen in kleinen Terzen ist also jeweils eine Modulation in die entsprechende Tonart verbunden. Auf diese Weise werden in der Art eines verkürzten Quintenzirkels in rascher Folge extrem weit entfernte Tonarten erreicht. Die Bewegung erhält dadurch einen spezifischen Charakter: Von der Extremposition D-Dur aus (die keine Stabilität gewinnt) dringt sie in hastigen Schritten in weitere fremde Territorien ein. Entscheidend ist, dass mit der Bewegung der „Teufelsmühle" (Massow 2019, S. 243) die Attraktionskraft der Tonika geschwächt wird. Die Bewegung wird ziellos, die Koordinaten, die eine zuverlässige Orientierung ermöglichen, verblassen.[179]

Diese Vermutung lässt sich mit Blick auf einen Topos stützen, den man in der Musik des 18. Jahrhunderts entdecken kann. Es handelt sich darum, dass (in bestimmten Kontexten) das Durcheilen des Quintenzirkels bis in die Extreme als Bild für die Situation der Hilflosigkeit in einem Labyrinth (etwa im Labyrinth des Minotaurus) oder allgemeiner für Orientierungslosigkeit und lähmende Melancholie verwendet wurde.[180] Überträgt man diese semantische Interpretation auf die untersuchte Passage, würde dies heißen, dass die vorangetriebene Bewegung nicht nur durch innere Widerstände gehemmt ist, sondern ihr auch ein zuverlässiger Richtungssinn fehlt. Die dargestellte

---

177 Vgl. Abert 1908, S. 120 f. sowie McClelland 2012, 2014 und 2019.

178 Schubert vermeidet es, durch konsequente Weiterführung der Kleinterzbewegung wieder in der Ausgangstonart (D-Dur) zu landen. Mit dem erreichten des wird die Rückbewegung zu c-Moll eingeleitet. Die Grundtendenz, die sich in den weiten Sprüngen durchsetzt, ist, die Bewegung von d – mit D-Dur als Gegenpol zu c-Moll bzw. As-Dur – über des nach c zurückzuführen.

179 Vgl. dazu Massow 2001, S. 281.

180 Vgl. Sisman 2012, S. 30 ff.

Aktivität erscheint vor diesem Hintergrund als ein riskantes Unterfangen, das dem Akteur zu entgleiten droht.

(3) In der betrachteten musikalischen Passage lassen sich zwei unterschiedliche Formen der Begleitung der Hauptstimme erkennen. Die begleitende Stimme hat zunächst den Charakter von Arpeggios, die den harmonischen Hintergrund bilden. Ab T. 142 wird diese Art der Begleitung aufgegeben. Stattdessen kommt es zu ununterbrochen auf- und niedergehenden chromatischen Gängen in hoher Lage. Erscheinungen solcher Art zu deuten, ist Sache einer systematischen Semiotik der Begleitstimme.[181] Wir müssen uns hier mit einer hypothetischen Überlegung begnügen. Was könnte der beschriebene Wechsel in der Begleitung bedeuten? Die erste Form der Begleitung lässt sich als eine ‚Einbettung‘ verstehen: Die Begleitstimme bringt hier zum Ausdruck, dass das angezeigte Geschehen kein isoliertes ist, sondern dass es in seiner Umwelt eine Unterstützung erfährt. Dagegen ist bei der zweiten Form der Begleitung an ein völlig teilnahmslos und diffus an dem erlittenen Drama vorbeiziehendes Umweltgeschehen zu denken. Gestützt wird diese Interpretation durch die Beobachtung, dass die ‚einbettende‘ Begleitung genau in dem Moment aufgegeben wird, in dem der katastrophale Absturz in die tieferen Register erfolgt.

Schon auf der Grundlage dieser wenigen Andeutungen lässt sich erkennen, dass nicht nur die melodische Kontur, sondern auch andere Parameter des musikalischen Materials den Sinn des angezeigten Geschehens bestimmen. Die oben entwickelte Deutungshypothese wird durch Einbeziehung der genannten Parameter spezifiziert: Das durch eine depressive Verlaufskurve bestimmte Geschehen setzt abseits der vertrauten Welt ein, es stößt in riskanten Schritten in fremde Territorien vor, es verliert in dem Moment, in dem es krisenhaft zusammenbricht, die Unterstützung durch seine Umwelt. Dargestellt wird in der interpretierten Passage nicht nur der dramatische Verlust von Handlungsenergie, der zur Aufgabe einer zielorientierten Aktivität zwingt, sondern auch die zunehmende Orientierungslosigkeit und Isoliertheit eines in die Position des Außenseiters gedrängten Akteurs.[182]

---

181 Vgl. dazu etwa die systematische Einbeziehung des kontrapunktischen Zusammenspiels in einer Interpretation bei Zbikowski 2017, S. 85 ff., 119, 173 ff. Ferner die Analyse des Präludium es-Moll aus dem ersten Buch des Wohltemperierten Klaviers von Robinson und Hatten. Die Autoren sehen im Geflecht der Mehrstimmigkeit verschiedene „agents" interagieren, also nicht nur einen in seiner emotionalen Entwicklung dargestellten Protagonisten, sondern auch „other virtual agents (as implied by the chordal accompaniment, for example) that may interact with that persona in various ways" (Robinson/ Hatten 2012, S. 92).

182 Nur durch Einbeziehung des weiteren Kontextes lässt sich Fisks Deutung der Figur A1 rechtfertigen: „This single mysterious short phrase […] comes like a voice from a no man's land such as the one that Müller's and Schubert's wanderer creates from the barren winter landscape" (Fisk 2001, S. 187).

4. Die weitere Entwicklung des thematischen Materials als Kontext

Die Bedeutung einer musikalischen Passage bestimmt sich nicht nur aus ihr selbst heraus, sondern hängt auch davon ob, wie sie mit anderen Passagen verknüpft wird. Als Beispiel dafür wollen wir die Beziehung der interpretierten Passage zu der den Satz beschließenden Coda untersuchen. Diese Beziehung ist deshalb von besonderem Interesse, weil in der letzteren Passage nicht nur auf das musikalische Material, das in der früheren entwickelt worden war, noch einmal zurückgegriffen, sondern dieses auch in einer neuen Weise verarbeitet wird. Jede Rekapitulation, die ein Material neu interpretiert, hat Folgen für die Semantik dieses Materials. Es ist so, als würde ein Autor auf eine Episode, die vorher beschrieben wurde, noch einmal zurückkommen, um noch etwas hinzufügen, damit sie in ihrem vollen Sinn erfasst wird.

Ich möchte vier der Veränderungen des thematischen Materials, die in dieser Schlussphase des Satzes vorgenommen werden, hervorheben:

- Das Thema erscheint jetzt in einer weiteren Variante (A3). Während in der ursprünglichen Fassung die thematische Figur in einer Kreisbewegung zum Ausgangston zurückgeführt wurde, fällt jetzt das Thema, nachdem die beiden ersten Drei-Ton-Figuren (c–h–c, des–c–des) erklungen sind, in direkter Linie nach unten (von des nach f). Bei der Wiederholung der Variante A3 von f aus erfolgt entsprechend eine Abwärtsbewegung von as nach c (Notenbeispiel 5).

Notenbeispiel 5: Franz Schubert, Klaviersonate c-Moll D 958, 1. Satz, T. 250–255

- Nach der Wiederholung der gesamten Phrase wird dann, eingeleitet durch einen Aufwärtssprung von c nach as, diese letztere Abwärtsbewegung ohne den Themenkopf dreimal hintereinander wiederholt, jeweils um eine Oktave nach oben versetzt (Notenbeispiel 6).

Notenbeispiel 6: Franz Schubert, Klaviersonate c-Moll D 958, 1. Satz, T. 260–264

- Nach der letzten Wiederholung erfolgt in einem schnellen Lauf ein Absturz von c6 nach c4. Dabei wird in einem Decrescendo das *f* bis zum *p* abgeschwächt.
- Zuletzt erklingt die Abwärtsfigur noch einmal im *pp*, jetzt in Zweitongruppen, die durch Pausen unterbrochen werden (as–g | f–es | d–c).

Wir haben bei der Interpretation von T. 117–151 den stark depressiven Charakter dieser Passage betont. In der Coda des Satzes nun wird die letzte Konsequenz aus dieser depressiven Entwicklung gezogen. Mit A3 wird sichtbar, dass nicht mehr zu der ursprünglichen aufwärtsstrebenden Aktivität zurückgekehrt wird. Nicht einmal die Kreisbewegung kann gesichert werden. Jeder Bewegung ist der Gang in die Tiefe eingezeichnet – eine Geste des resignativen Sich-Fügens. In der Durchführung war die Bewegungsform bis zum Schluss intakt geblieben. Trotz der Umkehr in die Rückwärtsbewegung wurde die Gesamtform der flüssigen Achtelfolge nicht aufgegeben. Jetzt zerbricht sie, von ihr bleibt nur noch die isoliert sich wiederholende abwärtsgerichtete Sequenz übrig. Die akzentuierten Sprünge von c nach as sind nicht mehr als ein kurzes Sich-Aufbäumen, ein Aufstöhnen. Mit dem letzten Sprung, oktaviert im *f*, werden noch einmal alle verbleibenden Kräfte mobilisiert, was dann den nicht mehr gebremsten Absturz in die Tiefe zur Folge hat. Das Ende ist erreicht, wenn (in T. 268 ff.) auch die Abwärtssequenz zerfällt und im *pp* versinkt.

Durch das Geschehen in der Coda wird zusätzliches Licht auf die Durchführungspassage geworfen. Nicht nur wird die Vermutung bestätigt, dass es sich bei der Rückwärtsbewegung um ein Moment einer krisenhaften Verlaufskurve handelt. Mit dem katastrophalen Ende wird auch deutlicher als zuvor, dass die in Gang gesetzte Bewegung von Anfang an aufgrund einer in ihr angelegten Schwäche daran gehindert ist, sich wirkungsmächtig in der Realität Geltung zu verschaffen.

5.   Die interpretierte Passage im Kontext des übergeordneten musikalischen Strukturzusammenhangs

Insofern die interpretierte Passage in einem übergeordneten Formschema mit anderen Passagen verknüpft ist, müssen auch diese bei der Interpretation herangezogen werden. Von besonderer Relevanz ist hier das Verhältnis der Exposition zur Durchführung. Ich konzentriere mich darauf, den Bedeutungsraum, der durch die beiden Hauptthemen der Exposition eröffnet wird, zu bestimmen.

Notenbeispiel 7: Franz Schubert, Klaviersonate c-Moll D 958, 1. Satz, T. 1–12

In den ersten vierzehn Takten des Satzes wird das erste Thema entwickelt. Es ist bestimmt durch im *f* gespielte Akkorde, die in einem spezifischen Rhythmus aufeinanderfolgen: Einem Sechzehntel-Auftakt schließen sich eine Sekunde höher zwei identische in Viertelnoten ausgeführte Schläge an. Diese Figur wird nach vier Takten in einer dichten Folge chromatisch aufsteigend mehrfach wiederholt. Ab T. 7 werden die beiden Schläge durch in die Tiefe fallende Achtelsprünge verstärkt, gleichzeitig greift die Bewegung in größeren Intervallen nach oben aus. Der höchste erreichte Punkt, as6, liegt fast drei Oktaven über dem Ausgangston c4.

Das vierzehntaktige zweite Thema wird im *p* gespielt. Es beruht auf einer mehrfach wiederholten zweitaktigen Figur, bei der sich aus einem ruhigen (mit der Abfolge einer halben und einer Viertelnote gestalteten) Beginn eine flüssige Folge von vier bzw. sechs Achteln entwickelt. Bei den Wiederholungen dieser Figur wechseln sich aufwärts- und abwärtsgerichtete Achtelläufe miteinander ab. Die Bewegung der Töne ist durchweg diatonisch und verbleibt zunächst in einem einfach gestalteten harmonischen Raum. Das gesamte Thema, das sich in den Grenzen einer Oktave entfaltet, wird zweimal mit variierter Begleitung wiederholt, bis eine sich verstärkende innere Unruhe zum Verlassen der thematischen Figur führt.

Notenbeispiel 8: Franz Schubert, Klaviersonate c-Moll D 958, 1. Satz, T. 40–50

Die Themen stehen offensichtlich in einer stark kontrastiven Beziehung zueinander. Ich verzichte auf eine detaillierte Interpretation und begnüge mich mit einigen skizzenhaften Hinweisen.[183] Mit dem ersten Thema werden Vorstöße mit militärischem Charakter in einem umkämpften Terrain angezeigt, die Bewegung kommt nur in kleinen Schritten voran, was auf erheblichen Widerstand hindeutet. Der Einsatz geballter Machtmittel ist notwendig, um einen Durchbruch zu erreichen. Der herrschaftliche Impuls zielt auf expansive Vorstöße in große Räume.[184]

Ein Anhaltspunkt für diese Interpretation ist, dass das Thema fast deckungsgleich einer Figur aus Beethovens *Egmont Ouvertüre* entspricht, die dort mit der programmatischen Vorstellung einer mit aller Kraft vorstoßenden militärischen Aktion verknüpft ist.[185]

Das zweite Thema präsentiert eine ruhige, innige Wiegebewegung, die durch nichts gestört wird, nichts außerhalb ihrer zu realisieren sucht und in dieser Form ununterbrochen weiter geführt werden könnte. Diese Bewegung hat etwas Schwebendes, besonders auch dadurch, dass sie an einem bestimmten Punkt (aufgrund einer unerwarteten harmonischen Rückung) für einen Moment in eine traumartige Ferne gleitet.[186]

Durch Bezug auf den Kontext der Exposition wird der Charakter der von uns interpretierten Passage genauer spezifiziert. Zunächst einmal tritt ihr besonderer Rang hervor. Aufgrund des vergleichbar großen Raums, den sie in dem Satz einnimmt, ist sie nicht als eine nebensächliche, eher unbedeutende Episode zu verstehen. Genauer betrachtet, handelt es sich hier um ein drittes Thema, das in scharfer Differenz zu den beiden ersten eingeführt wird.[187] Mit ihm wird weder an die Darstellung martialischer Selbst-

---

183 Die im Folgenden formulierten Interpretationsvorschläge sind kursorischer Natur. Sie müssten in einer methodisch strengen sequentiellen Analyse überprüft werden.

184 Brendel erweitert diese Interpretation, indem er den Akzent auf die Bedrängnis setzt, in die ein von der vorstoßenden Gewaltmaschinerie Verfolgter gerät: Der Themenbau ist „zugleich heroisch und angstvoll, nervös und entschlossen, bedrohlich und bedroht [… S]ein Charakter entschlüsselt sich weniger als heroisches Maestoso denn als Ausdruck von Panik. Die Hauptfigur der Tragödie, verfolgt und in eine Sackgasse getrieben, sucht vergeblich nach einem Ausweg" (Brendel 2005, S. 256 und 186). Ferner: „[M]an ist ein Getriebener und erfährt (wie in der c-Moll-Sonate) die Panik der Ausweglosigkeit" (215). Man könnte auch an die topische Figur denken, wie sie etwa in Taminos Arie *Zu Hilfe, zu Hilfe, sonst bin ich verloren* aus der *Zauberflöte* verwendet wird.

185 Wegen des „ins Martialische transformierten Sarabandenrhythmus" ist die Figur „als Symbol der Gewaltherrschaft" zu verstehen (Dahlhaus 1987, S. 43). Dieser charakteristische Rhythmus mit seinem widerständigen Charakter prägt auch Schuberts Lied *Der Atlas*. Vgl. Godel 1985, S. 27 f. Dagegen ist der bei vielen Autoren (z. B. Godel 1985, S. 123 und Fisk 2001, S. 180 ff.) sich findende Verweis auf die ähnliche Ausprägung des Themas von Beethovens Variationen c-Moll WoO 80 interpretatorisch unergiebig. Brendel (2005, S.185 f. und 270) und Hinrichsen (1994, S. 322 ff.) haben auf die völlig andere Organisation des musikalischen Materials bei Schubert hingewiesen.

186 Vgl. dazu Fisk 2001, S. 184 f. und Hinrichsen 1994, S. 326.

187 Eine Erweiterung des thematischen Materials in der Durchführung lässt sich auch in anderen Werken von Schubert beobachten. Vgl. dazu Hinrichsen 1994, S. 239 ff.

behauptung noch an die intimes Einverständnis ausdrückende ruhige Wiegebewegung angeknüpft.[188]

Tiefer reichende Dimensionen dieser Differenz werden sichtbar, wenn man das, was die Themen darstellen, als kollektives Geschehen versteht.[189] Für die beiden ersten Themen ist eine solche Zuordnung naheliegend. Das erste Thema verweist auf die großen Räume kollektiver Machtentfaltung, in denen Machtpositionen gewaltsam errungen und gesichert werden müssen. Das zweite Thema ist Ausdruck einer auf zwangloses Einverständnis zielenden Sphäre empfindsamer Intimität. Sowohl mit dem ersten wie dem zweiten Thema werden etablierte gesellschaftliche Sphären thematisiert. Es handelt sich um Kernbereiche des kollektiven Geschehens, die im allgemeinen Bewusstsein präsent sind. Sie beruhen jeweils auf einem fest verankerten Funktionsmechanismus von hoher Stabilität.

Mit dem dritten Thema wird dagegen etwas angezeigt, was im Prozess des Entstehens ist und erst noch entwickelt werden muss. Es gehört nicht in den Kreis der etablierten Mächte, sondern operiert von einer Außenseiterposition aus. Am Anfang nur schattenhaft erkennbar entfaltet es sich in Räumen eines dunklen Untergrunds. Die angestrengten Versuche, mit denen das Experiment vorangebracht werden soll, bleiben fragil, führen nicht zu einer in sich gesicherten Gestalt und zerfallen am Ende wieder. Während sonst die Durchführung häufig der Ort kreativer Erweiterung ist, erlebt man hier das Versagen und die Destruktion des kreativen Vermögens. Diese grundlegende Opposition, in der das dritte Thema zu den beiden in der Exposition entfalteten steht, wird durch seine formale Separierung bestätigt.

Eine nähere Spezifizierung der hier thematisierten Sphäre ist mit Blick auf die eingesetzten musikalischen Mittel für sich genommen nicht möglich. Es bleibt aber die Möglichkeit, durch den Zugriff auf weitere Kontexte zusätzliche Interpretationshinweise zu gewinnen. Wenn man etwa die (auch den Komponisten prägende) Erfahrung epochaler gesellschaftlicher Entwicklungen einbezieht, liegt es nahe, an die Ausbildung der ‚dritten‘ gesellschaftlichen Sphäre zu denken, mit der sich die Moderne strukturell gegenüber der traditionelle Zweiteilung der Gesellschaft in Politik und Familie konstituiert. Unterhalb der Sphäre politischer Herrschaft bilden sich vielfältige Strukturen selbstverantworteter Tätigkeiten der Individuen heraus.[190] Die extremen Gegensätze,

---

188 Der Zusammenhang, den Fisk (2001, S. 187) zu der Figur in T. 13–14 und zum zweiten Thema sieht, ist wenig erhellend. Hinrichsen (1994, S. 263 ff.) versucht durch Hinweis auf die chromatische Entwicklung des Durchführungsthemas formal eine Beziehung zum Raum des ersten Themas der Exposition herzustellen. Dabei übergeht er den konträren Charakter beider Bereiche. Das erste Thema ist charakterisiert durch starke Dynamik, massive Akkordstrukturen und zielsicheren Vorstoß, das Durchführungsthema durch *p* Dynamik, einstimmige Fassung und mäandernden Verlauf.

189 Vgl. dazu Teil I 1.3.9.

190 Für Hegel wird die in der Moderne sich herausbildende dritte Sphäre, die „bürgerliche Gesellschaft", bestimmt durch „das Prinzip der selbständigen in sich unendlichen Persönlichkeit des Einzelnen, der subjektiven Freiheit […]". In ihr gewinnt „die Besonderheit das Recht, sich nach allen Seiten zu entwickeln

die sich in den Auseinandersetzungen zwischen dieser Sphäre und der der etablierten Politik entfalten, bestimmen auch noch die Entwicklung im 19. Jahrhundert.

In der Spannung dieses grundsätzlichen Gegensatzes bewegt sich die Durchführung. In den ersten 18 Takten knüpft Schubert an das Material des ersten Themas an. Aber dann wird deutlich, dass er die Bedeutungsräume der Exposition verlässt. In der Exposition wird offensichtlich etwas Wichtiges nicht gesagt, das jetzt zur Sprache kommen soll.[191] In Opposition zu dem vorher Verhandelten macht sich gewissermaßen die Notwendigkeit einer neuen Initiative geltend.

Der Sinn dieser Initiative wird durch ein weiteres Strukturmerkmal der Exposition erhellt. Sowohl das erste wie das zweite Thema geraten kurz nach ihrem Auftreten in einen Erosionsprozess. In T. 21 wird nach zwei stürmischen Abwärtsläufen ein zweiter Durchgang mit dem Themenmaterial der ersten zwölf Takte eröffnet. Dabei wird dieses Material aber so variiert, dass es seinen offensiven Charakter verliert. Die Folge der martialischen Marschschritte wird ersetzt durch eine kleinteilig sich vorwärts bohrende Bewegung, die in einer gedämpften Dynamik und beschwert durch Klagelaute verläuft. Der Kontrast zu dem Anfangsgeschehen wird besonders markiert durch den Wechsel in T. 27 zu einer leichteren Bewegung, die im *pp* in As-Dur erklingt. Es ist, als solle aus dem ersten Themenkreis ausgebrochen werden.

Das zweite Thema wird zweimal (variiert) wiederholt. In der zweiten Wiederholung erscheint es abgedunkelt in einer Mollfassung. Durch Einbettung in eine Sechzehntelbewegung gewinnt es, verstärkt durch die begleitenden akzentuierten Achtelschläge, einen hektischen Charakter. Am Ende wird es, statt sich wie zuvor in einer traumartigen Entrückung zu verlieren, in ein im *f* erklingendes explosives Geschehen hineingerissen.

So gesehen, werden die beiden Sphären, die zunächst als fest gegründete Pole erscheinen, in ihrem Wesenskern angegriffen und demontiert. Die Härte der kollektiven Machtausübung wird zurückgenommen, die Enge des intimen Einverständnisses auf-

---

und zu ergehen [...]". „Das Prinzip der modernen Staaten hat diese ungeheure Stärke und Tiefe, das Prinzip der Subjektivität sich zum selbständigen Extreme der persönlichen Besonderheit vollenden zu lassen [...] Das Recht der Besonderheit des Subjekts, sich befriedigt zu finden, oder, was dasselbe ist, das Recht der subjektiven Freiheit macht den Wende- und Mittelpunkt in dem Unterschiede des Altertums und der modernen Zeit"(Hegel 1955, §185, §184, §260 und §124). In diesem Zusammenhang könnte man auch darauf verweisen, wie Hegel die Frühphase dieser revolutionären Entwicklung charakterisiert: „Bisweilen erscheint der Geist nicht offenbar, sondern treibt sich, wie der Franzose sagt ‚sous terre' herum" (Hegel 1837, S. 75). Es geht dann darum, „den Geist der Zeit [...] zu ergreifen und aus seiner Natürlichkeit, d. h. Verschlossenheit, Leblosigkeit hervor an den Tag zu ziehen [...] Auf sein Drängen – wenn der Maulwurf im Innern fortwühlt – haben wir zu hören und ihm Wirklichkeit zu verschaffen [...]" (Hegel 1971, S. 462).

191 Vgl. die strukturell ähnliche Bedeutung des dritten Themas im ersten Satz von Haydns fis-Moll-Symphonie Nr. 45. Dazu Webster 1991.

gebrochen.[192] Die neue Initiative, die sich in der Durchführung entfaltet, lässt sich als Antwort auf diese Demontage verstehen. Die gegebenen Bedingungen fordern dazu heraus, einen neuen Anfang zu machen, und blockieren diesen gleichzeitig. Wenn auch zügig vorangetrieben, erscheint die Initiative von vornherein als schwach und von inneren Widersprüchen gehemmt. Ihr Scheitern ist vorprogrammiert. In der Coda zerbricht sie vollends und verwandelt sich in eine Klage.

Ähnlich also wie durch Einbeziehung der Coda eröffnen sich auch durch Einbeziehung der Exposition Möglichkeiten zu einer vertieften Interpretation. Die interpretierte Passage wird durch Bezug auf den Kontext zusätzlich beleuchtet und in ihrer Bedeutung spezifiziert. Aus dem Sinnhorizont der Exposition betrachtet, gewinnt die gestaltete Bewegung einen metaphorischen Charakter: Sie zeigt *Bewegungen* an, die in dem erodierenden gesellschaftlichen Gefüge freigesetzt werden.

6.   Darstellung von Akteurseigenschaften und Akteuren

Bei der hier durchgeführten Interpretation einer zentralen Passage des Schubert'schen Sonatensatzes wurde unterstellt, dass es menschliche Akteure sind, die die durch die Musik exemplifizierten Bewegungen realisieren. Dieser Aspekt der Interpretation verlangt eine genauere Explikation. Die Begründung für einen solchen Interpretationsschritt wurde in Teil I (Kapitel 3.9) gegeben. Obwohl mit musikalischen Mitteln eine direkte Darstellung der Körperlichkeit eines Akteurs nicht möglich ist, müssen die Akteure eines musikalisch dargestellten Geschehens nicht unbestimmt bleiben. Oft besteht die Möglichkeit, aus spezifischen Strukturen der erfassten Bewegungen auf bestimmte Akteure zu schließen. Auch die spezifischen Bewegungen, die wir in Schuberts Musik identifiziert haben, erlauben solche Rückschlüsse. Informativ sind unter diesem Gesichtspunkt vor allem
- der Übergang von einem unschlüssigen Auf-der-Stelle-Treten zu einer in eine bestimmte Richtung zielenden Fortbewegung,
- die systematische Form, in der die fortschreitende Bewegung entwickelt wird,
- der Wechsel von eng geführten zu weiter ausholenden Bewegungen,
- die Beharrlichkeit, mit der die Bewegung immer wieder vorangebracht wird,
- die ungewöhnlichen Übergänge in entfernte Harmonien und
- das (am Schluss eintretende) Aufbäumen und In-sich-Zusammensinken.

---

192 Was zu dieser Demontage führt, ist nicht einfach zu entscheiden. Möglich wäre, dass damit ein realer Wandel in diesen Sphären angedeutet werden soll. Es könnte aber auch sein, dass es um Forderungen geht, mit denen der Protagonist sich von diesen Sphären distanziert. Die Sphären haben noch Bestand, sie ändern sich nicht real, sondern nur in den Gedanken des Protagonisten.

Man kann hier nicht an Gegenstände denken, die ohne eigenen Antrieb durch den Einfluss äußerer Kräfte hin- und hergeworfen werden. Auch nicht an Gegenstände, die wie etwa Maschinen durch ein bestimmtes Bewegungsprogramm gesteuert werden. Es muss sich um einen Akteur handeln, der seine Bewegungen im Hinblick auf ein angestrebtes Ziel zu steuern vermag, der verschiedene Bewegungsformen ausführen und innovativ umsetzen kann, der in der Lage ist, bei der Erfahrung von Widerständen Kräfte zu ihrer Überwindung zu mobilisieren, der systematisch vorgehen und reflexiv auf das Gelingen oder Scheitern seiner Bemühungen zu reagieren vermag. Alles zusammen genommen, liegt es nahe, an einen menschlichen Akteur zu denken. Nimmt man hinzu, dass in dem vorangehenden Kontext der Exposition ebenfalls deutliche Hinweise auf den Bewegungscharakter menschlicher Akteure gegeben werden, ist diese Schlussfolgerung zwingend.

7.   Kontexte außerhalb des musikalischen Werks

Im Gang unserer Überlegungen wurde immer wieder deutlich, dass beim Hören von Musik Kontextinformationen eine wichtige Rolle spielen. Schon auf einer basalen Ebene ist die Kontexterfahrung wesentlich: Töne müssen mit einer Anzahl weiterer Töne verknüpft werden, damit der Charakter der entstehenden Bewegung fassbar wird. Entsprechendes gilt für höhere Ebenen der musikalischen Strukturbildung. Kontexterfahrung ist aber vor allem gefordert, wenn die Semantik einer musikalischen Figur erfasst werden soll. Jedes Element des musikalischen Materials, das ikonisch operiert, ist vieldeutig und kann ohne Bezug auf den Kontext nicht näher bestimmt werden. Schon die einfache Frage, ob eine in die Höhe gehende musikalische Sequenz etwas Aufwärtsstrebendes in der Welt darstellt, kann ohne Einbeziehung des Kontextes nicht beantwortet werden. Essentiell ist, wie wir gesehen haben, der Zugriff auf den Kontext insbesondere für die holistische Interpretation: Eine Teilsequenz einer musikalischen Passage verliert ihre Vieldeutigkeit nur dann, wenn sie im Kontext anderer Teilsequenzen verstanden wird. Zuletzt zeigte sich dann, wie die Interpretation einer musikalischen Passage durch Einbeziehung weiterer Passagen, insoweit diese mit der ersteren kompositorisch verknüpft sind, eine Vertiefung und genauere Spezifizierung erfahren kann.

Auf einen weiteren Kontext will ich hier nicht genauer eingehen, sondern nur kurz auf ihn verweisen. Ich habe in Teil I (3.7) bei den Überlegungen zur ikonischen Zeichenpraxis darauf hingewiesen, dass Interpretationshypothesen sich auch durch Informationen aus ‚äußeren' Kontexten überprüfen lassen. Insbesondere können Kenntnisse der sozialen Bedingungen, die einen relevanten Einfluss auf den Zeichensetzer ausüben, interpretatorisch relevant sein.

Entsprechend müsste in einer umfassenderen Interpretation der c-Moll-Sonate nachgefragt werden, welches die gesellschaftlichen Bedingungen waren, die in relevanter Weise das Denken Schuberts beeinflussten. Infrage kommt hier der ganze Erfahrungsraum des Komponisten, der sich biographisch aufgebaut hat, also etwa die Einschätzung und Bewertung seiner Lebensverhältnisse, das Verständnis seiner näheren oder weiteren sozialen Umgebung, die Einstellung gegenüber erfahrenen historischen Wandlungsprozessen und sozialen Problemstellungen, die ihn bedrängten, usw. Es geht nicht um die äußeren Bedingungen für sich genommen, sondern um die Art und Weise, wie sie im Relevanzraum des Komponisten verarbeitet wurden.[193] Die Abgleichung einer Interpretation mit Informationen aus solchen Kontexten könnte dazu dienen, die Vielfalt der erwogenen Deutungshypothesen einzuschränken sowie plausible Hypothesen zu bestärken und weiter zu spezifizieren.

8.   Vokale Kompositionen als Kontext

Vokalkompositionen, die in unmittelbarer Nachbarschaft zu einer instrumentellen Komposition entstanden sind und ähnliche musikalische Züge aufweisen, können für die Interpretation der letzteren von Bedeutung sein. Die Grundidee ist dabei, dass man anders als bei einer Instrumentalkomposition bei der Vokalkomposition direkt beobachten kann, zu welchen Gedanken und Vorstellungen der Komponist seine Musik in Beziehung gesetzt hat.[194] Aus diesem Grund ist man in vielen Untersuchungen der spezifischen Verwandtschaft nachgegangen, die zwischen den späten Schubertsonaten und seinen späten Liedern, insbesondere den Liedern der *Winterreise* besteht, um daraus dann Schlüsse hinsichtlich des Bedeutungsgehalts der Instrumentalwerke zu ziehen.[195]

Auch im Hinblick auf die von uns interpretierte Passage aus der c-Moll-Sonate könnte man einen solchen Zugriff auf externe Bedeutungsgehalte erwägen. Ich möchte das kurz erläutern. Als ein geeigneter Anknüpfungspunkt bietet sich das Lied *Der Leiermann* an. Schon in einer sehr kursorischen Analyse dieses Liedes ist erkennbar, dass hier Musik und Text eng aufeinander bezogen sind. Der Text führt zwei wesentliche Bestimmungen zusammen: einerseits Züge des Außenseitertums (*hinterm Dorfe*, *keiner mag*, *leerer Teller*), andererseits pathologische Erscheinungen der Akteursbewegung: Hemmung

---

193 Das geschieht ansatzweise bei Fisk (2001) und Brinkmann (2005). Beide beziehen schriftliche Selbstäußerungen von Schubert zu epochalen Fragen seiner Zeit in ihre Analysen musikalischer Werke ein. Von besonderer Relevanz für den hier unternommenen Interpretationsversuch sind die in den Analysen von Brinkmann aufgedeckten Leidenserfahrungen, denen Schubert aufgrund der repressiven Tendenzen der restaurativen österreichischen Politik ausgesetzt war, und der Protest, den er gegen dieses System erhob.

194 Dabei ist die Eigenständigkeit von Musik und Text zu beachten. Ein vertonter Text kann nicht einfach ‚sagen‘, was der Bedeutungsgehalt der zum Text komponierten Musik ist. Auch hier muss die Bedeutung der Musik aus einer eigenständigen Interpretation des musikalischen Materials gewonnen werden. Der Text kann allenfalls die Hypothesenbildung erleichtern. Vgl. dazu die Überlegungen in Teil IV.

195 Vgl. dazu insbesondere Fisk 2001 und Gingerich 2014.

(*starre Finger, drehen*), unaufhörliche Wiederholung (*was er kann*) und Verlust der Kontrolle (*wankt er hin und her, lässt es gehen*).

Beide Bestimmungen werden musikalisch erfasst. Die Isolation erscheint in der Form, dass die Einbettung der Singstimme aufs Äußerste reduziert ist (eintönige permanente Wiederholung derselben (jeweils lang angehaltenen) leeren Quinte). Auch das extrem reduzierte Bewegungsgeschehen wird musikalisch erfasst. Es gibt nur eine einzige (in zwei Varianten gespielte) musikalische Figur, die ständig wiederholt wird. Diese zentrale Figur ist kaum mehr als eine stagnierende Bewegung: Kreisförmig wird sie ohne weitere Entfaltung immer wieder nach unten gezogen und bricht dann ab. Drei ihrer Töne, als Bruchstück abgespalten, erklingen immer wieder als Klage.

Beim Vergleich der Musik der betrachteten Sonatenpassage mit der Struktur der musikalischen Gestaltung des Lieds fallen zunächst die Unterschiede ins Auge. Aber es finden sich auch relevante Entsprechungen. Das gilt etwa für
- die Dominanz einer motivischen Figur, die unaufhörlich wiederholt wird,
- die mit dieser Figur realisierte Kreisbewegung,
- die starken nach unten gerichteten Kräfte,
- Abspaltung eines Elements des Motivs als Klagefigur und
- die Leere der begleitenden Stimme (leere Quinte bzw. chromatische Läufe).

Insgesamt kann man aufgrund dieser Gemeinsamkeiten von einer ähnlichen ‚Stimmung' reden, die in Lied und Sonatenpassage zum Ausdruck kommt.

Dadurch nun, dass die Musik der Sonatenpassage starke Entsprechungen zu der Musik des Liedes aufweist, kann die Interpretation der ersteren durch Rückgriff auf den semantischen Gehalt der letzteren gestützt werden. Dabei strahlt die interpretatorische Stützung, die der Liedtext bietet, auch auf die Interpretation der instrumentellen Komposition aus. Vereinfacht ausgedrückt: Wenn eine Musik, die zur Gestaltung eines Liedes komponiert wird, aus sich heraus einen bestimmten semantischen Gehalt besitzt, der durch den Text bestätigt wird, dann wird diese Musik, wenn sie in abgewandelter Form ohne den Text auftritt, diese ihr zukommende Bedeutung nicht verlieren. Der vertonte Text kann hier als Kontext die Interpretation der Musik in ihrer rein instrumentellen Form stützen.

9.   Ausblicke

(1) Wir brechen hier die Interpretation des betrachteten Sonatensatzes ab. Eingangs wurden die Grenzen benannt, in denen die vorgestellte Interpretation sich bewegt. Auch wenn der Rahmen der Interpretation partiell erweitert wurde, ist gleichwohl erkennbar, dass vieles nicht bedacht wurde, was zu einer Erfahrung des Sonatensatzes als eines

Kunstwerks gehört. Dass Schuberts c-Moll-Sonate D 958 zu den Kompositionen gehört, die Außermusikalisches zum Ausdruck bringen, ist nicht unmittelbar zu erkennen. Texte, die darauf hinweisen würden, etwa ein erläuterndes Programm oder ein hinzugefügter Titel, fehlen. Ziel war es, zu zeigen, wie sich auf der Grundlage des zuvor entwickelten Interpretationsverfahrens außermusikalische Bezüge eines instrumentalen Musikstücks erfassen lassen.

Am Gang der Interpretation ist die zentrale Idee dieses Interpretationsverfahrens ablesbar: Eine ‚direkte Übersetzung' einer (lokalen) musikalischen Figur ist nicht geeignet, um einen außermusikalischen Sinn zu erschließen. Nur dadurch kann eine musikalische Figur einen außermusikalischen Bezug gewinnen, dass sie auf Kontexte bezogen wird, zunächst auf andere Figuren, mit denen sie verknüpft ist, dann auf entferntere Teile des Werks und schließlich auch auf über das Werk hinausgreifende Kontexte.

Die ‚lokalen' Figuren, bei denen die Interpretation einsetzte, also A1, A2 usw., erwiesen sich erstens als unbestimmt, insofern sie sich mit verschiedenen außermusikalischen Gehalten verknüpfen ließen, zweitens erschienen sie zunächst als wenig profiliert, beinahe inhaltsleer. Erst mit dem sukzessiven Einbezug von Kontexten wurde der außermusikalische Gehalt des Musikstücks bestimmter. Entscheidend war dabei, dass hypothetisch entworfene Zusammenhangsthesen, die einen narrativen Sinn des Geschehens explizieren, mit dem musikalischen Material konfrontiert und auf diese Weise untaugliche Hypothesen aufgegeben wurden. Gleichzeitig wurde im Zuge der Kontexterweiterung deutlich, dass damit der durch die lokalen Figuren zum Ausdruck gebrachte Inhalt eine Spezifizierung und Vertiefung erfährt.[196] Nur so war es beispielsweise möglich, dass eine zunächst fast inhaltsleer erscheinende Figur wie A1 am Ende als erster Schritt eines Ausbruchsversuchs aus den Grenzen einer vorgegebenen, in sich brüchigen Lebenswelt verstanden werden konnte.[197]

(2) Es wurde am Anfang erwähnt, dass die in den letzten Jahrzehnten entstandenen Analysen der Schubert'schen Klaviersonaten sich in ihrer Mehrzahl auf eine rein for-

---

196 Für eine Vertiefung der inhaltlichen Interpretation sind triviale Zusammenhangshypothesen (etwa „Dort ist etwas, das sich von einem Punkt fortbewegt und wieder zu ihm zurückkehrt.") unbrauchbar. Das vorgestellte Interpretationsverfahren ist darauf gerichtet, möglichst inhaltsreiche, auf komplexe Entwicklungen gerichtete Hypothesen aufzustellen. Nur so wird erkennbar, dass Musik mit ihrer eigenen Komplexität komplexe Entwicklungen in der Welt zum Ausdruck bringen kann. Die Interpretation zielt auf eine reiche Erfahrung, die durch Musik kommuniziert wird. Vgl. dazu Teil I, 2.2.2 und 2.3.8.

197 Ein gutes Beispiel für die sukzessive Vertiefung einer Interpretation ist die Analyse des es-Moll-Präludiums aus dem ersten Teil des Wohltemperierten Klaviers von Bach, die Robinson und Hatten vorgelegt haben. Ausdrücklich weisen die Autoren daraufhin, dass der Reichtum der Erfahrung, den die Musik vermittelt, nicht aus isolierten Interpretationen einzelner musikalischer Elemente zu bestimmen ist. „The expressed state of sadness at the opening is [...] a relatively generic sadness, perhaps experienced initially as a relatively unmarked mood. Later, sadness becomes more nuanced, and hence marked as more emotional, through the use of specific expressive dissonances [...]" (Robinson/Hatten 2012, S. 91).

male Analyse beschränken. Die kompositorische Arbeit wird sehr detailliert analysiert, Hinweise, die auf einen möglichen gegenständlichen Inhalt dieser Kompositionen gerichtet wären, fehlen. Mit der formalen Analyse des Werkes scheint alles Wesentliche gesagt zu sein.

In deutlicher Distanz zu diesen Analysen versucht Fisk (2001, S. 180 ff.) in seiner Interpretation der c-Moll-Sonate, zu den außermusikalischen Gehalten der Musik vorzudringen. Obwohl er dabei Anregungen der *new musicology* aufnimmt, verfährt er insofern inkonsequent, als er bei der inhaltlichen Ausdeutung einzelner musikalischer Figuren stehen bleibt. Den ersten Themenkomplex des ersten Satzes beschreibt er so: „Schubert's C-Minor Sonata begins aggressively with a full-voiced, forte tonic triad […] forceful accents, dotted rhythms, and abrupt silences impart to this theme's opening a defiant tension" (S. 180). Dem zweiten Thema wird „a vision of calm" zugesprochen, die in „a receding image of a faraway place" (S. 184 f.) führt. Die von uns interpretierte Passage der Durchführung erscheint Fisk als „the diffusion of a searching self into a lonely void" (S. 187). Es ist ersichtlich, dass mit diesen voneinander isolierten Ausdeutungen kein narrativer Zusammenhang erfasst werden kann, der den Sinn der Abfolge der musikalischen Figuren kenntlich machen würde.

Ein Beispiel einer narrativen Interpretation eines Schubert'schen Sonatensatzes ist dagegen Hattens Analyse des ersten Satzes der a-Moll-Sonate D 748. Hatten (2004, S. 187 ff.) konzentriert sich zunächst auf eine Figur, die zum ersten Mal in T. 4 des Satzes auftritt: Einer halben Note folgt im Abstand einer fallenden Terz eine Achtelnote. Diese Figur hat für den Sonatensatz eine besondere Bedeutung, insofern sie ostinathaft immer wieder in Erscheinung tritt. Ein bestimmter Sinn lässt sich mit dieser Figur für sich genommen zunächst nicht verbinden. Sie könnte vieles bedeuten. Hatten zeigt nun aber, wie durch den Einbau dieser Figur in das weitere Geschehen sich eine bestimmte Bedeutungszuweisung verfestigt: „A weight that is too heavy to bear and must be constantly shrugged off with a sigh" (S. 187). Diese zunächst hypothetisch eingeführte Interpretation gewinnt in dem Maß an Sicherheit, wie Hatten weitere Erscheinungen dieser Figur berücksichtigt, auch ihre Verknüpfung mit anderen thematischen Gebilden verfolgt und einen möglichen narrativen Zusammenhang der verschiedenen Ereignisse in Erwägung zieht.

In ähnlicher Weise ist die voranstehende Interpretation des ersten Satzes der c-Moll-Sonate darauf gerichtet, musikalisch zum Ausdruck gebrachte narrative Entwicklungen aufzudecken. Gleichzeitig wird der Forderung Rechnung getragen, dass die methodischen Grundlagen geklärt sein müssen, auf deren Bahnen narrative Interpretationen von Musik sich bewegen. Aus diesem Grund erfolgt die hier durchgeführte Interpretation nicht ‚freihändig'. Sie wird vielmehr gestützt durch ein zuvor systematisch entwickeltes Interpretationsverfahren, mit dem der Gehalt ikonischer Zeichen entschlüsselt werden kann. Eine Interpretation dieser Art führt nicht nur zu einer sich ständig ausweitenden und vertiefenden Hypothesenbildung, sondern auch zu einer auf jeder neuen Stufe zu wiederholenden Überprüfung dieser Hypothesen am Material. Sie hat nicht den Charakter einer schnellen Festlegung des Inhalts der zu interpretierenden Musik, sie ist vielmehr ein Vorgang der schrittweisen Erweiterung des Wissens, und dies nur insofern, als alles zunächst nur Hypothese ist und im Fortgang wieder zur Disposition steht.

(3) Unter den gegenwärtig dominierenden Strömungen der Musikanalyse ist die in den 80er Jahren entstandene *new musicology* sicher diejenige, von der die hier vorgelegte Interpretation die stärksten Anregungen erfahren hat. In diesem Kontext sind viele Interpretationen erschienen, die sich nicht auf die Analyse formaler musikalischer Beziehungen beschränken, sondern den außermusikalischen Gehalt von Musikstücken zu erfassen suchen.[198]

Besonders wegweisend war dabei eine methodische Entscheidung, die mit dem von Newcomb (1984) eingeführten Konzept des *plot archetype* getroffen wurde. Newcomb setzte sich damit von einem Interpretationsverfahren ab, das sich darauf beschränkt, lokale musikalische Figuren isoliert mit einem Ereignis in der Welt zu verbinden.[199] Demgegenüber zeigte Newcomb in seinen Analysen, dass nur durch den Zugriff auf kontextuelle Einbettungen die Erfassung eines außermusikalischen Gehalts zuverlässig gesichert werden kann. Mit dem Konzept des *plot archetype* wird die Notwendigkeit betont, hypothetisch einen in seinem Sinn verständlichen Zusammenhang zu entwerfen, in dem sich durch Musik angezeigte Ereignisse verketten. Dieses Konzept ist in der Folge weiter entwickelt und stärker systematisiert worden.[200]

(4) Die Tatsache, dass im Zuge der *new musicology* eine Fülle von Interpretationen entstanden sind, die ein durch die Musik dargestelltes narratives Geschehen sichtbar machen konnten, ist nicht nur ein Zeichen für die Produktivität der angestrebten Neuorientierung. Diese Entwicklung ist auch im Hinblick auf die Überprüfung und Sicherung

---

198 Vgl. dazu Calella 2013.

199 Diese reduzierte Form der Interpretation weisen nicht nur die Konturtheorien von Kivy und Davies auf. Auch die vor allem von Zbikowski unternommenen Versuche, musikalische Verläufe durch Analogien zu Ereignissen in der Welt, Handlungen, Gesten usw. verständlich zu machen, leiden darunter. Schon die terminologische Fassung solcher Bezüge als „analogical reference" (Zbikowski 2017, S. 1, 9 ff., 26 ff., 38 ff.) verspricht mehr, als durch Analogien zu erreichen ist.

200 Vgl. insbesondere die Systematisierung durch Almen 2008. Hatten (1991, S. 75) spricht von „expressive genres that coordinate larger scale organization of the expressive 'plot' of a movement". Zentral ist das Konzept der Narrativität auch in den Analysen von Jenefer Robinson. Im Hinblick auf ein von ihr interpretiertes Brahmslied heißt es: „This music is a genuine expression of emotion by the dramatic 'speaker' of the song, not just a series of expressive 'contours' […] The music itself consists of processes that mirror emotion processes. It conveys 'a pattern of feelings', and the 'sense of order and purposiveness' it conveys is due in large part to the overall expressive structure of the piece, from sorrow or anguish to serene acceptance or hope" (Robinson 2005, S. 320).

von Analyseergebnissen insofern folgenreich, als die vielfältigen Interpretationen sich wechselseitig stützen können. Ich möchte dies an einem Beispiel erläutern.

McClary (1994) hat in einer Analyse des ersten Satzes von Mozarts Prager Symphonie eine narrative Verlaufsform beschrieben, die durch die Musik zum Ausdruck gebracht wird. Aufschlussreich ist, dass zwischen der Konstellation von Akteuren und Kräften, die McClary hierbei erfasst, und der Konstellation, die in der von mir vorgestellten Analyse der Schubertsonate identifiziert wurde, eine weit reichende Übereinstimmung besteht:

(1) Teile der musikalischen Entwicklungen werden von McClary als „Bewegungen" eines Akteurs identifiziert, spezifischer: als Stufen einer Bildungsgeschichte.

(2) Andere Teile des Materials stellen in ihrer Interpretation die soziale Umgebung dar, in der sich diese Bildungsgeschichte vollzieht.

(3) Die Bildungsgeschichte wird als eine historisch situierte verstanden. Der musikalisch dargestellte Entwicklungsprozess wird in Beziehung gesetzt zu einer neuen Form der Vergesellschaftung, die sich im 18. Jahrhundert gegenüber den überkommenen Strukturen durchzusetzen beginnt. „He (Mozart, HJG) does happen […] to have been composing at a time when the ordeals of the inner self as it aspires to maturity had become paramount in European culture – not only in literary genres such as the Bildungsroman, but also in music" (S. 74).

Entsprechend werden auch die beiden Mächte, zu denen das sich bildende Subjekt in Distanz tritt, historisch interpretiert. Auf der einen Seite steht die traditionell die Spitze der Gesellschaft repräsentierende Macht („aristocratic oppression"). „Both the presence of trumpets and timpani and their favored key of D major underscore the opening's aristocratic (and potentially military) associations" (S. 86 und 75). Im Kontrast dazu wird im zweiten Thema eine Sphäre diffus-intimer Innenbindungen dargestellt, in der die Anerkennung der Person aus gefühlsmäßiger Bindung erwächst. „[… T]his second theme […] luxuriates in sensitive chromatic inflections, then repeats itself in the melancholic coloring of A minor […] Here in this context […] it becomes possible to indulge in tenderness, in depth of feelings […]" (S. 82).

Von daher gesehen, ist die Entwicklung, die Mozart im ersten Satz darstellt, „constructed in the face of both oppressive authority and the temptation to regress into nostalgia" (S. 91).

(4) In der Anfangsphase des Konflikts zeigt sich das seine Autonomie erstrebende Subjekt als unsicher und defizitär im Hinblick auf die verfügbaren Durchsetzungsmittel: „[W]e first meet him as a vulnerable, relatively unformed being". Die im ersten Thema erfasste Identität „is woefully insecure, given its ambivalence with respect to pulse, phrasing, direction, key, and even which line counts as the tune" (S. 74).

Die Konstellation, die Mozart im ersten Satz der Prager Sinfonie musikalisch erfasst, weist erkennbar die gleichen Züge auf, die in der Analyse der Schubert'schen Sonate zutage traten. Ganz anders verhält es sich mit den jeweils dargestellten narrativen Verlaufskurven. Diese entwickeln sich nämlich in einem scharfen Kontrast zueinander – was wiederum als Ausdruck des zeitgeschichtlichen Wechsels gedeutet werden kann, der sich zwischen 1786 und 1828 vollzog.[201]

> „The first movement of the Prague enacts marvelously the construction of the subject, from timid beginnings to a degree of confidence comparable to – if vastly different from – the autocratic gestures of the introduction […] The movement ends with the consolidation of identity: the principal theme occurs twice in its triumphal form […] Unlike the rigid, aristocratic gestures of the introduction, the subject that has fully emerged by the conclusion of the movement is dynamic, its motives carefully balanced among its central figure's yearning, sensitivity, and confident ability to enact closure. And like the bourgeois individual whose characteristics the movement so closely resembles, it appears to be autonomous – self-reliant and self-generated".[202]

Auf diese Weise wird nicht nur der scharfe Kontrast, der zwischen Mozarts und Schuberts Narration besteht, sichtbar, sondern es werden auch präzise Korrelationen erkennbar. Solche Korrelationen wiederum zwischen unterschiedlichen Musikstücken wirken wie eine Kontextinformation, durch die eine Interpretation Festigkeit gewinnen kann. Die Möglichkeit der Darstellung eines materialen Ereigniszusammenhangs ist nicht Sache eines einzelnen Musikstücks. Es muss dafür eine musikalische Kultur geben, in der Komponist und Hörer darüber informiert sind, was in der Musik zum Ausdruck kommen kann. In diesem Sinn kann die Spiegelung eines Musikstücks in einem anderen einen Hinweis darauf geben, dass eine Interpretation sich im Kontext einer etablierten Kultur musikalischer Zeichenpraxis bewegt.

---

201 Auf die Bedeutung dieser zeitgeschichtlichen Entwicklung geht Gingerich bei seiner Analyse von Schuberts Musik ein. Vgl. insbesondere Gingerich 2014, S. 333 ff.
202 McClary 1994, S. 78 und 84.

Teil III   Apotheose und Zusammenbruch des Militärischen. Schritte zu einer sequenzanalytischen Interpretation des *Marsch* aus *Drei Orchesterstücke* op. 6 von Alban Berg

Der *Marsch* aus den *drei Orchesterstücken* op. 6 von Alban Berg ist eine der bedeutendsten Kompositionen der frühen Phase der atonalen Musik um 1910. Die (wenigen) vorhandenen Analysen dieser Komposition beschäftigen sich fast ausschließlich mit bestimmten formalen Eigenschaften des musikalischen Materials, eine inhaltliche Deutung dessen, was sich in dieser Musik ereignet, bleibt weitgehend ausgespart. Die folgende Untersuchung soll dieses Defizit beheben. Die Komposition wird daraufhin untersucht, ob und in welcher Weise mit dem musikalischen Material der Gegenstand beleuchtet wird, auf den der Titel „Marsch" verweist, nämlich das Militärwesen generell und der Einsatz militärischer Gewalt im Besonderen.[203]

In der musikalischen Abfolge innerhalb des *Marsch* gibt es eine herausragende, von Berg selbst als „Höhepunkt" markierte Stelle, durch die das Stück in zwei sich deutlich voneinander unterscheidende Teile getrennt wird: der Fall des Hammers in T. 126. Es ist (wie alle Beobachter annehmen) der Moment der Katastrophe. Spezifischer lässt sich daher fragen: Ist in dem musikalischen Geschehen, das im ersten Teil des Stückes entfaltet wird, eine Dynamik erkennbar, die auf eine Katastrophe zusteuert? Und weiter: Von welcher Art ist die Katastrophe, die den Charakter des Stücks bestimmt? Schließlich ist auch zu untersuchen, welche spezifischen Wesenszüge des Militärischen damit zum Ausdruck gebracht werden.

Die hier durchgeführte Interpretation des *Marsch* bewegt sich in den in Teil I bezeichneten Grenzen. Sie ist schon von daher als partiell anzusehen. Grundlage der Analyse ist zunächst das motivische Material. Die sequentielle Verkettung der (außerordentlich vielfältigen) motivischen Figuren wird im Detail verfolgt, weil nur so geklärt werden kann, ob in ihnen ein bestimmter außermusikalischer Gehalt sich ausdrückt. Partiell findet auch das kontrapunktische Zusammenspiel verschiedener Stimmen Berücksichtigung. Ganz aus der Analyse ausgeschlossen sind die harmonischen Beziehungen.

Eine wichtige Hilfe für die Interpretation ist dadurch gegeben, dass im Fluss der musikalischen Entwicklung immer wieder deutliche Einschnitte erfolgen, durch die

---

203 Zugrunde liegt die immer noch umstrittene These, dass mit musikalischen Mitteln etwas Außermusikalisches dargestellt werden kann. Zur Begründung dieser These vgl. die Ausführungen in Teil I und Teil II dieser Untersuchung.

das gesamte Stück in unterschiedliche Hauptabschnitte oder ‚Konfigurationen' geteilt wird.[204] Wie sich zeigen wird, setzt jede Konfiguration mit einem bestimmten ‚Gedanken' ein, der dann in mehreren Sequenzen verfolgt und zum Abschluss gebracht wird. Die Unterkapitel der Analyse sind so angelegt, dass sie sich den einzelnen Konfigurationen in strenger sequentieller Folge zuwenden, damit das Entwicklungsmuster erkennbar wird, das der Abfolge der Konfigurationen zugrunde liegt. Das eröffnet die Möglichkeit, einen das gesamte Stück umfassenden narrativen Geschehenssinn zu rekonstruieren.

Voraussetzung für diese Interpretation ist eine genaue Erfassung des weit verzweigten motivischen Materials und der formalen Beziehungen, in denen die Elemente dieses Netzes zueinander stehen. In dieser Hinsicht leistet die im Detail ausgearbeitete Studie von DeVoto von 1983 wertvolle Dienste. Ich werde mich, was die formale Analyse des Motivmaterials anbelangt, weitgehend auf diese Arbeit stützen, sie nur gelegentlich präzisieren und ergänzen. Der Wert von DeVotos Arbeit ist gerade auch gegen diejenigen zu verteidigen, die ihn wegen der Konzentration auf die formale Seite der Komposition kritisieren, selber aber keinen Versuch unternehmen, durch eine inhaltliche Interpretation diese Schranke zu überwinden.

1.   Die militärischen Motivfragmente (T. 1–4)

In den ersten Takten des *Marsch* werden vier Motive (oder besser: Motivfragmente) eingeführt, die sich in charakteristischer Weise voneinander unterscheiden.

Notenbeispiel 9: Die vier Motivfragmente I–IV,[205] T. 1–4

---

204 Ich folge in der Abgrenzung und Nummerierung der ‚Konfigurationen' (der durch Zäsuren gegeneinander abgegrenzten und durch bestimmte Charakteristika ausgezeichneten Episoden) dem Vorschlag, den Müller (1990) und Puffett (1997) unterbreitet haben.

Das ist nicht nur ein für die Gattung Marsch ganz ungewöhnlicher Beginn, bemerkenswert ist auch, dass, wie eine genaue Betrachtung zeigt, Berg bei der Gestaltung der Motivfragmente ein umfangreiches Regelwerk zugrunde gelegt hat, das eine spezifische Architektonik in der Anordnung der Fragmente zur Folge hat. Erkennbar sind als diesen architektonischen Aufbau gestaltende Ordnungsprinzipien:

(1) In jedem der ersten vier Takte wird jeweils ein neues Motiv eingeführt.

(2) Jedes Motiv wird nach seiner Einführung in jedem der folgenden Takte unverändert wiederholt. Dadurch werden die Motive übereinandergeschichtet. In T. 4 erklingen alle Motive gleichzeitig.

(3) Alle Motive stammen aus dem Arsenal militärischer Motive.

(4) Jedes der Motive wird von einem anderen Instrument gespielt. In den Wiederholungen wird zunächst immer dasselbe Instrument eingesetzt.

(5) Jedes der Motive weist einen unterschiedlichen Richtungssinn auf: I verläuft aufwärts, III abwärts, IV auf gleicher Höhe, II hat Bogenform.

(6) In jedem Motiv werden nur solche Töne verwendet, die nicht in anderen Motiven vorkommen. (Diese Regel gilt mit einer Ausnahme: g findet sich sowohl in I wie in III.)

(7) Jedes der Motive setzt sich aus vier Tönen zusammen (Triller als *ein* Ton).

(8) Alle Motive sind kürzer als ein Takt.

(9) Alle Motive werden einstimmig gespielt.

(10) Alle Töne erklingen gleichmäßig im *p*.

Für das Verhältnis der Motive zueinander gelten folgende Regeln:

(11) Die Motive sollen beziehungslos nebeneinanderstehen, also nicht so geformt sein, dass sie kombiniert musikalischen Sinn machen (z. B. sich als Frage und Antwort verstehen lassen).

(12) Alle Motive sollen in ihrem Verlauf höhenmäßig voneinander isoliert sein (Ausnahme: II).

(13) Alle nachfolgenden Motive sollen mit ihrem ersten Ton höher als das vorangehende liegen.

(14) Alle nachfolgenden Motive sollen im Takt früher einsetzen als das vorangehende.

(15) Alle nachfolgenden Motive sollen länger als das vorangehende sein (bei III ist die dritte Sechzehntelpause einbezogen).

(16) Rückt man Motiv II mit seiner ausgeprägten Gestalt in die Basisposition und betrachtet die Abfolge II, I, III, IV, ist eine spezifische ‚Reduktion‘ zu erkennen.

    a.   Alle nachfolgenden Motive sollen im Ambitus geringer sein als das vorangehende.

---

205 Die Notenbeispiele sind durchweg in c notiert. Bei der Nummerierung der analysierten Figuren halte ich mich an die von DeVoto (1983) eingeführte.

    b.   Alle nachfolgenden Motive sollen jeweils mehr gleiche Töne aufweisen als das vorangehende.

    c.   Alle nachfolgenden Motive sollen weniger unterschiedliche Intervallabstände aufweisen.

(17) Außerdem ergibt sich in dieser Reihenfolge eine Absenkung nach unten: Alle nachfolgenden Motive sollen (bezogen auf die Ordnung der Tonleiter) mit ihrem tiefsten Ton tiefer liegen als das vorangehende (nach unten fallend: es, g, fis, f).

Zum Charakter der Motive gehört, dass sie alle in einem gewissen Sinn ‚beschädigt' sind: Motiv III wird gewöhnlich mit Schlagzeug oder einem tiefen Blechblasinstrument gespielt, es fehlt der Ton für den vierten Schlag; Motiv IV wird gewöhnlich von der Trompete geblasen; Motiv I erklingt in der Regel in höheren Lagen, es fehlt ein sinnvoller Abschluss der Phrase.[206]

Am deutlichsten repräsentiert Motiv III den musikalischen Marsch, nämlich durch Anzeige der gleichmäßigen Schrittfolge und die Betonung des ersten Taktschlags durch den Vorschlag einer Sechzehntelnote. Es steht für die erzwungene Gleichförmigkeit, die das Militärische kennzeichnet, und den Gleichschritt als ihre charakteristische Ausdrucksform. Motiv I ist als Ergänzung von III anzusehen, insofern es den Kopf eines Marsches mit der entsprechenden Punktierung präsentiert.[207] In dieser Figur drückt sich eine Stoßkraft aus, die durch Anspannung und eine plötzlich erfolgende Entladung von Energie zustande kommt. Motiv IV ist ein Angriffssignal und fällt damit aus dem Bereich des Marschierens heraus. Im schnell vorgetragenen Angriff wird nicht marschiert.

Motiv II stellt, wie die Übersicht zeigt, insofern einen Unruhefaktor dar, als es sich im Unterschied zu anderen Motiven mehrfach gegen die Einordnung in das Regelwerk sperrt. Es spielt in der Hinsicht eine Sonderrolle. Abweichend ist es auch dadurch, dass es nicht unmittelbar zu erkennen gibt, dass es einen militärischen Charakter hat.[208] Sowohl die Synkopierung als auch der Septimensprung sprechen eher dagegen. Und selbst wenn es Bestandteil eines Marsches sein sollte, wäre noch die Frage nach der Bedeutung einer solchen Figur zu stellen. Ich will diese Frage für den Augenblick zurückstellen. Im ersten Exkurs zu Motiv II werde ich darauf zurückkommen. Um es vorwegzusagen: Das, was hier als wenig militärisch profiliert erscheint, wird sich als Zeichen für das Urmilitärische schlechthin erweisen.

Auf die Frage, welchen Sinn das skizzierte Regelwerk hat, könnte man – wenn man es nicht als eine Formspielerei verstehen will – versuchen, es mit der Natur des behandelten Gegenstandes in Zusammenhang zu bringen. Die streng hierarchische Ordnung

---

206 In Mozarts marschförmigem Chor *Bella vita militar* macht die musikalische Phrase „*bella vi—ta*" (gleiche rhythmische Struktur!) nur Sinn, wenn sie mit den Tönen des „*militar*" ergänzt wird.

207 Vgl. etwa die Anfangsfigur des erwähnten *bella vita militar.*

208 Auch Adornos (1971, S. 427) (unglückliche) Bezeichnung „Klarinettentriller" meint wohl dies.

gehört zur Grundverfassung des Militärs. Dieses ist auch wesentlich stärker reguliert als andere Bereiche. Man könnte mit einigem Recht von einer Überregulierung sprechen (wenn man etwa an die Regeln zur Anordnung der Kleider im Spind denkt). Auch einzelne der genannten Regeln lassen sich im militärischen Bereich wiederfinden. So ist beispielsweise das militärische Leben vielfach durch sich ständig wiederholende, festgelegte Abläufe bestimmt. Es geschieht in einer öden Abfolge über lange Strecken hinweg immer wieder das Gleiche. Der Marsch selber ist von diesem Gestaltungsprinzip geprägt. Zum Ausdruck kommt auch, dass sich die militärische Kommunikation in vielen Situationen auf das Aussenden reduzierter Signale beschränkt. Und schließlich ist die ganze Konstruktion insofern ein Abbild des Militärischen, als sie heterogene Elemente durch Durchsetzung einer strikten Regelbefolgung egalisiert und zur Einheit einer zweckorientierten Formation zusammenzwingt.

Zum Abschluss dieses Teils noch eine spekulative Überlegung.[209] Berg hat in einigen seiner Kompositionen seinen eigenen Namen, aber auch den von ihm wichtigen Bezugspersonen musikalisch dargestellt. So wird etwa *Alban Berg* gelegentlich mit den Noten a und b angezeigt. Er ist aber auch so vorgegangen, dass er aus den Namen die Buchstaben destilliert hat, die musikalisch darstellbar sind. Für den Namen Berg etwa sind dies die Buchstaben b, e und g. Könnte es sein, dass die Tatsache, dass die letzten Töne des *Marsch* b und e sind, etwas mit einer solchen Namensanzeige zu tun hat? Und würde es dann nicht einer solchen (idiosynkratischen) Logik entsprechen, den hier fehlenden Ton, nämlich g, an den Anfang des Stückes zu setzen?[210]

An dieser Stelle ist noch nicht zu sehen, welche Bedeutung die eingeführten Motive im weiteren Verlauf gewinnen. Auch nicht, ob es eine Rangfolge unter ihnen gibt, etwa in der Weise, dass eines von ihnen in einem ganz besonderen Maß die Dynamik des Stücks antreibt. Die ersten vier Takte haben den Charakter eines Vorspanns: Es werden Bausteine präsentiert, aber noch keine Aktion.[211] Für das Militär ist aber seiner

---

209 Zu den ‚idiosynkratischen‘ Gestaltungsideen, die Berg bisweilen insgeheim verfolgt, vgl. Bruhn 1998.

210 Und noch dies: G ist der einzige Ton in dem Tonmaterial der vier Motive, der zweimal auftaucht, zweimal als Anfangston.

211 Die ästhetische Haltung des Komponisten ist hier offensichtlich durch eine spezifische Distanz bestimmt. Er geht vor wie ein Experimentator, der seinen Gegenstand zerlegt, und folgt damit einem Grundprinzip moderner Kunst, wie es exemplarisch durch die kubistische Malerei vorgeführt wird, dem Prinzip von Dekomposition und Rekombinierung. Die Kunst folgt damit der gesellschaftlichen Modernisierung, die diesem Prinzip als grundlegendem Modus der Realitätsverarbeitung und der Dynamisierung Geltung verschafft. Zur „Steigerung des Auflöse- und Rekombinationsvermögens" vgl. Luhmann 1990, S. 326 ff. Adornos (1971, S. 417) Assoziation, die Motivauflistung gleiche der Präsentation von Briefmarken in einer Sammlung, erfasst nicht die Überregulierung: Für Briefmarken gilt nicht, dass sie sich nach zwei Dutzend Regeln in einer Serie anordnen ließen.

Funktion nach die Durchführung gewaltförmiger Aktionen zentral. Die folgenden Passagen müssen diesen Aktionscharakter zur Geltung bringen.

2. Das eigentümliche Eingangsszenarium des *Marsch*: Bogenformen und militärische Attacke

T. 5–14 (1. Konfiguration)

Das repetitive Muster der bloßen Wiederholung der eingeführten Motive wird in T. 5 durch ein neues Geschehen überlagert, die erste Aktion in diesem Stück. Zu erwarten wäre, dass jetzt im Anschluss an das Motivmaterial eine prägnante Marschformation in Erscheinung treten würde. Aber das ist nicht der Fall. Erst in T. 11 ist eine solche zu erkennen. Diese Verzögerung ist erklärungsbedürftig.

Welches musikalische Material steht am Anfang? In T. 5–10 erklingen drei verschiedene zweitaktige Figuren in Bogenform (V, δ2 und VI), die spezifisch verknüpft einander folgen. Bevor in T. 11 das (militärische) Motiv VIII erklingt, erscheint zudem (in T 10) das Motiv II in prominenter Form. Mit diesen fünf Figuren wird das ‚Eingangsszenarium‘ des Stücks (1. Konfiguration) gestaltet.

Notenbeispiel 10: Die Motive V, δ2, VI und VIII (verkürzt), T. 5–13

In ihrer zweitaktigen Gestalt treten die drei motivischen Bögen geschlossener auf als die zuvor eingeführten Fragmente. Ihre Platzierung am Anfang ist nicht nur insofern irritierend, als sie keinen prägnanten Marschcharakter erkennen lassen, sondern auch weil dieses musikalische Material im Verlauf des Stücks kaum noch in Erscheinung tritt:

V noch am Anfang einige Male (meistens variiert) und dann sehr viel später wieder, δ2 vor allem am Ende (T. 126 und T. 162), VI spielt noch in T. 84 ff., dann wieder in T. 131 ff. eine Rolle. Gerade weil die ausgeführten Bogenfiguren nicht recht zu einem Marsch passen, ist das wenig erstaunlich. Umso mehr stellt sich aber die Frage, warum sie am Anfang überhaupt eingeführt werden, zumal in einer so prominenten Form. Wenn in der Folge, was sich schon mit Motiv VIII andeutet, das Militärische sich in Distanz zu diesen Bögen entwickelt, warum sind sie dann vorgeschaltet? Ich will zeigen, dass diese Frage nur durch eine *inhaltliche* Interpretation des musikalischen Materials beantwortet werden kann.[212] Eine formale Interpretation ist unerlässlich, reicht aber für sich genommen nicht aus.

Der Bedeutungsgehalt des ersten Elements des Eingangsszenariums, des Motivs V, ergibt sich nicht einfach aus ihm selbst heraus, sondern gewinnt eine präzisere Fassung erst durch die Einbeziehung der Erfahrungen, die sich im sequentiellen Fortgang der Interpretation ergeben. Um möglichst rasch zu einer inhaltsreichen Hypothese zu kommen, greife ich voraus und werfe zunächst einen Blick auf das letzte Element des Szenariums, Motiv VIII.

Motiv VIII

Das Motiv VIII ist von auffälliger Länge (4 Takte).[213] Seine Interpretation ist dadurch erleichtert, dass die Gestalt des Motivkopfes auf eines der Motivfragmente verweist, die am Anfang eingeführt wurden. Deshalb konnten wir es auch ohne Weiteres als militärisches verstehen. An den Motivkopf schließt sich eine Bewegung des *Hin und Her* an, gefolgt von einer *rasanten Bogenbewegung* (der ersten Sechzehntelbewegung). Die Ruhe der zuvor entfalteten Bögen ist verschwunden. Die Bewegung geht sowohl in die Breite als auch nach vorne in den Raum hinein. Der zunächst ausgebildete Septimenrahmen (c5/des4) wird in den schnellen Läufen nach oben und unten zur Duodezime (gis5/c4) erweitert.

---

212 Zur Methode des angewandten Interpretationsverfahrens vgl. oben Teil I, 3.5 ff. Im Folgenden wird streng sequentiell vorgegangen, dabei jedoch der methodische Gang modifiziert. Jede musikalische Phrase erlaubt zunächst viele Deutungsmöglichkeiten, erst im Verlauf der weiteren Entwicklung (durch kontextuelle Einbettung) kann sich erweisen, welche dieser Alternativen dem Material am besten gerecht wird. Allerdings ist die detaillierte Ausführung eines solchen Verfahrens sehr umständlich und unübersichtlich. Deswegen werde ich mich hier bereits im ersten Schritt einer Interpretation auf eine Hypothese festlegen. Das gilt sowohl für die Interpretation einzelner Phrasen als auch für die Einführung von den Kontext erfassenden narrativen Zusammenhangshypothesen. Dabei muss immer mitgedacht werden, dass die Überlegenheit einer formulierten Hypothese gegenüber konkurrierenden plausiblen Hypothesen zunächst keineswegs gesichert ist. Es muss sich im weiteren Verlauf entscheiden, ob die im Vorgriff vorgenommene Präferierung einer Hypothese gerechtfertigt ist.

213 Es wird vorbereitet durch eine in T. 9 im Hintergrund (ohne Bezug auf die Hauptlinie) einsetzende, aufwärtsgerichtete, am Ende im *ff* erklingende Bewegung.

Mit dieser Ausprägung von Motiv VIII wird der Bezug auf das Militärische spezifiziert. Es geht hier sicher nicht um Militärisches in seinen aggressiveren Formen. Das Hin und Her erinnert an das Ausschwärmen, das Auseinanderziehen eines Kontingents, die Sechzehntelbewegung an einen schnellen Lauf über Berg und Tal. Es könnte sich um eine mit wenig Aufwand betriebene begrenzte *Aufspür- und Kontrollaktion* handeln. Die rasche Beendigung der Episode, der ersten militärischen Aktion der Komposition, weist darauf hin.[214]

Motiv V (Bogen 1)

Motiv V, der erste der drei Bögen des Anfangs, baut sich in einer ruhigen Folge großer Intervalle (Sexte und Septime) auf, von der ersten Geige im *p* gespielt, vorsichtig von der Flöte im *p* unterstützt. Mit der erreichten Höhe (von as3 bis e5) gewinnt er einen umfassend ausgreifenden Charakter. Dadurch, dass an das e5 sich chromatisch ein zweimal gespieltes es anschließt, wird der Abgang zu einem ruhigen Hinabgleiten, bei dem trotz des abschließenden Dezimenfalls die Weite der Bogenform erhalten bleibt.

Dieses Motiv ist für sich genommen unbestimmt.[215] Ein Bezug zum Arsenal der Motivfragmente ist nicht gegeben. Genauere Aufschlüsse über seine Bedeutung lassen sich aus der kontrastiven Beziehung zu Motiv VIII gewinnen. In beiden Motiven weist der Ambitus eine große Weite auf, aber diese kommt jeweils auf ganz andere Art zustande. In VIII sind es viele schnell ausgeführte kurze Bewegungen, die (teilweise mit dazwischengeschalteten Rückschritten und neuen Anläufen) in die Höhe führen, in V dagegen wenige ruhig ausgeführte Schritte mit großen Intervallabständen. V ist eher statuarisch, an seinen Ort gebunden, VIII drängt als langgezogenes Motiv in den Raum hinein. Eine ruhige Aufschichtung auf der einen, ein rasanter Sturmlauf auf der anderen Seite. Dabei erklingt V im *p*, von einer einzigen, eher zarten Stimme vorgetragen, während VIII im *f* vom gesamten Streicherensemble gespielt wird. Rhythmische Verschiebungen deuten in V auf eine gewisse innere Anspannung hin, während sie in VIII immer wieder einen Beschleunigungseffekt auslösen. V hat einen eher entrückten, VIII einen eher aktionsbestimmten Charakter.

Ausgehend von diesen Kontrasten möchte ich hypothetisch annehmen, dass mit Motiv V (und dann auch mit Motiv δ2 und III) ein soziales Geschehen erfasst werden soll, das sich außerhalb des Militärischen entfaltet und einen nichtmilitärischen Charakter hat. Spezifischer: Mit Motiv V wird (in einem noch näher zu kennzeichnenden Sinn) eine *Gegeninstanz zur Welt des Militärischen* markiert.

---

214 Für eine Überprüfung dieser These müssen vor allem die im weiteren Fortgang entwickelten kontrastierenden Erscheinungen des Militärs einbezogen werden.

215 Über die mögliche Herleitung von V aus dem Präludium T. 11 vgl. DeVoto 1983, S. 420 und 442. Berg gibt in T. 27/28 mit den variierten Anfangstönen es–des–(c–)h einen Hinweis darauf, dass bei V die Einbettung in einen Quartakkord gehört werden kann.

Um diese Deutung zu präzisieren, müssen wir noch einmal genauer die Materialeigenschaften von V betrachten. Mit V kommt zum Ausdruck:

- ein Vorgang, der (wenn man an die Positionierung denkt) von besonderer Bedeutung sein muss,
- eine von einer einzigen Stimme (ohne kollektive Rückendeckung) artikulierte ruhige Äußerung (später wird wiederholt eine Variante von V nur von Soloinstrumenten vorgetragen),
- eine kühne, weite Sichten eröffnende, ins Große, Erhabene ausgreifende Bewegung, die auf ein kunstvoll ausbalanciertes Ergebnis zielt,
- ein Prozess, der angestrengt und angespannt ist, der trotz der Ruhe der Konstruktion unruhig ist, nicht letzte Sicherheit anzeigt, vielmehr ein Streben zu etwas noch nicht Erreichtem spüren lässt.

Für die inhaltliche Konkretisierung einer mit solchen Eigenschaften ausgestatteten Gegeninstanz kämen verschiedene Möglichkeiten in Betracht. In erster Linie wäre an Gestalten kultureller Praxis, etwa an weitgespannte religiöse oder ästhetische Weltsichten, aber auch an die Geste einer alles einschließenden großen Umarmung zu denken. In einer ersten hypothetischen Bedeutungszuweisung möchte ich von einer weitgespannten Sinnsuche reden, einem *Prozess der reflexiven Vergegenwärtigung der Welt in ihrer Ganzheit* oder einem Streben nach einer solchen Sicht. Durch solche Reflexion wird das in den kulturellen Sinnmustern der Gesellschaft verankerte Weltverhältnis immer wieder erneut geformt. Ich werde versuchen, diese Interpretation durch Analyse der Motiventwicklungen, die V in den folgenden Konfigurationen, vor allem in der 3. Konfiguration erfährt, zu stützen.[216]

In welchem Verhältnis stehen die übrigen musikalischen Gestalten zu den Extremfiguren?

---

216 Notwendig wäre die Einbeziehung von weiteren Kontexten, mit denen eine solche hypothetische Annahme plausibilisiert werden könnte. Die Figur des erhabenen Aufstiegs (wie etwa der zu Beginn von Bruckners 7. Sinfonie, der wie ein Streben nach einer Höhe mit weiter Sicht erscheint) hat Topos-Charakter. Ein spezifischer Anhaltspunkt findet sich im ersten Satz der 6. Symphonie von Mahler. Mit dem Seitenthema (T. 76 ff.) setzt Mahler dem aggressiven Marschieren etwas fundamental Anderes entgegen. Im Kontext dieser Passage erscheint (T. 81) eine Figur, die von e5 nach d6 und weiter von h5 bis b6 aufsteigt. Diese Erhebung in Form einer doppelten Septime ist der ausdrucksstärkste Kontrastgedanke. Als weiterer Bezugspunkt ist an Schönbergs (1912 erschienenes) Lied *Herzgewächse* op. 20 zu denken: Die Gesangsstimme endet (T. 26 ff.) in einem mit großen Intervallabständen aufgebauten, bis zum f6 reichenden Bogen – ein Ausdruck für das Eintreten in eine höhere Existenzform (vgl. Johnson 2011). Mit einer ähnlichen Figur drückt in der *Jakobsleiter* T. 565 ff. die Seele ihren Übergang aus dem irdischen Dasein aus, einer Figur, mit der Schönberg schon 1914 arbeitete (vgl. Maegard 1972, II, S. 554 f.).

Motiv VI (Bogen 3)

Das in der Mitte stehende Motiv VI weist eine einfache Bogenform auf, die gleichmäßig (ohne rhythmische Verschiebungen) ausgeführt wird. Der Ambitus ist deutlich geringer als bei V (beschränkt auf ein Septimenintervall), die Bewegung in moderatem Tempo flüssiger (durchweg Achtel). Das Motiv wird im *f* gespielt, ausgeführt durch vier Instrumentengruppen, die einen kollektiven Klang erzeugen. Man kann in dieser Figur ein einfaches, unspektakuläres Geschehen, etwa ein Weggehen und Zurückkommen, sehen, eine alltägliche Bewegung, die sich in sicheren Schritten, ohne Zögern und ohne größere Ambitionen entfaltet. Das Motiv erlangt im Weiteren keine Bedeutung, es hat hier die Funktion eines Scharniers zwischen dem weiten Horizont der Reflexion und der militärischen Aktion.

Motiv δ2 (Bogen 2)

Dieses Motiv steht insofern in einer engen Beziehung zu Motiv V, als es mit einer ähnlich großen Geste weit ausgreift (mit Sexte und Septime), aber gleichzeitig unterscheidet es sich mit seinem heterogenen Charakter stark von diesem. Als Aufbruchssignal markiert es eine Distanz zu der abgeschlossenen Esoterik von V. Aufgrund der flüssigen Achtelfolge des Anfangsaufstiegs kommt Bewegung in die Struktur (das Sextintervall wird durch Achtel in kleinere Schritte zerlegt). Am Ende verbleibt es (mit der flachen chromatischen Absenkung e–es–d) in der höheren Region. Anstelle einer abwärtsgerichteten Schließung wird durch die aufwärtsgerichtete Terz eine Öffnung ausgedrückt, gewissermaßen eine Aufforderung zu weiteren Aktionen (die dann auch sofort aufgegriffen wird). Auch weil es durch Hörner und Oboen im *mf* unterstützt wird, präsentiert sich das Motiv offensiver als das vorangehende.

Die wichtigste Differenz zu V besteht darin, dass das Septimenintervall durch eine vorgeschaltete kurze rückwärtige Bewegung zu einem raschen, sogar hektischen Hochschnellen gerät. Eine solche Bewegung droht die Weite der Bogenform und das mit ihr verbundene Gleichgewicht der Kräfte zu zerstören. An dieser Stelle wird dies abgewendet, und zwar dadurch, dass der Sprung in einer (stabilen) Viertelnote auf starker Zählzeit mündet, dann nicht in die Tiefe fällt, sondern durch die chromatische Abstufung die Form eines langsamen Abgleitens annimmt. Damit bleibt die Weite der Bogenform erhalten.[217]

Ich möchte diesen wichtigen Punkt (der zunächst als rein formell erscheint) durch Kontrastierung mit Motiv II verdeutlichen.

---

217 Von Berg wird dieses chromatische Abgleiten immer wieder besonders hervorgehoben. Nicht nur weisen alle drei Anfangsbögen diese Chromatik auf, sie erfährt auch eine zusätzliche instrumentale Unterstützung (etwa in T. 5 und 7). Mehrfach wird auch diese chromatische Absenkung benutzt, um ein Geschehen am Ende aufzufangen oder ‚abzurunden' (vgl. T. 14, 44, 164).

Motiv II

Da ich auf Motiv II später noch genauer eingehen werde, hier nur so viel: Die Sonder-
rolle, die Motiv II im Kreis der Motivfragmente spielt, zeigt sich u. a. daran, dass es im
Eingangsszenarium prägnant platziert wird. Dabei ist von Anfang an ein zwiespältiges
Verhältnis zu Motiv V zu erkennen.[218] Einerseits besteht aufgrund der rhythmischen
Gestaltung (synkopierte Viertel, Achtel, Viertel), die identisch mit der der vier letzten
Töne von V ist, und des Aufstiegs mit einem Septimenintervall eine gewisse Ähnlichkeit
zu V. Andererseits ist der Gegensatz unverkennbar. Wie bei Motiv δ2 steht ein hastig
durchgeführter Septimensprung in der Mitte des Motivs. Aber dieser Sprung hat hier
einen anderen Effekt. Die Bewegung wird nicht durch chromatisches Abgleiten aufgefangen, sondern fällt scharf in die Tiefe. Man könnte sich ein Fallen vorstellen, das
zielorientiert ist, das genau auf das zielt, was durch den Triller angezeigt wird. Damit
geht ein Riss durch den Bogen, die Weite der Form geht verloren.

Zusammenfassend will ich das *Übergangsfeld*, das Berg zwischen den extremen Polen
aufbaut, noch einmal beleuchten, indem ich die formalen Beziehungen zwischen den
drei Bögen des Anfangs skizziere. In der Abfolge von V über δ2 nach VI (und eventuell
darüber hinaus)
- wird der Ambitus des Bogens kleiner (Duodezime, Dezime (bzw. Undezime), Septime),
- werden die großen Intervallschritte durch Zwischentöne in kleinere Schritte zerlegt,
- wird die Bewegung lebhafter (durch kleinere Notenwerte – in VIII schließlich
  Sechzehntelbewegungen),
- steigt die Dynamik an (vom *p* zum *f* – auch II und VIII im *f*),
- steigt die Anzahl der beteiligten Instrumentengruppen: V wird durch eine Stimme,
  δ2 durch drei Stimmen, VI durch vier hohe Holzbläserstimmen vorgetragen, dann
  II durch fünf hohe Holzbläserstimmen und VIII durch den ganzen Streicherapparat,
  im Verlauf unterstützt durch hohe Bläserstimmen.

Aus dieser Übersicht kann man entnehmen, dass in der Abfolge der Bögen sich eine
Tendenz ausdrückt: Es entfaltet sich schrittweise eine Distanz zum anfänglich erklingenden Motiv V.[219] In die aufeinanderfolgenden Strukturen dieses Übergangsfeldes
werden zunehmend Elemente eingebaut, die dann im militärischen Musikmaterial
wiederkehren. Auf diese Weise bildet sich die besondere Präsenz heraus, mit der das
Militärische im letzten Schritt hervortritt.

---

218 Über die Konfrontation der beiden Motive in T. 5 und T. 125 vgl. Kapitel VII.

219 Mit dieser (zu überprüfenden) Ablaufhypothese erhalten die Interpretationen der einzelnen Motive
      klarere Konturen.

Zunächst schien es so, als würden mit der Form des Bogens mehrere Figuren zusammengeschlossen, die sich scharf gegen die Ausdrucksformen des Militärischen abgrenzen. Aus der jetzt gewonnenen Perspektive wird deutlich, dass im Übergangsfeld Figuren erscheinen, die sich gewissermaßen zu der Welt des Militärischen hin öffnen. Mit der Konstitution des Übergangsfeldes gewinnt das Eingangsszenarium einen dynamischen Charakter. Es stehen sich nicht einfach zwei Gebilde starr gegenüber: die reflexive Erfassung der Welt und das in die Welt marschierende Militär. Sie werden vielmehr durch Zwischenformen in ein Verhältnis zueinander gesetzt und aneinandergebunden. Welchen Charakter dieses Verhältnis hat, bleibt zunächst offen, erst im Verlauf des Geschehens wird Genaueres darüber in Erfahrung zu bringen sein.

Zusammenfassung

Aus der inhaltlichen Interpretation des Eingangsszenariums ergibt sich eine *erste Antwort* auf die oben gestellte Frage: Berg platziert die Bogenfiguren am Anfang der 1. Konfiguration, weil von vornherein nicht nur ein militärisches Geschehen, sondern auch die Beziehung des Militärs zu anderen gesellschaftlichen Mächten in den Blick genommen werden soll. An dieser Stelle ist noch kaum etwas über die Art dieser Beziehung gesagt. Die These wird in dem Maße sich als plausibel erweisen, wie sich zeigt, dass das musikalische Material der folgenden Konfigurationen so ausgearbeitet ist, dass nicht nur die Entfaltung militärischer Aktionen im engeren Sinn, sondern auch die Stellung des Militärs zum Hintergrund einer reflexiven Weltsicht eine genauere Ausprägung erfährt. Mit der Doppelperspektive auf das Militärische kann die Musik einen bestimmten Zusammenhang beleuchten: Jede Veränderung der Intensität militärischer Operationen hat Rückwirkungen auf das Verhältnis von Militär und gesellschaftlich-kulturellem Hintergrund.

In diesem Kontext ist folgendes Detail zu beachten: Wir werden sehen, dass Berg bei allen militärischen Operationen, die er darstellt, jeweils mit besonderer Sorgfalt das Schlusssegment, den Abschluss der Operation, gestaltet. Am Ende der hier gespielten Sequenz von Motiv VIII erkennt man, dass das Geschehen mit Hilfe des Abwärtsbogens von δ2 beendet wird. Auch dadurch kommt ein möglicher Bezug, in dem Reflexion und Militärisches zueinander stehen, zum Ausdruck. Es wird die einzige Stelle bleiben, an der eine Figur, die aus der Sphäre der Reflexion stammt, dazu benutzt wird, eine Begrenzung des Militärischen zu markieren.

Abschließend lässt sich sagen, dass im Eingangsszenarium bis auf den kurzen Sturmlauf von VIII kein Ereignis zu beobachten ist, das einen narrativen Charakter besitzt. In den folgenden Konfigurationen wird dann die Narration in Gang kommen. Berg wird teilweise neue Motive einführen, um die Entwicklung des Geschehens zum Ausdruck zu bringen. Im Wesentlichen aber wird er den vorhandenen Motivbestand variieren, um daran Veränderungen sichtbar zu machen. Die Variation ist hier nicht nur ein formales Verfahren, sondern das Mittel, um eine Geschichte zu erzählen.[220] Dabei wird deutlich werden müssen, welche Rolle das Militärische spielt, gerade auch im Hinblick darauf, wie sich sein Verhältnis zur reflexiven Erfassung der Welt bestimmt, mit deren Anzeige (für einen Marsch ganz ungewöhnlich) die ganze Geschichte begann.

Erster Exkurs zu Motiv II

Ich möchte an dieser Stelle nachholen, was ich bei der Besprechung der Motivfragmente ausgelassen habe: die Analyse und Interpretation des Motivs II. Wir konnten erkennen, dass das Motiv II sich Hinblick auf das Regelwerk der ersten vier Takte in einigen Punkten regelwidrig verhält, es spielt hier eine Sonderrolle. Es wurde außerdem deutlich, dass anders als bei den anderen Motiven die militärische Funktion dieses Motivs nicht unmittelbar evident ist.

Wir werden sehen, dass auch im weiteren Verlauf Motiv II eine besondere Rolle spielt. Es tritt sehr häufig in Originalform auf, häufiger als die anderen Motive; darüber hinaus wird durch kleinere oder größere, teilweise auch mehrfache Veränderungen eine Vielzahl von Varianten hervorgebracht und schließlich ist es in einem hohen Maß an der Entfaltung der Dynamik der Narration beteiligt, treibt diese an vielen Stellen voran. Ein Blick auf die zehn Takte der 1. Konfiguration zeigt, dass das Motiv II schon hier in einem besonderen Maß aktiv ist.[221] Die Arbeit an dem Motiv setzt bereits in T. 6 ein. Es kommt zu Umkehrungen, Fugierungen, Verselbständigung der Trillerfigur, Verdickung durch Begleitung in der Terz und Hinzufügung einer Anlauffigur. Eindringlich erscheint es, wenn es in mehreren Stimmen gleichzeitig erklingt (vgl. T. 10 und 11). Es ist ein Kernelement des Eingangsszenariums.

Im Hinblick auf spätere Entwicklungen ist insbesondere auch darauf hinzuweisen, dass Motiv II als einziges der Motivfragmente nicht nur eine Verwandtschaft zur Struktur der Bogenmotive aufweist, sondern dass es darüber hinaus auch, wie wir sehen werden, immer wieder mit dem Motiv V konfrontiert wird. Dies wird gleich im fünften Takt sichtbar, insofern es dort nämlich eingefügt in die Zwischenräume des Motivs V in Erscheinung tritt. In modifizierter Form wird sich das wiederholen. Dann wird Motiv II allerdings nicht mehr so wie hier im Hintergrund bleiben.[222]

Ich habe bei der Kontrastierung von II mit den Bögen V und δ2 schon auf bestimmte Charakteristika von II hingewiesen. Im Gegensatz zur Ausbildung einer weit gespannten Bogenform kommt es hier zu einer explosiven, hastigen Auf- und Abwärtsbewegung.

---

220 So wie ein Fotograf eine Geschichte erzählen kann, wenn er ein Gesicht immer wieder nach einem bestimmten Zeitraum erneut fotografiert und dann die Serie der Fotos nebeneinander präsentiert.

221 Vgl. DeVoto 1983, S. 411.

222 Vgl. dazu Kapitel VII, 4. Abschnitt.

Das wird gerade im Kontrast zu der durch die Bewegung des chromatischen Abgleitens ruhig zu Ende geführten Bogenform, wie sie V erkennen lässt, deutlich. Das Motiv II springt am Ende seiner Aufwärtsbewegung sofort auf den durch den Triller besonders markierten Zielton hinunter, ein attackenartiger Fall. Die mit der Synkope aufgebaute Spannung reicht durch die hoch positionierte Achtel hindurch bis zum Erreichen des Zieltons. Beim Sprung in die Höhe geht es nicht um Weitsicht, sondern um das Erreichen einer Position, von der aus zielsicher ein nach unten gerichteter Stoß ausgeführt werden kann. Nichts weist über das scharf begrenzte Hoch- und Niederspringen hinaus, alles steht im Bann dieser ganz spezifischen Aktion.

Mit dieser Beschreibung habe ich schon eine Interpretationsthese angedeutet. Das Motiv II erfasst mit seiner Struktur den *räuberischen Sprung*: zunächst die zur Ausführung des Sprungs aufgebaute Spannung, dann das Emporschnellen, den (zielorientierten) Fall (oder Stoß) und schließlich den Zugriff.

Diese Interpretation mag voreilig erscheinen, in jedem Fall wird sie an weiteren Materialien zu überprüfen sein. Zu denken ist hier daran, dass Berg später in der Oper *Lulu* bei der Charakterisierung des Dr. Schön einen ähnlich extremen, als Machtgeste zu verstehenden Sprung in das Reihenthema einbaut und folgerichtig dieses Thema im Prolog bei der Nennung des Tigers, der „gewohnheitsmäßig, was in den Sprung ihm läuft, hinunterschlingt", erklingen lässt.[223]

Mahler bestreitet die ersten fünf Takte des erstens Satzes der 6. Symphonie mit einem Material, das Bergs Motiven I und III entspricht. Für den extremen Ausbruch von Aggressivität des gesamten Orchesters ab T. 6 verwendet er ein Motivmaterial, das Ähnlichkeiten mit Bergs Motiv II aufweist. Das gilt vor allem für die in T. 9/10 erscheinende Figur.

Notenbeispiel 11: Gustav Mahler, 6. Symphonie, 1. Satz, T. 6–10

Mit meiner Interpretationsthese ist eine Vorstellung über eine Funktion von II in der Gesamtkomposition verbunden. Während mit den Motiven I, III und IV nur die Dynamik des Vorstoßens erfasst werden kann, zielt das Motiv II auf den essentiellen Kern des ganzen militärischen Unterfangens: das direkte Attackieren des Gegners und

---

223 Alban Berg, *Lulu*, Prolog T. 21–23. Vgl. auch den Sprung zu „hinunterschlingt" ebenso den zu „von Anbeginn gefräßig".

den Zugriff auf die Beute. Es präsentiert das Urmilitärische schlechthin. Wie sich noch zeigen wird, erweist es sich als das Zentralmotiv des Stücks.

Vorsichtig habe ich formuliert: *eine* Funktion. Tatsächlich ist im weiteren Verlauf zu erkennen, dass Motiv II viele Funktionen erfüllt. Das wiederum hängt damit zusammen, dass Berg im Hinblick auf dieses Motiv eine Variationenvielfalt entwickelt, die weit über das hinausgeht, was andere Motive erfahren. Je nachdem, wie man die Ableitungsmöglichkeiten einschätzt, kann man mindestens 15 Varianten entdecken. Mit jeder Variation erfährt das Motiv eine neue Charakterisierung. Auf diese Weise kann es ubiquitär eingesetzt werden und die Dramatik der musikalischen Entwicklung entscheidend mitbestimmen. Darauf werde ich im zweiten Exkurs zu Motiv II zurückkommen.

3. Die Entfaltung militärischer Aktionen, die Konfrontation mit einer reflexiven Weltsicht und eine sich nach außen abschließende Enklave der Reflexion

T. 15–38 (2. Konfiguration)
Die zweite Konfiguration ist durch eine deutliche Zäsur in zwei Abschnitte unterteilt.

Der erste Abschnitt der 2. Konfiguration (T. 15–23)
In diesem Abschnitt wird das Motivmaterial aus den ersten vier Takten rekapituliert. Motiv II ist das erste, das aus dem eintönigen Geschehen ausbricht, aber seine weitere Entwicklung wird blockiert. Motiv I erhält durch Hinzufügung zusätzlicher Töne eine prägnantere Bewegungsgestalt. Damit könnte ein Marschgeschehen in Gang gesetzt werden, aber auch das wird unterbunden. Die Motive III und IV verbleiben hier im Hintergrund.

Der zweite Abschnitt der 2. Konfiguration (T. 23–38)
Dem Ablauf des Anfangs entspricht es, dass jetzt wieder Motiv V erscheint (T. 23). Man könnte erwarten, dass die Motive δ2 und VI folgen. Stattdessen wird jedoch an dieser Stelle (vorzeitig) das (variierte) Motiv II gespielt, sodass V und II plötzlich in Konkurrenz zueinander stehen (beide werden im *f* gespielt).

Im weiteren Verlauf erscheint, wie im Eingangsszenarium, das Motiv VIII, danach werden noch einmal verschiedene Varianten von II und VIII gespielt.

Offensichtlich wird in der 2. Konfiguration auf die Anfangstakte des Stücks Bezug genommen, jedoch nicht in Form einer einfachen Wiederholung. Schon die Ausdehnung der 2. Konfiguration (8+16 Takte statt 4+10) zeigt, dass eine Verarbeitung stattfindet. Das zeigt sich auch am thematischen Material. Wie lassen sich die durchgeführten Veränderungen deuten?

Für die Interpretation der Entwicklung in der 2. Konfiguration arbeite ich hypothetisch mit folgender These: Es erfolgt in dieser Konfiguration eine Gewichtsverschiebung, die beiden Motive II und I (bzw. VIII) erfahren eine besondere Akzentuierung, während die anderen Elemente des Eingangsszenariums zurücktreten. Dabei kann in einer ersten Form der Aktionscharakter des Militärischen hervortreten.

Betrachten wir die Entwicklung im Einzelnen.

Motiv II wird zunächst in der Weise variiert, dass die synkopierte Viertelnote durch drei vorangehende Töne ergänzt wird, sodass eine das Motiv einleitende Anlaufstrecke entsteht (Motiv IX).

Notenbeispiel 12: Motiv IX (Variante von Motiv II), T. 24

In dieser Form (auch ausgeführt in doppelter Geschwindigkeit) wird die aggressive Gestalt des Vorstoßes verstärkt. Durch die vorgenommene Stimmenverdoppelung gewinnt er einen kollektiven Charakter: Etwas scheint sich auf breiter Front vorzuschieben.

Man könnte denken, dass hier die zweite Hälfte des Motivs fehlt. Tatsächlich wird jedoch der Triller durch eine kompakte Bewegung des gesamten Streicherensembles ersetzt (T. 25). Daraus erklärt sich auch die eigentümliche Zusammensetzung dieses Klangs. Das abgestufte Einsetzen der Instrumente erzeugt das Bild eines Schnittes (oder Bisses), der immer tiefer vordringt. Keine andere Variante von II bestätigt so genau die vorgeschlagene Deutung wie diese.

Die zusammengesetzte Figur von Anlauf und langgezogenem Abfallen treibt auch in der Folge wiederholt das Geschehen an (T. 30–32, 32/33, 34/35). Gleichzeitig drängt sich Motiv VIII – nach einer eher zurückhaltenden Rekapitulation in T. 29–32 – mit einer verkürzten Variante (XIII) in den Vordergrund (T. 31). In dieser gewinnt die Bewegung des Hin und Her vor allem durch den scharfen Klang des Xylophons einen deutlich aggressiveren Charakter.

Mit den bezeichneten Mitteln wird sukzessive eine mächtige Phalanx aufgebaut. Es wird durchweg im *f*, an einigen Stellen im *ff* gespielt. Das Tempo wird beschleunigt.

Man könnte vermuten, dass dem prägnanten Auftreten der militärischen Motive eine zurückgenommene Präsenz der nichtmilitärischen Seite des Eingangsszenariums entsprechen würde. Tatsächlich ist jedoch diese Seite nicht einfach verschwunden, an einigen Stellen scheint sie sogar in Konkurrenz zu der machtvollen Entwicklung der militärischen Motive zu treten. Dabei ist sie aber in mehrfacher Hinsicht erkennbar in der Defensive.

- Darauf deutet zunächst die Tatsache hin, dass die nichtmilitärische Seite des Eingangsszenariums nur unvollständig reproduziert wird. Von den drei zu Anfang gespielten Bögen wird lediglich Motiv V aufgegriffen.
- Durchweg handelt es sich dabei nur um wenige verstreute Erscheinungen, aus denen keine geschlossene Bewegung hervorgeht.
- Beispielhaft ist T. 23/24, wo V zwar in einer exakten Wiederholung erklingt, allerdings eine Oktave nach unten versetzt und verzerrt intoniert. Zudem wird es jetzt durch das gleichzeitig gespielte Motiv II in den Hintergrund gedrängt. Ähnlich schwach ist das Auftreten in T. 30/31. Bei zwei weiteren Ausprägungen (T. 27/28 und (in variierter Form) T. 29) kann sich V gegen die Übermacht des Militärischen besser behaupten,[224] ohne dass dies aber Konsequenzen für die Gesamtentwicklung hat.

Den stärksten Eindruck erzeugt (als Variante von V) Motiv XII,[225] das Berg als Hauptstimme von der Solo-Bratsche spielen lässt und durch die Angabe „sehr ausdrucksvoll" hervorhebt.

Notenbeispiel 13: Motiv XII (Variante von Motiv V), T. 29/30

Aber auch diese Erinnerung an die reflexive Bewegung wird umgehend durch kräftige Äußerungen des Militärischen überspielt.

In dem Maße, wie die militärischen Aktionen komplexer und aggressiver werden, stellt sich auch die Frage nach den Möglichkeiten der Beendigung solcher Aktionen neu. Berg führt (T. 28), um den ersten Ausbruch von Motiv II zu beenden, eine variierte Form von Motiv I (Motiv XI: punktierter Kopf und nach unten fallende Triole) als Schlussfigur ein.

---

224 Dass das Motiv V von Blechblasinstrumenten im *ff* vorgetragen wird, ist eine absolute Ausnahme. Passend zu einer Reflexion werden für die Darstellung von V ansonsten nur Instrumente mit feinerem Klang, wie etwa Flöten oder insbesondere Streicher, verwendet.

225 Bei Motiv XII ist der Aufbau der Bogenform mit Sexte und Septime leicht modifiziert, die Bewegung hat die Form fortlaufender Achteln angenommen, ist daher flüssiger und weniger angespannt.

Notenbeispiel 14: Motiv XI, T. 28

Die Marschfigur erhält hier die Funktion, die chaotischen Charakter annehmende militärische Aktion in geordnete Bahnen zurückzuführen. Das wird dadurch untermauert, dass die Figur vom gesamten Streicherensemble und einer Bläsergruppe ausgeführt wird. Indem auf diese Weise der gesamte Raum von der rhythmischen Schlussfigur durchdrungen wird, entsteht das Bild einer disziplinierten Aktion, die unter der Kontrolle einer souveränen Führung steht.

Unter diesem Gesichtspunkt ist die variierte Schlussoperation, mit der in den T. 34 ff. die 2. Konfiguration beendet wird, von besonderem Interesse. Zwar erklingt auch jetzt das Motiv XI (T. 34), aber damit wird nicht unmittelbar ein Schlusspunkt gesetzt. Die abschließende Triole wird zweimal wiederholt. Dann erklingt Motiv XI noch einmal (jetzt mit verdoppeltem Kopf), auch hier auseinandergezogen durch nachfolgende Triolen. Im letzten Takt der Konfiguration sind noch einzelne Stimmen zu hören, die wie aus dem Zusammenhang gerissene Fetzen des Gefechtslärms klingen, bevor Ruhe einkehrt.

Zusammenfassende Deutung der 2. Konfiguration

Das ruhige Nebeneinander der Welt der Reflexion und der des Militärischen wird aufgehoben. Sie treten jetzt in Konkurrenz zueinander. Viermal kommt es zu einer Konfrontation, einem Kräftemessen, in dem sich die militärische Aktion insgesamt als dominant erweist. Die reflexiven Figuren werden überspielt wie eine Mahnung, die nicht gehört wird.

Das aggressive Potential wächst in dieser Konfiguration und damit die Mühe, es zu bändigen. Eine in Gang gesetzte Aktion kann, wie die letzten Takte zeigen, jetzt nicht mehr ohne Weiteres beendet werden. Ansonsten ist zu beobachten, dass die militärischen Aktionen zwar ausgeweitet werden – es entwickelt sich eine kompakte Einsatzkapazität, auch sind die Vorstöße breiter angelegt und von größerer Durchschlagskraft. Insgesamt aber gehen diese Aktionen damit nicht wesentlich über das hinaus, was vorher schon realisiert war. Vorgreifend kann gesagt werden, dass das in Gang gesetzte Potential militärischer Aggressivität noch ganz anders in Erscheinung treten wird. Bevor es aber dazu kommt, wird das auf den ersten Blick scheinbar aus dem Rahmen fallende Geschehen der 3. Konfiguration eingeschoben, das noch einmal von einer anderen Seite Licht auf den Konflikt von reflexiver Weltsicht (V) und militärischer Aktion wirft.

T. 39–46 (3. Konfiguration)

Mit dem Wechsel vom *f* oder *ff* zum *p* des T. 39 betreten wir eine andere Welt. Für acht Takte erklingt (mit einer Ausnahme) alles im *p* oder *pp*. Zwei musikalische Gedanken bestimmen diese Konfiguration. Erstens tritt erneut die Reflexionsfigur XII in Erscheinung, wieder von Soloinstrumenten (zuerst von der Bratsche und dann dem Kontrabass) gespielt. Im Unterschied zur 2. Konfiguration werden diese Erscheinungen der Reflexion hier nicht mit Material des militärischen Ausdrucks konfrontiert. Bis auf das kurze (folgenlose) Aufflackern von Motiv IV (*p* im Hintergrund) fehlt solches Material in dieser Konfiguration ganz. Stattdessen erklingt eine langgezogene einsame Klarinettenmelodie, die sich über die ganze Spanne der Konfiguration hinweg entfaltet.

Notenbeispiel 15: Motiv XV (gekürzt), T. 39–41

Es bieten sich verschiedene Möglichkeiten an, diesen kontrastiven Wechsel zu deuten. Man könnte etwa daran denken, dass jetzt das nachgeholt wird, was in der 2. Konfiguration versäumt wurde: eine Betonung der nichtmilitärischen Komponenten des Eingangsszenariums und damit die Wiederherstellung der prominenten Rolle, die am Anfang der reflexiven Weltsicht zufiel.

Plausibler erscheint die These, dass die Reflexion sich hier gewissermaßen ‚einkapselt‘, sich in einen Nebenraum des zentralen Geschehens, eine Enklave, zurückzieht. Dafür spricht nicht nur die Kürze der Konfiguration – sie erreicht mit ihren zehn Takten nicht den Umfang der vorausgegangenen (24 Takte) –, sondern vor allem auch die Tatsache, dass die zweimalige Rekapitulation von Motiv XII Episodencharakter hat. Die Entwicklungsmöglichkeiten, die in dem Motiv stecken, werden nicht an ihm selbst entfaltet, es bleibt, obgleich wieder „ausdrucksvoll" gespielt, Nebenstimme im Hintergrund.

Die zentrale Figur dieser Konfiguration ist ohne Zweifel die Klarinettenmelodie. Dass diese von einem einzigen (eher weichen) Instrument „zögernd" und „dolce" gespielt wird, könnte ein Hinweis darauf sein, dass sie in einer Beziehung zur reflexiven Bewegung steht. Näheren Aufschluss gibt die Struktur dieser Melodie. In einer einheitlich fließenden Bewegung (mit vielen Spiegelungen) werden drei Aufwärtsbögen entfaltet, zunächst ein eintaktiger, mit einem Sextensprung zum höchsten Punkt, dann zwei (durch einen Zwischentakt voneinander getrennte) Bögen, die jeweils über zwei Oktaven hinweg ihren Kreis ziehen, am Ende noch ein Schlusssegment.

Der stärkste Beleg dafür, dass es sich bei der Klarinettenmelodie um eine reflexive Bewegung handelt, ergibt sich daraus, dass sie sich nicht nur auf das gleichzeitig gespielte Motiv XII bezieht – eine Konstellation, die später noch einmal wiederholt wird (T. 168) – sondern dass zwischen der Form ihres ersten Bogens (T. 39) und der Bogenform von Motiv XII eine deutliche Übereinstimmung besteht. Es liegt deshalb nahe, die Klarinettenmelodie als ein freies Nachzeichnen des durch die Bögen von XII geöffneten Raums anzusehen, als Erscheinung einer freien Beweglichkeit, die auch das Erreichen großer Höhen mit weiten Sichten einschließt.[226] Auf diese ‚Entwicklung' zielt die 3. Konfiguration.

Dass mit dieser Konfiguration eine sich vom sonstigen Geschehen abhebende Sphäre bezeichnet wird, kommt auch dadurch zum Ausdruck, dass Berg an ihrem Ende mehrere Schlusssequenzen zusammenzieht, so als solle sie gewissermaßen gegen alles Weitere abgeriegelt werden. Auch dabei wird noch einmal ein Bezug zu den Bögen des Anfangs hergestellt, insofern hier wesentlich auf δ2 mit seinem chromatisch abwärtsgerichteten Bogenteil zurückgegriffen wird. Dieser erklingt in Vierteln in T. 44 und noch einmal in Achteln in T. 45. Zusätzlich wird abschließend die nach unten gerichtete Umkehrung von δ2 gespielt.

Man kann an eine Enklave denken, in der Gehalte, die sonst kaum irgendwo realisiert sind, geschützt werden. Aber auch hier sind dunkle Momente erkennbar. Der abschließende schwere Fall von b2 ins tiefe e, mit dem für einen Moment alle Bewegung erstirbt, wirkt bedrohlich. Er ist weniger ein herbeigeführter Schlusspunkt als ein Zeichen versagender Kraft. Beunruhigend ist auch, dass die Klarinette, bevor sie im *ppp* schließt, für einen Moment ins *f* gedrängt wird, und zwar mit einer Figur, die wie ein Sich-Aufbäumen erscheint (T. 45).[227] Das Gefühl der Lähmung, das mit der Zusammenführung dieser beiden Figuren eintritt, ist hier nur angedeutet und nur von kurzer Dauer. An späterer Stelle (T. 152–155), wenn sie erneut – wieder miteinander verknüpft – erscheinen, wird sich ihr Unheilpotential voll entfalten.

---

226 Deutlich ist dabei der scharfe Kontrast zu Motiv VIII, das mit seinen langgezogenen Bögen eine gewisse Strukturähnlichkeit aufweist. Auch bei Mahler werden (in der 6. Symphonie) Gegenwelten zu dem scharf punktierten Marschieren gezeichnet. Eine dieser Welten (ein Nachsinnen über letzte Dinge?) findet im ersten Satz in der choralähnlichen Passage ab T. 61 ihren Ausdruck. Hier heißt es in T. 69 emphatisch: e5–f5–e5–c6–h5–a5–g5, eine Figur, die große Ähnlichkeit mit dem Anfang der Klarinettenmelodie bzw. Motiv XV aufweist.

227 Diese Figur war schon (mit Triller) in T. 11 aufgetreten, und zwar abgeleitet aus der Umkehrung der Bewegungsstruktur von Motiv II (Verwandlung von Viertel und Achtel in eine triolenförmig ausgestaltete Bogenstruktur).

Zwischenresümee

An dieser Stelle ist etwas mehr als ein Viertel des *Marsch* gespielt. Das Militärische, das präsentiert wurde, war im Wesentlichen darauf gerichtet, für sich einen Bewegungsspielraum zu gewinnen, ein Terrain zu sichern, die Dominanz einer Position zu behaupten. Bemerkenswert ist, dass die Rückbeziehung auf die reflexiven Ausdrucksformen des Anfangs eine gewisse Rolle spielte, vor allem in der zuletzt betrachteten Passage. Dass das Militärische eine besondere Durchschlagskraft besitzt, wird immer wieder deutlich. Aber bis zu diesem Stand der Dinge wird ein prekäres Gleichgewicht zwischen den Bereichen gewahrt. Es gibt Rückzugsräume, in denen man noch im Modus der Reflexion weit gespannten Gedanken nachgehen und souverän freie Bewegungen erproben kann. In gewisser Weise sind diese Räume (als Enklaven) geschützt, sie haben ein eigenes Existenzrecht und werden bis zu diesem Punkt nicht prinzipiell infrage gestellt.

Das Militärische erscheint bislang nicht als exzessiv. Darauf deutet auch die aufs Ganze gesehen moderate Dynamik hin. Es gibt Zuspitzungen, sie werden aber rasch wieder aufgelöst. Für den Charakter der Operationen stehen Motive wie II, VIII und XI. Es handelt sich eher um kurze Kontrollaktionen als um große aggressive militärische Offensiven. Wie die Schlusspassagen in der 2. Konfiguration zeigen, können solche Operationen zwar etwas mühsam, aber doch rasch beendet werden. Der militärische Apparat scheint unter Kontrolle zu sein. Das macht überhaupt erst das prekäre Gleichgewicht möglich. Wir werden sehen, dass eine Verschärfung der militärischen Operationen, wie sie in den nächsten Konfigurationen zu beobachten sein wird, dieses Gleichgewicht nicht unberührt lassen kann.

## 4.	Die erste extreme Entfesselung der militärischen Aggression und die zwischenzeitliche Verwandlung in eine (rasch wieder aufgelöste) scheinhafte Existenz

T. 46–61 (4. Konfiguration)
Schon auf den ersten Blick ist zu erkennen, dass in der 4. Konfiguration zur militärischen Aktion zurückgekehrt wird, mehr noch: dass dies in Form einer extremen intensivierten Operation geschieht. Schon das rasch ansteigende Bewegungstempo und die ins *f* hochgetriebene Dynamik weisen darauf hin. Entscheidend ist aber, dass und in welcher Weise Motiv II hier in den Mittelpunkt des Geschehens rückt. Meine These, mit der der Sinn der Ereignisabfolge erfasst werden soll, ist, dass es in dieser Konfiguration darum geht, von den beiden Elementen, die in Motiv II verknüpft sind, dem weiten Sprung nach vorne und dem Niederstoßen auf die Beute, das erstere durch Variation des musikalischen Materials so auszugestalten, dass sein explosiver Charakter zutage tritt, und damit die militärische Aktion ins Extrem zu treiben.

Die Konfiguration setzt mit der Anfangsbewegung von Motiv II ein, und zwar in der Form des verlängerten Anlaufs, wie er zuvor entwickelt worden war (Motiv IX). Dadurch, dass diese Figur bei steigender Dynamik in ununterbrochener Folge viermal hintereinander erklingt – eine bislang nicht eingesetzte Verkettung –, wird sie zu einer hoch aggressiven Angriffsaktion. Beim vierten Mal gelangt sie mit der Anfügung des Trillers an ihr Ziel.[228] Eine weitere Verschärfung der Aktion erfolgt dadurch, dass das aggressiv aufgeladene Motiv II noch zweimal wiederholt wird, wobei in beiden Fällen durch triolenförmige Auflösung der Anlaufstrecke, steigende Dynamik und den Einsatz der Trompete die Wucht der Angriffsfigur noch einmal erhöht wird.[229]

Notenbeispiel 16: Motiv II (Varianten), T. 49–51

Mit diesen wiederholten Anläufen gewinnt die Bewegung eine Eigendynamik. Jeder Sprung auf die Beute wird sofort Anlass zur weiteren Jagd. Die gewaltigen Marschschläge, die nach jeder gespielten Figur einsetzen, vermitteln diese Dynamik.

In der Hitze dieses Abschnitts wird kurz darauf mit einer neuen Figur die Entwicklung weitergetrieben: Mit einem harten Dreitonsignal auf gleicher Tonhöhe feuern im *ff* die Hörner dreimal (in schneller Abfolge mit rhythmischer Verschiebung) in das Geschehen hinein (T. 55). Das formlose Gezerre erweckt den Anschein, als müssten Ketten gesprengt werden. Die letzte Steigerung wird in T. 56 mit dem wild von b1 bis es4 in die Höhe rasenden Motiv XVIII (von den Posaunen im *ff* gespielt) erreicht.

Notenbeispiel 17: Motiv XVIII, T. 56

---

228 Dass das Motiv II hier aus IX generiert wird, untermauert die These vom formalen Zusammenhang der beiden Motive. Vgl. auch die Parallelführung in T. 69/70.

229 Das geschieht einerseits durch Auflösung der Basisviertel in eine aufwärtssteigende Triolenbewegung (T. 51) und anderseits durch die zu den Blechbläsern überwechselnde Instrumentierung.

Drei schwere Paukenschläge folgen. Nach der Wiederholung dieses Motivs beschließen sechs Schläge des gesamten Bläser- und Schlagzeugapparats im *ff* die Szene.

Zusammenfassend lässt sich das Geschehen so beschreiben: Mit den wilden Aufwärtsbewegungen des dreimal gespielten Motivs II wird eine extreme Dynamik entfaltet. Das lässt sich sowohl an der Steigerung, die vom *p* des Anfangs zum *ff* der gesamten Schlusssequenz führt, wie an der raschen Beschleunigung des Tempos ablesen. Hinzu kommt der Einsatz des schweren Schlagzeugs (Pauken, Große Trommel, Großes Tamtam) und der Wechsel von Streichinstrumenten zu Blechbläsern.

Von einem bestimmten Punkt an kann die zunehmende Aggressivität, die in dieser Weise freigesetzt wird, nicht mehr aufgefangen werden, sie treibt unaufhaltsam in die maßlose Wildheit der Extremfigur. Rückblickend wird deutlich, dass die aggressiv nach oben gerichteten Stöße, solange sie noch im Kontext des Motivs II ausgeführt wurden, einer gewissen Bindung unterlagen, insofern sie in den abfallenden Bogenarm umgebogen wurden. Mit Motiv XVIII wird die Bogenform gesprengt, es kommt zu einem ungebremsten, reinen Aufwärtsstoß. Mit dieser Öffnung ins Grenzenlose wird das Geschehen zu einer entfesselten, maßlosen Gewaltexplosion.[230] Die vom gesamten Orchesterapparat ausgelösten, durch Großes Tamtam und Pauken verstärkten Schläge sind Vernichtungsschläge auf breitester Front.

Zwei Ergänzungen möchte ich anfügen. Eine militärische Aktion ist nicht ununterbrochen Kampfhandlung. Es muss zwischen den Attacken Ruhepausen geben, in denen in welcher Form auch immer Regeneration gesucht werden kann. Auch in dem hitzigen Geschehen der 4. Konfiguration gibt es solche Pausen. In zwei Zwischenepisoden (T. 53/54 und 58) scheint sich für einen Moment das Geschehen zu entspannen: Berg verzichtet auch hier nicht auf Motiv II. Er formt es um, indem er es verkürzt und den Triller in die Mitte des Motivs verschiebt.[231] Auf diese Weise (und weil es von leichteren Pulsschlägen begleitet wird) rückt es für einen Moment in die Nähe von Märschen mit trillernder Oberfläche, wie sie in zahllosen Varianten des *bella vita militar* existieren.

Auch wenn, wie gezeigt, in dieser Konfiguration das Kampfgeschehen ins Extrem driftet, darf nicht übersehen werden, dass dies immer noch im Kontext einer souverän geführten, disziplinierten Aktion geschieht. Hier läuft nichts aus dem Ruder. Drei präzise marschmäßige Schläge, die zweimal (mit Ausnahme der Streicher) vom gesamten Orchesterapparat einheitlich ausgeführt werden, setzen den Schlusspunkt.

---

230 Die mit diesem Motiv ausgedrückte Grenzenlosigkeit wird in der Gestaltung durch Berg augenscheinlich: Es handelt sich um die krebsförmige Fassung von Motiv XI, also dem Motiv, das zuvor die Begrenzung einer Aktion markierte.

231 Vgl. auch T. 144–147. Dazu DeVoto 1983, S. 414 ff.

Mit der Entfaltung des Aggressionspotentials von Motiv II gewinnt dieses einen besonderen Rang. Das Militärische hat viele Erscheinungsformen, schon die ersten Takte haben daran erinnert. Durch die Entwicklungen in der 4. Konfiguration wird klar, in welcher von ihnen sich der Kern des Geschehens am ehesten zeigt. Der Septimensprung von Motiv II und die aus ihm abgeleiteten explodierenden Bewegungen bringen den inneren Antrieb des Militärischen zum Ausdruck. Auf nichts richtet Berg im *Marsch* mehr sein Augenmerk als auf die Erscheinung des Sprungs des Raubtiers, mit dem es die Beute zu fassen sucht.[232]

T. 62–80 (5. Konfiguration)
1. Abschnitt (T. 62–68)
Die Überschrift „grazioso" könnte die Vorstellung erwecken, dass Berg in der 5. Konfiguration ähnlich wie in der dritten für einen Moment die destruktive Welt des Militärischen verlässt, um ihr eine andere Sphäre des gesellschaftlichen Lebens gegenüberzustellen, die Welt des Spiels und der heiteren Lebensfreude. Das musikalische Material scheint diese Vorstellung zu bestätigen. Statt der Blechbläser geben jetzt Oboen und Klarinetten den Ton an. Im entspannten *p* treiben sie ihr Spiel. Kurze, flüssig gespielte und durch ein Staccato belebte Sechzehntelfloskeln springen fünf Takte lang nach oben und unten und werfen sich in Spiegelungen gewissermaßen die Bälle zu – ein Bild von Heiterkeit und übermütiger Stimmung.

Notenbeispiel 18: Motiv XX, T. 62–65

Dann (T. 66) scheint es mit der ruhig im punktierten Rhythmus aufsteigenden Melodie volkstümlich zu werden. Die Nähe zu Wanderliedern ist nicht zu überhören.[233]

Aber je genauer man dieses freundliche Geschehen betrachtet, umso stärker werden Zweifel an seiner Authentizität geweckt. Das musikalische Material ist in dem, worauf es verweist, viel zweideutiger, als es zunächst den Anschein hat. Ich möchte konträr zu dem Anfangseindruck hypothetisch mit der These arbeiten, dass hier nicht auf eine eigenständige gesellschaftliche Sphäre verwiesen werden soll, sondern auf eine

---

232 Vgl. oben den ersten Exkurs zu Motiv II. Von der Sache her kann Motiv I, insofern es auf das marschmäßige Anrücken zielt, nicht, wie Adorno (1971, S. 426) meint, „das entscheidende" sein.

233 Als Beispiele könnten „Im Frühtau zu Berge wir zieh'n" oder „Ja, ja, ja, der Sommer, der ist da" dienen. Zu dem Motiv vgl. DeVoto 1983, S. 428.

Operation, in der das Militär sich für einen Moment scheinhaft in etwas Anderes verwandelt.

Zunächst fällt auf, dass der Hintergrund, vor dem sich das Ganze abspielt, Züge aufweist, die alles andere als heiter sind. Motiv VIII (mit seinem drohenden Hin und Her), Motiv II und vor allem das aggressiv aufwärtsgerichtete Motiv XVIII sind mehrfach zu hören. Das ist alles zusammengenommen ein explosives Gemisch.

Man könnte einwenden, dass dadurch das Spiel nicht tangiert wird. Es könnte sich nur um Erinnerungsspuren an das handeln, was gerade verlassen wurde und das jetzt beiseitegeschoben werden soll. Aber wie ist es mit dem Heiterkeit verbreitenden Material selbst bestellt? Obgleich das unbekümmerte Spiel von Motiv XX sich von allem Bisherigen zu lösen scheint, sind Bindungen erkennbar. Wenn man daran denkt, dass zuvor wiederholt die Anlaufstruktur von Motiv II in eine Sechzehntelbewegung aufgelöst wurde (etwa in T. 27), lässt sich auch der erste Bogen von Motiv XX als eine Variante von II denken. Diese Vermutung wird sofort durch die folgende Sequenz bestätigt: Ein Septimensprung mit anschließendem Fall in eine Prallerverzierung (es4–d5–h4-Praller) stellt unmissverständlich die Beziehung zu Motiv II her. Auch der Bogen in T. 65 (mit Septimensprung) lässt eine Ähnlichkeit erkennen, ebenso die abschließende Figur des Trompetensignals (T. 69/70).

Dass sich in das Gewand des heiteren Spiels Militärisches einschleicht, ist nicht bloß als Ausdruck einer Motivökonomie zu verstehen. Es verweist auf eine reale Verwandlungspraxis des Militärs selber. Für die gesellschaftliche Existenz des Militärs ist es von großer Bedeutung, dass es sich unter das Volk mischt. Man denke an das Auftreten des Militärs in prächtigen, vom Volksjubel begleiteten Paraden oder das Erscheinen von Militärkapellen auf fröhlichen Volksfesten oder an die großen Bälle, auf denen die Militärs ihre Galanterie zur Schau stellen können (*bella vita militar*). Das ist der reale Kern jener Trillerfiguren, die in unzähligen musikalischen Märschen eingebaut sind und die nicht zufällig auch im Motiv II und seinen Varianten erscheinen. Was Berg mit dem *grazioso* darstellt, ist nicht eine dem Militär entgegengesetzte Welt. Das Heitere ist hier eine Erscheinung, die das Militär sich selbst gibt, eine Erscheinung, die den Verdacht des falschen Scheins aufkommen lässt.

2. Abschnitt (T. 68–80)

Wenn die Trompete in T. 68 einsetzt, scheint sie zunächst mit dem Spiel der Umkehrungen die fröhliche Stimmung aufzunehmen. Aber von einem Moment auf den anderen wird der Zugriff auf das heitere Material vergiftet. Vor dem Hintergrund der weiter erklingenden militärischen Motive, vor allem von Motiv II (in den Hörnern), fährt die Trompete in die Höhe (dabei bedient sie sich des aus II gebildeten Antriebssignals (IX)) und stößt einen gellenden, lang angehaltenen Ton aus (T. 70). Auf demselben Schlag fällt Motiv II in den Triller.

Notenbeispiel 19: Motiv II (Horn) und Motiv XXI (Trompete), T. 69/70

Beides zusammen löst ein in die Tiefe gehendes Stampfen in den Posaunen aus. Ein extremer Schreckensmoment. Dreimal wird dieser durch die gellenden Trompetentöne und das Abwärtsstampfen der Posaunen erzeugte Schreckensklang wiederholt, dabei in einem großen Spannungsbogen in die Höhe getrieben und dynamisch bis zum *ff* gesteigert. Mit Hörnern und Pauken im *ff* setzt dann Motiv XIII mit einer scharfen Hin-und-Her-Bewegung ein (T. 71 f.). In den folgenden Takten wird dieses Motiv fugiert. Die kompakte Bewegung des militärischen Apparats wird auf verschiedene Einheiten verteilt. Am Ende kommt es dann noch einmal zu einer das gesamte Orchester einbeziehenden koordinierten Aktion, die zuletzt aggressive wilde Signale von Tuba, Posaune und insbesondere ‚schmetternden‘ Hörnern freisetzt. Dann tritt Ruhe ein. Mit Zeichen der Ermattung werden die letzten drei Töne mehr und mehr sich abschwächend und verlangsamt wiederholt.

Zusammenfassung

Die 3. Konfiguration war eine außermilitärische Enklave, die in sich selbst ruht. Die 5. Konfiguration ist von Anfang an als Schein konzipiert. Mit dem heiter Gespielten verdeckt das Militärische seinen realen Kern. Was das Spiel den an ihm Beteiligten offeriert, ist Ablenkung. Ohnehin kann nach den zuvor erfahrenen Schrecken das mit übermaltem militärischen Material inszenierte Heitere nur eine Groteske sein. Der tiefe Bruch, der sich durch die 5. Konfiguration zieht, ist nichts anderes als die Dialektik des Scheins. Das Scheinhafte kann sich, da ohne eigene Substanz, nicht behaupten. Mit dem erneuten Ausbruch der militärischen Aggression zerbrechen die scheinhaft gepflegten Illusionen.

5.   Die zweite extreme Entfesselung der Aggression und angemaßte Größe

T. 80–90 (6. Konfiguration)

Mit T. 80 befinden wir uns wie am Anfang der 4. Konfiguration in einer Phase des langsamen Wiederaufbaus der militärischen Kräfte. Diesmal wird dieser Vorgang erheblich verlängert (bis T. 90) – ein Hinweis darauf, dass wir eine nochmals ausgeweitete Expansion der militärischen Aktion zu erwarten haben. In zwei Schüben entfaltet sich der Prozess. Zunächst werden bei ‚schleichender‘ chromatischer Aufwärtsbewegung des Orchesters Zweitonfiguren übereinandergeschichtet. Kurz erscheint die Bogenstruktur des Motivs δ2 und (unmittelbar vor dem Gewaltausbruch in T. 91) auch die von Motiv V. Bestimmend ist hier aber das Motiv VI, dessen Rolle als Übergangsfigur zum Militärischen jetzt zur vollen Geltung kommt. Über mehrere Takte hinweg werden (verkürzte) Bögen dieses Motivs miteinander verkettet, zuerst in den Oboen und im Englischhorn, dann kommen andere Stimmen hinzu, die diese Kettenstruktur kanonisch aufgreifen und in einem langgezogenen Crescendo in die Höhe treiben – ein langer Marsch zu einem neuem, dem finalen Kampfgeschehen hin, das in den nächsten Takten ausbrechen wird. Dieses kündigt sich mit der viermal von der Trompete geblasenen Triolenfanfare IV an.

T. 91–126 (7. Konfiguration)

Das finale Geschehen vor Eintritt der Katastrophe entfaltet sich in einer Reihe von unterschiedlichen Aktionen, mit denen eine zentrale Idee durchgesetzt wird. In der 4. Konfiguration wurde die in die Höhe gehende Bewegung ins Extrem getrieben. Die 5. Konfiguration forcierte die Expansion in der Fläche. Jetzt, in der 7. Konfiguration, geht es um die *Entfesselung der Abwärtsbewegung*, der Bewegung also, die den Moment des Niederstoßens erfasst. Diese weit vorausgreifende These wird im Folgenden am Material überprüft und dabei genauer spezifiziert.

1. Abschnitt

Berg lässt im ersten Abschnitt dieser Konfiguration (T. 91, 93 und 94) drei Motive unmittelbar aufeinanderfolgen, die alle die Form einer nach unten gerichteten Bewegung aufweisen. Damit wird in leicht variierter Weise das Muster eines dreifach erklingenden Motivs wiederholt, womit er die 4. Konfiguration einleitete, nur dass jetzt im Kontrast zu diesem die Bewegung nach unten betont wird. Er folgt diesem Muster auch insofern, als er wie zuvor den drei Motiven des Anfangs ein viertes, *extremes* hinzufügt. Das Erscheinen dieses vierten Motivs wird hier aber bis T. 120 hinausgezögert. Wir werden sehen, wodurch diese Verzögerung motiviert ist.

Zunächst ist das Verhältnis der drei Motive zueinander zu bestimmen.

Notenbeispiel 20: Motive XXIII1, XXIV und XXV, T. 90–94

Motiv XXIII (T. 90–92) setzt von b5 aus mit der im *fff* gespielten Triolenfanfare (= Motiv IV) ein, fällt dann in drei großen Schritten nach unten, verbleibt mit einer aus Achteln gebildeten Viertongruppe auf dem erreichten Niveau, um schließlich mit einer weiteren Viertongruppe bis c4 zu sinken. Das Motiv überbrückt den Abstand von fast zwei Oktaven und besitzt damit eine größere Spannweite als jedes andere Motiv. Die begleitenden Stimmen fügen sich ohne Gegenbewegung dem Motivmuster. Mit seinem eher ruhigen Aufbau bringt es weniger einen Angriff als eine straffe Durchorganisation zum Ausdruck. Deshalb werde ich vom Motiv des überlegenen Durchgriffs einer Führungsmacht sprechen.

Unterstützt wird diese Sicht durch den Charakter einer Motivvariante, die anschließend im nächsten Takt erklingt.

Notenbeispiel 21: Motiv XXIII2, T. 93/94

Hier werden (ohne Fanfareneinleitung) die drei Terzschritte in Umkehrung vollzogen, die Durchmessung des Raums erfolgt also in beiden Richtungen, ein Ausdruck souveräner Überlegenheit. Da die drei aufwärtsgerichteten Schritte mit der abfallenden Viertongruppe verknüpft sind, ergibt sich eine große Bogenform (mit dem Ambitus einer Septime, ein Anklang an Motiv VI). Der triumphale Charakter dieses Bogens wird verstärkt durch eine gleichzeitig von den Hörnern gespielte Figur, die mit ihrer Aufwärtstriole wie eine siegreiche Fanfare oder ein Hoheitssymbol klingt. All das, insbesondere der Triumphbogen, wird später mit großem Gestus entfaltet, bleibt vorläufig jedoch, obgleich im *f* bzw. *ff* gespielt, als Nebenstimme im Hintergrund.

Hauptakteur in T. 93 ist das im *ff* gespielte Motiv XXIV. Dieses hält nach der punktierten Anfangsfigur (Kopf von I) einen Moment inne, bevor es (mit Sechzehnteln und Achteltriole) in die Tiefe fällt. Man kann an gestraffte Zügel denken, die plötzlich freigegeben werden. In der Folge wird das Motiv an wichtigen Stellen als Zeichen eines (kontrollierten) operativen Zugriffs eingesetzt.

Das im folgenden T. 94 im *ff* erklingende Motiv XXV ist unter den hier aufgereihten Motiven das aggressivste. Als einziges der Motive fällt es ohne Seitenbewegungen direkt in die Tiefe: ein (von c6 bis g4 reichender) *ungebremst herabstürzender reiner Abwärtsstoß*. (Durch systematische Vergrößerung der Intervallabstände wird der Absturz beschleunigt.) In seiner rhythmischen Struktur wird es von der kleinen Trommel, begleitenden Streichern und insbesondere Trompeten unterstützt.

Ich betrachte dieses Motiv als eine Variante von Motiv II. Die erste rhythmische Gestalt, eine synkopierte Viertel und eine Achtel (bzw. zwei Sechzehntel), verweist darauf. Mit einer Oktavverschiebung der synkopierten Viertel erreicht Berg, dass eine ohne Unterbrechung verlaufende Abwärtskette entsteht.[234] Die Auflösung des Trillers in eine abwärtsgerichtete Bewegung (quasi eine Schneideoperation) wurde schon in T. 25 beobachtet. So gesehen, haben wir es hier mit einem exakten Gegenbild zu den in der 4. Konfiguration vorgenommenen variierenden Eingriffen in das Motiv II zu tun. So wie dort die Dynamik in letzter Konsequenz darauf zielte, aus der Bogenform nach oben auszubrechen, wird hier durch die Oktavverschiebung ein analoges Ergebnis erzielt. Nun ist es die Abwärtsbewegung, die von allen Fesseln befreit wird. Dass dies noch einmal durch eine Extremfigur überboten wird, werden wir sehen.

Bevor Berg (in T. 120) mit Motiv XXX das aggressive Geschehen in letzte Extreme hinein verfolgt, stellt er in einer Reihe von Schritten weitere Facetten entfesselter militärischer Aktion dar. Dabei wird durchweg die extrem gesteigerte Intensität der militärischen Aktion beibehalten, was sich auch in dem kontinuierlich weitergeführten hohen Tempo (Tempo III) ausdrückt, das in T. 91 erreicht ist.[235] In den ersten beiden Schritten (Abschnitt 2 und 3) stützt Berg sich auf das fanfarenartige machtvolle Durchgriffsmotiv (XXIII1) einerseits, den ungebremsten Abwärtsstoß (XXV) andererseits. Dabei werden beide Motive erweitert und verschärft. Im Anschluss daran (Abschnitt 4) wird durch

---

234 Vgl. dazu den zweiten Exkurs zu Motiv II.

235 Auch wenn, wie sich zeigen wird, in dieser Konfiguration die militärische Aggression alles Vorangehende übertrifft, verkennt man die Dynamik des *Marsch*, wenn man wie Puffett (1993, S. 139) meint, dass T. 91 „a point of arrival" sei, an dem sich der Hauptsatz entfalte, was das Vorangehende zu einer Art „introduction" machen würde.

Darstellung der berittenen Truppe im vollen Galopp das Geschehen extrem zugespitzt. Abschnitt 5 (ab T. 111) präsentiert keine neue Angriffsform, sondern weist auf einen das Geschehen ordnenden Eingriff einer Führungsmacht hin. Abschnitt 6 stellt Apotheose und Katastrophe in einem dar.

2. Abschnitt

In T. 95 übernimmt wieder das fanfarenartige Durchgriffsmotiv (XXIII1) die Führung. Aus dem Motiv abgespaltene Viertongruppen (mit dem punktierten Kopf aus I) treiben fugenartig die Entwicklung voran. Ungeachtet des kurzen Zögerns in T. 99 wird durch ein langes Crescendo (verstärkt durch das fünfmal drängend gespielte cis6) eine enorme Steigerungswirkung erzielt.

3. Abschnitt

In die aufgebaute Spannung stößt dann das ungebremst herabstürzende Motiv XXV hinein (T. 102), das in der Trompete besonders aggressiv klingt. Das Besondere an dieser Erscheinung des Motivs ist, dass es hier eine spezifische ‚Antwort‘ erfährt: Von den Oboen (sowie den Klarinetten und Violinen) wird Motiv XXVII gespielt, eine Kette von Achteln, die aus einem Sprung von h nach fis und einer chromatischen Absenkung von fis über f nach e besteht.[236]

Notenbeispiel 22: Motiv XXVII, T. 102/103

Bei meiner Interpretation dieser ‚Antwort‘ halte ich mich an eine Lesart, die Berg selbst anbietet, nämlich in T 125, wo die beiden oberen Achtel des hier wiederholten Motivs als Viertel notiert sind (vgl. Notenbeispiel 25). Durch die Verkettung von synkopierter Viertel und fallender Achtel erscheint die Figur rhythmisch wie ein Echo des Anfangs von XXV. Die beiden Motive unterscheiden sich darin, dass XXV anschließend rhythmisch aggressiv in die Tiefe fällt, während XXVII (ähnlich wie V und δ2) mit einem zweitönigen chromatischen Ableiten sich weiter im hohen Register hält. Auf der Grundlage dieser formalen Zusammenhänge interpretiere ich XXVII als eine Bestätigung des höchst aggressiven Gehalts von XXV, die aber selbst auf die konsequente Vollstreckung des aggressiven Aktes verzichtet. Wenn man noch den emphatischen Sprung zu Beginn miteinbezieht, könnte man hypothetisch diese Bestätigung als eine

---

236 In den Oboen wird mit e4–c5–c5–h4–b4 unmittelbar ein zweiter (leicht variierter) Bogen angeschlossen.

jubelnde Unterstützung ansehen. Wer Akteur des Jubels ist, das Militär selbst oder das von ihm affektiv einbezogene Volk, bleibt offen.[237]

Wie sehr diese ‚jubelnde Antwort' den weiteren Gang befeuert, zeigt sich unmittelbar, wenn, jetzt durch extreme Sprünge eingeleitet, XXVII mehrfach wiederholt und dabei in die Höhe getrieben wird. Bei der extremen Steigerung, die sich in den T. 105 und 106 vollzieht und die schließlich zum *fff* führt, ist die aufwärtsstrebende jubelnde Bestätigung ein entscheidender Faktor.[238]

4. Abschnitt

Bevor der Höhepunkt des Einsatzes der akkumulierten Gewaltmittel erreicht wird, treibt Berg die Entwicklung dadurch voran, dass er eine militärische Abteilung einführt, von der in traditionellen Armeen der größte Schrecken ausging: die bewaffnete Reiterei. Drei Takte lang darf sie ihren Schrecken verbreiten. Dabei wird der Triumphbogen aus T. 93 zusammen mit vielfach ertönenden Siegesfanfaren (Motiv β) eingespielt.[239]

5. Abschnitt

Mit T. 110 (Motiv XXIX) scheint überraschenderweise eine Phase der Beruhigung einzutreten, diesen Eindruck vermitteln jedenfalls die zurückgenommene Dynamik und die fließende Achtelbewegung von XXIX. Auch dass diese Bewegung immer wieder innehält, verweist darauf.

Notenbeispiel 23: Motiv XXIX, T. 110–112

Die Viertonkette, die dem Motiv XXIX seinen Charakter gibt, ist als kurzgefasstes Motiv des triumphalen Aufstiegs (XXIII2) zu verstehen.[240] Seine Funktion zeigt sich dann auch sofort darin, dass fast der gesamte Orchesterapparat dem von ihm entfalteten

---

237 Ein Hinweis auf das schon oben angesprochene Seitenthema im ersten Satz von Mahlers 6. Symphonie mag das Gesagte verdeutlichen. Der Kontrast, der von Mahler hier aufgebaut wird, hat alle Anzeichen einer jubelnden Bestätigung, ein Sentiment, das für Mahler offensichtlich von großer Bedeutung ist, während Berg es nur ganz kurz berührt. Bemerkenswert ist, dass auch Mahler eine interne Beziehung zwischen dem Thema des Jubels und dem aggressiven Eingangsthema herstellt (vgl. dort T. 8).

238 Zu dieser Steigerung tragen auch der chromatische Anstieg aller unteren Stimmen und die fugierenden Einsätze der Hörner bei.

239 Zur Untermauerung des Machtanspruchs ferner das augmentierte Durchgriffsmotiv XXIII1 im Kontrabass.

240 Kurz zuvor, in T. 109, wird das Motiv durch Abstraktion aus dem Motiv XXIII2 entwickelt. Die resultierende Figur umfasst nur die oberen vier Töne des Bogens.

Bewegungsstrom (teilweise kanonisch) folgt. Es ist, als sollten die in den verschiedenen Operationen zerstreuten Teile wieder in eine überschaubare Ordnung zurückgeführt werden.[241]

Die dem Motiv angehängten zwei Viertel werden in der Folge fast in jedem Takt zu Taktanfang wiederholt. Sie erscheinen wie ein momentanes Innehalten und drücken gleichzeitig ein nicht zu erschütterndes Beharrungsvermögen aus. Gerade daraus erwächst aber eine neue Dynamik, indem in diese Viertel nämlich Figuren ,eingehängt' werden, die weitere Operationen ankündigen, zuerst das Motiv der geordneten Attacke XXIV (T. 115), dessen Erscheinen der triumphalen Stimmung angepasst ist, dann das Motiv VIII. Das letztere verliert hier den Charakter einer begrenzten Aktion, den es zuvor (z. B. T. 11) besessen hatte, und wird durch Fugierung zu einer geballten Operation (T. 117–119), deren rasante Läufe wichtigster Antriebsfaktor sind.

Von Takt zu Takt nimmt jetzt die Anzahl der miteinander oder gegeneinander operierenden Teilbewegungen zu.[242] Die Verstärkung der Dynamik zeigt sich im Wiedererscheinen von *ff* und *fff*. Vor allem aber wird nun der Strom des Geschehens kontinuierlich nach oben getrieben. Die Lage der Haltepunkte am Taktanfang (zwei Viertel) zeigt dies: Beginnend mit T. 112 verschieben sich diese von c5–h4 über des6–d6, f6–h5, es6–d6, f6–e6 bis schließlich in die extreme Höhe von a6–es6. Unterstützt wird diese Aufwärtsdynamik dadurch, dass in fast allen Takten bis T. 120 auf dem vierten Schlag nach oben jagende Sechzehntelläufe (oder noch schnellere Läufe) gespielt werden. Ein Höhepunkt wird erreicht, wenn sich in T. 119 nach einem Zweiunddreißigstellauf das Motiv XXIV noch einmal an die Spitze dieses explosiven Geschehens setzt. Alles wird jetzt zu einer *großen Geste überlegener Macht*.

Das Geschehen in diesem Abschnitt hat den Charakter des Versuchs einer neuen Ordnungsbildung nach dem Chaos, das sich in der Hitze des Reitergalopps ausbreitet. Widerstand dagegen erwächst aber aus der Zusammenballung einer Vielzahl unterschiedlicher Operationen, die einen eher chaotischen Charakter hat. Gleichzeitig ist unverkennbar, dass sich eine Atmosphäre des Triumphes verbreitet, so als wäre man sich, schon ehe alles vorbei ist, des Sieges sicher.

6. Abschnitt

In das sich chaotisch auftürmende Geschehen bricht im Moment höchster Emphase (T. 120) das Blechbläsermotiv XXX mit seiner explosiven Abwärtsbewegung ein.

---

241 DeVoto (1983, S. 442 f.) verweist auf T. 270 ff. im ersten Satz der 6. Symphonie von Mahler, in der sich eine ähnliche Figur findet.

242 Auch die Fugierung des variierten Motivs XXIII2 wird fortgesetzt.

Notenbeispiel 24: Motiv XXX, T. 120

Jetzt präsentiert sich, in Ergänzung der drei am Anfang der 7. Konfiguration ein-geführten abwärtsgerichteten Motive, die Extremform. Schon vorher hatte Berg die Bogenform gesprengt, etwa mit der Abwärtsbewegung von Motiv XXV. Aber in letzte-rem Motiv war noch insofern eine Bindung zu erkennen, als es am Grundrhythmus von Motiv II festhielt. Die jetzt realisierte Entfesselung geht darüber hinaus. Alles, was den Abwärtsstoß hemmen könnte, wird abgeworfen. Motiv XXX ist brutale abwärtsgerichte-te Stoßbewegung. Die Maßlosigkeit dieses Stoßes zeigt sich gerade darin, dass er sofort auf eine Vielzahl von Stimmen überspringt, sie mit sich reißt und dabei in fortlaufender Selbstverkettung den gesamten Tonraum von c6 bis fis1 wie ein Blitz durchfährt. Im Gegensatz zur Entfaltung des Extrems in der 4. Konfiguration kommt es hier nicht mehr zu einer disziplinierten Abschlussoperation.[243] Das entfesselte Geschehen entgleitet jeglicher Kontrolle. Die mit der 7. Konfiguration in Gang gesetzte zweite Entfesselung der Motivbewegung mündet in eine sich immer wieder an sich selbst entzündende, nicht mehr zu bändigende Raserei.

In den letzten Takten vor der Katastrophe (T. 123–126) werden in einem zwingenden architektonischen Aufbau noch einmal die Aggressivsten der militärischen Figuren zusammengeführt.

---

243 Auch Motiv VIII endet nicht mehr, wie noch in T. 14, mit einer Abschlussoperation. Die im *fff* gespielte Andeutung d–c–b in Holzbläsern und Posaunen bleibt folgenlos.

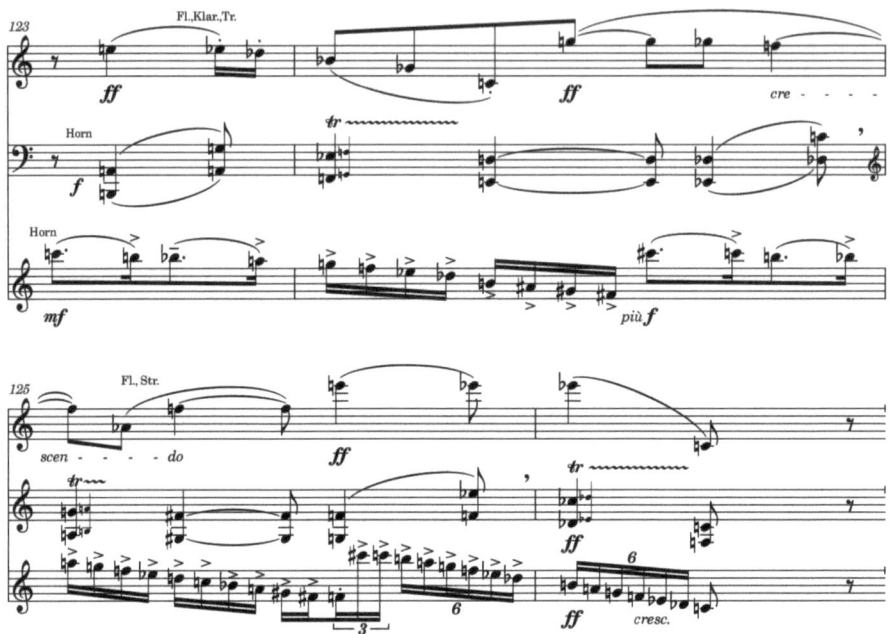

Notenbeispiel 25: Die Motive XXV und XXVII sowie V (obere Zeile), T. 123–126
Das Motiv II (mittlere Zeile)
Das Motiv XXX (untere Zeile)

In die unaufhörlich sich verkettenden, kanonisch durchgeführten Blechbläserfanfaren XXX drängen sich (in Trompeten, Klarinetten und Flöten) Motiv XXV und (in der vollen Phalanx der Hörner) Motiv II. Der ungebremste hochaggressive Abwärtsstoß von Motiv XXV erscheint in derselben Form, in der wir ihn in T. 102 erlebt haben. Wie dort wird er von der jubelnden Bestätigung (im *fff*) begleitet.[244] Eine überwältigende Präsenz erfährt Motiv II. Ohne Unterbrechung wird es triumphal dreimal in Originalform vorgetragen, aufsteigend von a3 über des4 nach f5 (mit Septimensprung nach es6). Zusätzlich wird das Motiv (in T. 125) von einer Trompete gespielt und in Andeutung auch von Posaune und Tuba. Nimmt man hinzu, dass Motiv XXV eine abgeleitete Gestalt von Motiv II ist, dann ist die in diesen Takten vorgeführte Apotheose des Militärischen nicht anders zu begreifen als der Exzess des von Motiv II repräsentierten Gewaltaktes.

Der Fall des Hammers ist die Macht, die diesen Gewaltakt gewaltförmig unterbricht. Dass er unmittelbar auf den letzten Triller von Motiv II folgt, lässt noch einmal an

---

244 Die passgenaue Parallelführung von XXV und II bestätigt noch einmal die Herleitung des ersteren aus dem letzteren.

die Eingangsszene von *Lulu* denken, nämlich an das Schicksal des Bären, „der, von Anbeginn gefräßig, beim späten Nachtmahl tot zu Boden sinkt".[245]

Zweiter Exkurs zu Motiv II

Ich habe bereits erwähnt, dass die besondere Stellung von Motiv II u. a. aus dem großen Variationsreichtum resultiert, mit dem Berg dieses Motiv ausstattet.[246] Mit jeder Variation ergeben sich neue Bedeutungen und Funktionen des Motivs. Zu den wichtigsten Veränderungen zählen:

- Umkehrung,
- Verdickung durch eine Begleitstimme,
- Trennung der Bestandteile von II: Erste Hälfte (Viertel und Achtel) und zweite Hälfte (Triller) erscheinen für sich,
- Kombination der ersten Hälfte mit anderem musikalischen Material, das angetrieben werden soll (z. B. T. 69 und T. 142),
- Auflösung von Viertel- und Achtelnote in eine Kette von Triolen oder Sechzehnteln,
- Ergänzung der Viertelnote durch eine vorgeschaltete Anlaufstrecke,
- Dreitonvariante, mit Triller in der Mitte (direkter Sprung von unten in den Triller) (T. 53, 58, 145),
- Ersetzen der Viertel durch eine Achtel: spielerisches Springen (T. 62, T. 145),
- Oktavverschiebung des ersten Tons nach oben: dadurch Erzeugung einer von oben fallenden geraden Linie (wie in T. 94).

In späteren Konfigurationen kommt es noch zu folgenden Varianten:

- Transformation des Hoch- und Niederspringens in eine aus Triolen gebildete Bogenform, mit extremem Abfall nach unten (T. 152/153),
- Senkung des Ambitus (T. 160),
- rascherer Ablauf durch Diminution der Notenwerte (T. 165),
- Präsentation in Bruchstücken (T. 169/170).

Im ersten Exkurs habe ich hypothetisch vorgeschlagen, Motiv II als Ausdruck des ‚Urmilitärischen', des Raubtiersprungs auf die Beute, zu deuten. In den Ereignissen der 4., 5. und 7. Konfiguration findet diese These ihre Bestätigung, insofern hier das Motiv in die aggressivsten Passagen des *Marsch* eingebaut wird. Die Entfesselung der Aggression in der 4. Konfiguration wird durch das Motiv II nicht nur äußerlich vorangetrieben, sondern sie kommt wesentlich durch Dynamisierung der eigenen Struktur von II zustande. In den aufeinanderfolgenden Ausprägungen des Motivs (T. 50–53) nimmt die

---

245 Vgl. Anm. 223.
246 Vgl. dazu DeVoto 1983, S. 412 ff.

Bedrohlichkeit des aufwärtsgerichteten Sprungs explosiv zu. Ebenso wird der aggressive Charakter des Motivs in T. 69 betont, wenn es parallel zu der äußerst aggressiven Attacke der Trompete gespielt wird und der Höhepunkt dieser Attacke mit dem Triller des Motivs zusammenfällt.

Mit der Verwandlung von Motiv II in Motiv XXV (T. 94) wird sein aggressiver Gehalt besonders wirkungsvoll herausgekehrt, was sich dann als wichtiger Impuls für die weitere Entfaltung des militärischen Gewaltpotentials erweist. In den letzten Takten der Apotheose des Militärs (T. 123–125) beherrscht Motiv II zusammen mit der Extremfigur XXX das gesamte Geschehen. Wiederum verstärkt die Verkoppelung mit einem anderen (parallel geführten) Motiv seinen aggressiven Charakter. Auf dem Höhepunkt der Entfaltung militärischer Macht führt es den letzten Stoß aus, bevor der Hammer fällt (T. 126).

Die Einbeziehung des Motivs in alle diese Kontexte aggressiver Attacken macht es zum Hauptmotiv des Stücks. Dabei wird mehr und mehr sinnbildlich, was die hypothetische Deutung erfasste: der brutale Sprung auf ein attackiertes Ziel.

Gleichzeitig kann Berg durch die Variationstechnik ein Moment des Motivgehalts zur Darstellung bringen, das zu Beginn des Geschehens gar nicht zu erkennen war. Die Motiventwicklung macht die spezifische Natur der sich vollziehenden Bewegungsdynamik sichtbar. Mit der Sprengung der Bogenform und der daraus resultierenden Erweiterung des aggressiven Potentials wird deutlich, dass das von Motiv II erfasste Geschehen nicht in bestimmten Grenzen gefesselt bleibt, sondern einer Dynamik unterliegt, die schließlich ins Maßlose führt. Die aggressive Attacke hat in sich die Tendenz, sich auszuweiten. Am Ende greift das maßlos ausgeweitete Angriffspotential auf das gesamte Feld des Geschehens über.

Eine ganz andere Funktion erhält Motiv II im ersten Teil der 5. Konfiguration. Es wird zum Ort eines vergnügten, heiteren Geschehens. Die Stimmung ist ausgelassen, die Fröhlichkeit überschlägt sich. Das frei gesetzte Trillern bringt die Volksbelustigung auf den Punkt. In der reduzierten Dreitonvariante ist der aggressive Zugriff verschwunden. Die Variation ist hier nicht nur formale Kunst, sie ist das Mittel, um die Verdeckung des Wesens durch den falschen Schein darzustellen. Dass das Belustigende, das, was zur heiteren Stimmung Anlass gibt, mit dem Material des Aggressivsten präsentiert wird, heißt auch, dass es ein wesentlicher Zug des Militärischen ist, sich einen falschen Schein zu geben.

Dass das Motivmaterial II auch dazu benutzt wird, das problematische Verhältnis des Militärs zur Welt der Reflexion zu erfassen, war bereits mehrfach zu erkennen. Im weiteren Fortgang wird Berg auch im Hinblick auf dieses Verhältnis tiefgreifende Verschiebungen und Verkehrungen herausarbeiten. Darauf komme ich in Kapitel VII zurück.

Zwischenresümee

Intensivierung der militärischen Operationen, Ausweitung des Gewaltpotentials und Verschärfung der Aggressivität der Attacken bis hin zur finalen Apotheose des Militärs sind, wie die bisherige Analyse zeigt, zentrale Aspekte des Geschehens, das mit dem musikalischen Material des *Marsch* zum Ausdruck kommt. Die Interpretation kann jedoch dabei nicht stehen bleiben. Tiefere Sinnschichten des militärischen Geschehens sind damit noch nicht erfasst. Nach einem Blick auf das im zweiten Teil des *Marsch* entwickelte musikalische Geschehen (Kapitel VI) wird deshalb im abschließenden Kapitel VII der Interpretationsrahmen noch einmal erweitert, um zu diesen Sinnschichten vorzudringen.

6. Die Dialektik der Katastrophe: Umschlag von der Aufstiegsdynamik zum tiefen Fall

T. 126–143 (8. Konfiguration)
T. 143–155 (9. Konfiguration)
Das neue Geschehen nach der Katastrophe wird mit Motiv δ2 eingeleitet, also der ersten bewegteren Figur des Stücks. Wie anhand der folgenden Übersicht zu erkennen ist, werden dann in der Folge einige der Motive, die aus den ersten Konfigurationen bekannt sind, wieder eingeführt, und zwar ungefähr in der Reihenfolge, in der sie zuerst auftauchten. Es zeigt sich aber sehr schnell, dass es sich hier nicht um eine Reprise im konventionellen Verständnis handelt.

1. Konf			2. Konf					3. Konf	5. Konf		7. Konf
	8. Konf							9. Konf			
V	δ2	VI	XIII	VI,II	XI	XIII	VI,II	XV	XX, XXI	XXII	XXIII1
T. 125	126		134	136	139	140	142	144	144	148	149

Dass jetzt als erster Schritt Motiv δ2 erscheint, ist insofern konsequent, als Motiv V im Chaos der Katastrophe untergegangen ist. Allerdings kann von einer Wiederherstellung der Ausgangssituation nicht die Rede sein. Der ruhige reflexive Charakter, den δ2 mit V teilte, ist verloren gegangen. Die Achtelbewegung des Motivs, jetzt von den Hörnern im *ff* gespielt, erhält den Charakter eines quasi-militärischen Antriebs. Wie eine letzte Reserve wird Motiv δ2 in das militärische Operieren hineingezogen. Durch mehrfache Wiederholung gewinnt es Stabilität.

Auch beim Zugriff auf das andere Motivmaterial wird deutlich, dass eine fundamentale Veränderung eingetreten ist. Was wiederholt wird, hat im Vergleich zum anfänglichen Geschehen einen deformierten und reduzierten Charakter. Figuren werden zerstückelt, längere Passagen auseinandergerissen, zuvor prägnant hervortretende Figuren verschwinden hier im Hintergrund, Motiv XI erweist sich als zu schwach, um eine geordnete Schließung der Operation herbeizuführen, ein wildes Posaunensignal (wie in T. 55) löst noch einmal im Xylophon das Hin- und Herspringen von Motiv XIII aus. Ein zweiter Hammerschlag zerreißt das chaotische Geschehen (T. 142).

Wenn in der 9. Konfiguration dann noch einmal auf das Heiter-Militärische und das volkstümliche Marschieren zurückgegriffen wird, ist dies nur noch eine Groteske. Die aus der 5. Konfiguration bekannte aggressive Trompetenattacke, jetzt durch die Hörner gespielt, führt zu nichts. Der Versuch dann, mit dem Motiv des machtvollen Durchgriffs (XXIII1), das ursprünglich das Allegro energico einleitete, noch einmal voranzukommen, scheitert trotz eines dreifachen Versuchs schon im Ansatz. Insgesamt bietet sich das Bild eines desolaten Auseinanderfallens. Bis auf das Motiv XXX, das noch einmal kurz durch das Geschehen geistert, ist von den schärfsten aggressiven Figuren nichts zu hören. Die Dynamik ist im Vergleich zu den *ff*-Stellen des Allegro energico weitgehend zurückgenommen.

Am Ende dieser scheiternden Aktionen kommt es zum dritten Zusammenbruch. Berg nimmt hier eine Umformung des Attackenmotivs von T. 51 vor. Das Motiv II wurde dort durch einen aggressiven Triolenanlauf verschärft (vgl. Notenbeispiel 15). Jetzt kehrt sich alles um. Der Triolenbogen erscheint (ausgeweitet) in Umkehrung.[247]

Notenbeispiel 26: Varianten von Motiv II, T. 152–155

Der absteigende Triolenarm fällt in mehreren Sprüngen fast zwei Oktaven nach unten. Damit verliert er die Schärfe des Stoßes, die das Motiv II nach dem Septimensprung aufwies. Die ganze Figur (die noch einmal wiederholt wird) hat jetzt den Charakter eines letzten Sich-Aufbäumens und Zusammensinkens. Beim dritten Versuch bleibt sie stecken: Es kommt nur noch zu zwei Sekundenschritten nach oben (mit der rhythmischen Gestalt von synkopierter Viertel und Achtel), dann erfolgt der ungebremste Absturz in die Tiefe. Alle Energie, die erforderlich wäre, um überhaupt noch einen Sprung nach oben realisieren zu können, ist verloren gegangen. In Umkehrung des ursprünglichen Sinns ist der Fall in die Tiefe der des erschöpften Angreifers.

---

247 Diese Variante findet sich zuvor in T. 45 (vgl. Anm. 227) und (mit Triller) in T. 11.

T. 155–170 (10. Konfiguration)

In dieser finalen Phase des Niedergangs und Zerfalls tritt eine vollständige Lähmung ein. Kennzeichnend sind ein extrem langsamer Bewegungsstrom, eine selten über *p* hinausgehende Dynamik und eine insgesamt gedrückte, dunkle Stimmung. Das Motivmaterial stammt aus den ersten Takten des Stücks. Den Hintergrund bilden die eintönigen Rhythmen von III und IV. Langsam schälen sich Gestalten heraus, die an früher eingeführte Motive erinnern.[248] Eine in T. 160 erscheinende, besonders betonte Figur erinnert wegen ihrer rhythmischen Struktur an Motiv II, ist aber völlig niedergedrückt, unfähig zum Sprung nach oben.

Notenbeispiel 27: Variante von Motiv II, T. 160

Dann entfaltet sich aus rascheren, im Staccato *pp* gespielten Triolenläufen des gesamten Streicher- und Holzbläserensembles ein sich auf- und abwärts bewegender Klangteppich. Darüber wird in drei Soloinstrumenten das Motiv δ2 kanonisch entfaltet. Am Ende nur noch eine gespenstische Leere: Über einem einzelnen, von einer Harfe (dann der Celesta) im *p* ununterbrochen gespielten Ton erklingen noch einmal im *pp* die Motivfiguren XII und XV (als Derivate von V) sowie Motiv II.

Notenbeispiel 28: Motive XII und XV, T. 166–168

Dritter Exkurs zu Motiv II

Dass Motiv II das Kernmotiv des gesamten Stückes ist, zeigt sich auch in der Phase des Niedergangs. Wie zuvor ist es in vielfältigen Erscheinungsformen präsent. An zentralen Stellen macht es sich geltend:

- in der letzten Attacke vor dem zweiten Hammerfall (T. 142),
- in den drei letzten Gesten vor dem Absturz in die Leere des Pesante (T. 152 ff.),

---

248 Vgl. dazu DeVoto 1983, S. 405.

- als letzte Äußerung des versiegenden Geschehens, mit dem die Narration vom Aufstieg und Niedergang an ihr Ende kommt (T. 169/170),
- und schließlich als letzte Figur in der finalen Attacke (T. 173).

Einmal erscheint Motiv II noch in seiner originalen Gestalt, dabei aber, weil als Nebenstimme in eine übergreifende Motivfigur eingeschlossen, sehr zurückgenommen (T. 136). Nirgendwo findet es zu seinen aggressiven Erscheinungsformen zurück. Zusammengedrückt erscheint es in T. 160. Die letzten Varianten (T. 165 und T. 169/170) sind vom Zerfall geprägt.[249]

7. Der Verblendungszusammenhang militärischer Expansion

Unsere bisherige Analyse des zweiten Teils des *Marsch* lässt sich in der These zusammenfassen, dass Berg durch eine bestimmte Variation des im ersten Teil entwickelten Materials den Zusammenbruch der Maschinerie militärischer Expansion zum Ausdruck bringt. Aus dieser Perspektive heraus stellt sich die Gesamtstruktur des Stückes als eine Bogenform dar, und zwar in dem Sinne, dass einem Geschehen des Aufbaus und der Expansion ein Geschehen des Niedergangs und Zerfalls gegenübergestellt wird. Dem Muster einer Bogenform entspricht es auch, dass in der letzten Konfiguration vor der finalen Attacke noch einmal auf den Anfang des Stückes Bezug genommen wird.

Mit dieser Überlegung ist jedoch das von Berg dargestellte Geschehen nicht zureichend erfasst. Wenn, wie gezeigt, mit der Entfaltung des musikalischen Materials im ersten Teil mehr in den Blick kam als das im engeren Sinn Militärische, so wäre zu vermuten, dass dies auch für den zweiten Teil gilt. Dieser Vermutung wollen wir im Folgenden nachgehen und damit noch einmal die Sicht auf das dem gesamten Stück zugrundeliegende Sinngeschehen erweitern. Gerade durch Konfrontation des musikalischen Materials der beiden Teile des Stücks lässt sich zeigen, dass Berg nicht nur das Geschehen, das aus dem Handeln der Akteure resultiert, im Blick hat, sondern gleichzeitig auch die Sichtweise erfasst, mit der diese Akteure selbst dem Geschehen einen spezifischen Sinn zuschreiben und es damit für sich verständlich machen. Dabei geht es insbesondere auch um solche Sichtweisen, die das Geschehen verzerrt erfahren und der Gefahr der Verblendung unterliegen.

1. Die realitätsblinden Versuche eines neuen Anfangs

Der zweite Teil wird durch Motiv 82 mit seiner aufwärtsstrebenden Bewegung eingeleitet, also durch das, was ursprünglich das Geschehen eröffnete. Im Gegensatz zu

---

249 Vgl. DeVoto 1983, S. 418 f.

seiner früheren Präsentation wird es jetzt im *ff* gespielt und zwar voluminös durch die Hörner. Die Stimmung, die damit verbreitet wird, steht in krassem Gegensatz zu dem, was sich hier ereignet, nämlich Niedergang und Zerfall. Vor diesem Hintergrund ist die Vorstellung, dass man noch einmal genauso beginnen könnte wie am Anfang, und dies sogar mit mächtiger Geste, nichts als Verblendung. Es ist, als hätten die Akteure noch gar nicht begriffen, was inzwischen geschehen ist. Es muss ihnen noch erst demonstriert werden, dass sie mit jedem Versuch, die alte Machtstellung wiederaufzubauen, scheitern müssen und noch tiefer ins Verderben stürzen.

Diese Diskrepanz zwischen faktischem Geschehen und Realitätsverständnis wird dann in der 9. Konfiguration zur Groteske. Dass in dem ganzen Elend, das sich hier ausbreitet, an die Herrlichkeit des Grazioso und die fröhliche Stimmung des *bella vita militar* erinnert wird, lässt unwillkürlich an ein Delirium denken.

2. Die verblendete Vorstellung einer souveränen Steuerung des militärischen Geschehens

Das Thema Verblendung führt uns noch einmal zum ersten Teil des Stücks zurück. Mit den ersten militärischen Aktionen wird eine Grundstimmung geschaffen, die auch in der Folge beibehalten wird. Diese setzt darauf, dass es sich um begrenzte Aktionen handelt, die unter der Kontrolle der handelnden Akteure stehen. Implizit wird insbesondere das Vermögen unterstellt, die in Gang gesetzten Aktionen zu einem gegebenen Zeitpunkt kontrolliert beenden und damit eingrenzen zu können. Dass diese Grundstimmung auch im weiteren Verlauf beibehalten wird, zeigt sich vor allem an den Gesten der organisierenden Macht, die mithilfe des Motivs XXIII1 und seiner Umkehrung ausgedrückt werden (T. 90–92, 93, 107, 115). Auch die Souveränität ausstrahlende Geste XXIX (T. 110) ist hier einzuordnen. Inzwischen hat allerdings das militärische Geschehen einen ganz anderen Charakter gewonnen. Deutlich zeigt sich dies in der 4. Konfiguration, wo die Einsätze dicht aufeinanderfolgen und sich das Geschehen immer wieder gewissermaßen aus sich selbst heraus entzündet. Noch deutlicher tritt das Phänomen der Selbstverkettung in der 7. Konfiguration in Erscheinung. Vor allem die sechs unmittelbar miteinander verketteten Einsätze von XXX (T. 122) zeigen die verselbständigte Dynamik der militärischen Operationen an. Die Zusammenführung der gesamten militärischen Schlagkraft erscheint nicht mehr als eine von einer Führungsmacht geplante Aktion, sondern als ein Automatismus, in den sich das sich selbst chaotisch vorantreibende Geschehen verwandelt. Mit der äußersten Entfesselung der Aggressionskräfte *entgleitet das Geschehen den Akteuren*. Die große Geste organisierender Macht, die bis zum Schluss zu beobachten ist (und in T. 122 noch einmal am Rande erscheint), verkennt realitätsblind, dass die Akteure längst zum Spielball des Geschehens geworden sind.

3.   Der verengte Blick auf die Expansion

Eine andere Grundstimmung, die wie selbstverständlich das Geschehen im ersten Teil begleitet, ist die Erfolgserwartung. Dass die durchgeführten Aktionen zum Erfolg führen, steht außer Frage. Keine von ihnen wird in ihrer zielgerichteten Dynamik gebremst oder vorzeitig abgebrochen. Eine Erfolgserwartung knüpft sich insbesondere an die Expansion der militärischen Aktion: Je aggressiver die Einsätze und je mächtiger die eingesetzten Instrumente sind, umso mehr scheint der Erfolg gesichert. In jeder Phase dieser Expansion, auch beim Durchbrechen aller Schranken und im letzten apotheotischen Aufschwung, herrscht, bildlich gesprochen, Siegesgewissheit. In dieser einseitigen Perspektive ist ausgeblendet, dass die Akkumulation der Gewaltmittel ein höchst ambivalenter Prozess ist, insofern als sie auch der Beginn einer ruinösen Entwicklung sein könnte. Denkbar ist sogar, dass gerade diese Blindheit dazu beiträgt, das Verderben herbeizuführen. Mit der durch die Katastrophe des Hammerschlags erzwungenen ‚zweiten‘ Perspektive erweist sich die im ersten Teil vorherrschende Selbstgewissheit als Schein, das Vertrauen, das in die totale Mobilisierung der Gewaltmittel gesetzt wird, als Verblendung.

Der Wechsel von der ersteren zur zweiten Perspektive wird von Berg gerade auch im Hinblick auf das Motiv II vorgeführt. Im ersten Teil der Komposition ist wie selbstverständlich unterstellt, dass der durch die Attacke ausgelöste Fall der des attackierten Objekts ist. Durch kleine Modifikationen des Materials drängt sich aber nach der Katastrophe ein ganz anderes Bild auf: Es kann der Angreifer selbst sein, der ins Bodenlose fällt. Vorgeführt wird dies sinnbildlich mit der Figur des Sich-Aufbäumens und Zurückfallens in T. 152/153 und mit dem endgültigen Absturz ins tiefe d in T. 155. Ganz so wie die Weissagungen, die König Kroisos und Macbeth erhalten, in die Irre führen und erst am bitteren Ende den Verblendeten ihre Doppeldeutigkeit zu erkennen geben, vollzieht sich die Dialektik der trügerischen Sprungfigur von Motiv II.

4.   Die Usurpierung gesellschaftlichen Sinns

Ich habe in den ersten Kapiteln wiederholt die spezifische Konfrontation der militärischen Welt mit der der umfassenden Reflexion angesprochen, die in Motiv V und seinen Derivaten zum Ausdruck kommt. Dabei ging es vor allem auch um die Frage der Dominanz in der Beziehung dieser Pole zueinander. Später tritt dieses Thema zurück. Auch in den ‚Reprisen‘ des zweiten Teils sind die Motivbildungen der Sphäre der Reflexion zunächst ausgeklammert.[250]

---

250 Ausnahmen: das Motiv δ2, das in verzerrter Ausdrucksgestalt die ‚Reprise‘ einleitet, und das Motiv XV, das in T. 144 im *ppp* in tiefster Lage unhörbar gespielt wird.

Wie so oft zeigt sich auch hier, dass bei Berg den kleinsten Spuren eine große Bedeutung zukommen kann. Die Spuren, um die es hier geht, sind in T. 125 das überraschende Erscheinen von Motiv V (in den Originaltönen) als letzter Figur vor dem Hammerfall einerseits und das Auftreten der drei Motivfiguren 82, XII und XV, die der Sphäre von Motiv V zugeordnet sind, am Ende der 10. Konfiguration andererseits. Im ersten Fall wird eine Konstellation reproduziert, die ganz am Anfang des Geschehens, in T. 5, in Erscheinung trat: Motiv V ist hier unmittelbar mit dem parallel gespielten Motiv II konfrontiert. Im zweiten Fall kommt die Konfrontation in der Form zustande, dass dem hier zuletzt erklingenden Motiv XV noch einmal eine Antwort durch Motiv II folgt (T. 168–170).

Zusammengenommen bedeutet dies, dass an drei zentralen Stellen der übergreifenden Bogenform des Stücks die Konfrontation von V und II zum Thema gemacht wird: am Anfang des Bogens, an seinem Scheitelpunkt und an seinem Ende. Ich will diese Untersuchung damit beschließen, dass ich versuche, diesen Strukturzusammenhang zu deuten. Ich beginne mit der Konstellation in T. 125. Sie ist schon deshalb keine einfache Reproduktion von T. 5, weil der gesamte Kontext sich verändert hat. Mit Umarbeitungen des musikalischen Materials wird dies präzisiert. Das Motiv II ist in T. 5 so platziert, dass es sich in die Zwischenräume des Motivs V einfügt. Dabei hat es den Charakter einer Hintergrundsfigur, die das prägnant hervortretende Motiv V nicht tangiert.

Notenbeispiel 29: Motive V und II, T. 5/6

In T. 125 wird dagegen eine Konkurrenzsituation geschaffen. Nicht nur werden (in hohem Register) beide Motive gleich stark durch ein *ff* hervorgehoben, sondern ihre Töne auch simultan gespielt und damit ihre rhythmischen Strukturen passgenau übereinandergelegt (vgl. Notenbeispiel 25).

Denkbar wäre, dass hier noch einmal der scharfe Gegensatz zwischen der Sphäre der Reflexion und der des Militärischen markiert werden soll. Gerade angesichts der sich dramatisch zuspitzenden Situation, die auch durch den unheilvollen Abwärtstrend in den tiefen Stimmen (Fagott und Streicherbässen) unterstrichen wird, könnte man in Motiv V den letzten verzweifelten Versuch einer Abwehr des übermächtigen Militärischen oder eine Art Warnruf (buchstäblich in letzter Sekunde) sehen.

Möglich ist aber auch eine andere Deutung. Wir haben in der 5. Konfiguration gesehen, dass das Militär in einen außerhalb liegenden Bereich eindringen kann, um dort

Ressourcen für sein eigenes Operieren zu usurpieren. Lässt sich dies auch in der Beziehung zur Welt der Reflexion beobachten? Am Anfang war das Militärische (auch das Motiv II) gemessen an den großen Bögen der Reflexion eher von einem bescheidenen Format. Im Lauf der Entwicklung aber wächst es, insbesondere durch die Entfaltung der aggressiven Operationen von der 4. bis zur 7. Konfiguration, in ganz andere Größendimensionen hinein. Prägnant wird diese Entwicklung in T. 123–125 zusammengefasst, wenn Motiv II in sukzessiver Folge von a3 über des4 nach f5 (mit Septimensprung nach es6) emporsteigt (vgl. Notenbeispiel 25). Man könnte sagen, dass es in dem Moment, in dem es in alle Tiefen und Höhen vordringt, anfängt, das gesellschaftliche Zentrum zu besetzen. Gegenüber anderen Sphären des gesellschaftlichen Lebens, die sich zunächst als eigenständig behaupten, gewinnt das Militärische schließlich eine absolute Dominanz.

Dass die gewonnene Größe sich zur Hybris entwickelt, zeigen gerade die letzten beiden Takte vor der Katastrophe. Wenn sich dort der die Gewalt verherrlichende Jubel und die weite Sicht der Reflexion, beide im hohen Register, begegnen, könnte dies auch bedeuten, dass das Militärische sich am Ende in die Höhen und Weiten schwingt, die ursprünglich nur Motiv V kennzeichneten, und dabei in einer scheinhaften Versöhnung mit der Kultur auch noch das gesellschaftliche Sinnpotential okkupiert. Das Militär in seiner angemaßten Größe wird zum Sinngeber der Gesellschaft. Aus dieser Perspektive heraus ist das, was Bergs *Marsch* darstellt, nicht nur der Prozess der völligen Enthemmung des militärischen Gewaltpotentials, sondern auch die Usurpation des für das Selbstverständnis der Gesellschaft fundamentalen reflexiven Potentials durch das Militär. Die Darstellung erfasst den Prozess einer abgrundtiefen Verkehrung: Das Aggressivste erscheint als das Sinnvollste. Der mit dem enthemmten Zustoßen ausgelöste Jubel meint genau dies.

Ganz anders die Konstellation in den T. 166–170. Was hier gespielt wird, erklingt nur noch im *pp*. Alle Seiten haben durch die Katastrophe schweren Schaden erlitten. Auch die Figuren der Reflexion können den Schwung und die Bestimmtheit der anfänglichen Erscheinungen nicht mehr zurückholen. Was ihnen bleibt, ist die Klage. Gleichwohl können sie auch damit noch eine wichtige Differenz zum Ausdruck bringen. Obwohl stark zurückgenommen, stellen sich Motiv XII und auch Motiv XV im Hinblick auf ihre Form intakt dar, während Motiv II in Auflösung begriffen ist. Die Einzelteile, in die es zerlegt ist, lassen sich kaum noch zusammenfügen. In dieser Konfrontation ist also enthalten, dass die Welt der Reflexion, in ihrer zerbrechlichen Konstruktion von Anfang an gefährdet, auch nach der Katastrophe noch ihren unverzichtbaren Bedeutungsgehalt zur Geltung bringen kann.

Zuvor hatte Berg mit einer berührenden kompositorischen Idee diesem Gedanken schon in anderer Weise Ausdruck verliehen. Was bedeutet die in die gespenstische Stille eintretende kanonartige Folge der δ2-Einsätze in T. 162–164? Ich sagte oben (im ersten Exkurs), dass δ2 durch eine hastige Rückwärtsbewegung mit anschließendem

Septimensprung sich II annähert und damit die ruhige Bogenform zu zerreißen droht. Diese Gefahr wird jetzt gebannt. Die Umspielung der Rückbewegung macht sie fließend und gibt damit der Figur ihre Ruhe zurück. Gleichzeitig wird der Septimensprung dadurch, dass die Stimmen sich übereinanderlegen, gemildert. Er wird zum Element eines von vielen Stimmen hervorgerufenen Klangs. Das Gift des ausbrechenden, emporschnellenden Sprungs ist entschärft. So gewinnen aller Katastrophe zum Trotz die großen reflexiven Bögen des Anfangs (T. 5/6) am Ende etwas Weihevolles.

Notenbeispiel. 30: Motiv δ2 (variiert), T. 162/163

Freilich auch in dieser schönen Konstruktion nistet ein Teufel.[251] Dadurch, dass die Stimmen im Abstand einer Quarte und eines Tritonus zueinanderstehen, kann die böse Macht daraus (durch Aufgreifen der letzten Töne der drei Stimmen) noch einmal ihren Septimensprung mit anschließend fallendem Tritonus gewinnen (T. 165).

Notenbeispiel. 31: Motiv II (variiert), T. 165

Allerdings ist all dies nur noch ein Hauch, vom Winde weggeblasen.

---

251 Vgl. DeVoto 1983, S. 424 f.

Teil IV Befreiung, existentielle Erschütterung und die Kraft gemeinschaftlicher Krisenbewältigung – in Tönen. Das Terzettino *Soave sia il vento* (Nr. 10) aus *Così fan tutte* von Wolfgang Amadeus Mozart[252]

In den vorangegangenen Teilen dieses Buches haben wir die Frage nach dem Weltbezug von Musik im Hinblick auf eine rein instrumentale Musik gestellt. Im Folgenden wollen wir uns demgegenüber mit einem Musikstück beschäftigen, das einen Textbezug aufweist. Es handelt sich um das Terzettino *Soave sia il vento* (Nr. 10) aus *Così fan tutte* von Wolfgang Amadeus Mozart. Nicht selten trifft man auf die Vorstellung, dass durch einen Textbezug die Bedeutungsgehalte der Musik leichter zu erfassen wären: Der Text würde auf diese Gehalte hinweisen.[253] Ich werde dieser Vorstellung nicht folgen. Zwar kann bisweilen ein Text, wenn eine Interpretation der Musik für sich genommen nur zu relativ unbestimmten Gehalten führt, zu einer bestimmteren Deutung beitragen. In der Regel stehen aber die Bedeutungsgehalte der Musik und die des Textes in Distanz zueinander.[254] Die Musik greift nur selektiv Gehalte des Textes auf. Was die Berührungspunkte und wie sie ausgestaltet sind, ist aus dem Text nicht zu entnehmen. Erst recht ist auf diesem Weg nicht zu erfahren, was die Gehalte sind, mit denen sich die Musik vom Text entfernt. Das heißt aber, dass es nur durch Interpretation der Musik selbst gelingen kann, den Gehalt einer textbezogenen Musik zu bestimmen.

1. Aufklärung und Krise in *Così fan tutte*

Bevor ich auf das Terzettino eingehe, möchte ich einen Blick auf den in *Così fan tutte* (CFT) entfalteten Geschehenszusammenhang als ganzen werfen, um den Kontext sichtbar zu machen, in den das Terzettino eingebettet ist. Die Opern Mozarts sind in einem mehrfachen Sinn Opern der Aufklärung. Auch wenn die erzählten Geschichten sich jeweils in ganz unterschiedlichen gesellschaftlichen Verhältnissen abspielen, in allen finden sich Denkweisen, soziale Praktiken und Handlungsverläufe, die den Stempel

---

252 Teil IV ist die überarbeitete Fassung eines Manuskripts, das 2015 geschrieben und in Ausschnitten in einem Symposion im Rahmen des „Kölner Fest für alte Musik 2015" vorgetragen wurde.

253 So etwa Kivy (2002, S. 195): „The music does not tell the story. It is the text that tells."

254 Für die Gattung des Liedes vgl. Agawu 1992, Zbikowski 2017, S. 167 ff., und Thorau 2012, S. 217 ff.

der Aufklärung tragen.[255] Dabei sind über allgemeine Grundgedanken der Aufklärung hinaus spezifische, sich voneinander unterscheidende Ausprägungen von Aufklärung erkennbar.[256] In CFT wird die Aufklärung gewissermaßen selbst zum Thema gemacht. Sie ist in diesem besonderen Sinn „Ort der Aufklärung".[257] Wir werden dies zunächst am Text (1.–3.), dann an der Musik der Oper (4.–8.) verfolgen.[258]

1. Im Hinblick auf das in CFT dargestellte Geschehen sind mehrere übereinander gelagerte *Ebenen* der dramatischen Entwicklung und der Beobachtung dieser Entwicklung zu unterscheiden.

(1) Die basale Ebene bilden die sich im Lauf des Stücks dramatisch verändernden Liebesbeziehungen zweier Paare. Die Sicht auf diese Liebesbeziehungen ist asymmetrisch. Bei den Frauen ist das Augenmerk vor allem auf die Entwicklung ihrer erotischen Neigungen gerichtet. Diese unterliegen nach einer (experimentell vorgenommenen) Veränderung der Lebensumstände einem tiefgreifenden Wandel.

Bei den männlichen Protagonisten dagegen wird zunächst eine für ihr Liebesverständnis fundamentale Erwartung beleuchtet, nämlich ihre Vorstellung von der nicht zu erschütternden Treue ihrer Frauen. Dann wird verfolgt, wie sie in Bezug auf die Liebesbeziehung aus der Teilnehmer- in die Beobachterrolle wechseln. Das ermöglicht es ihnen, sich an dem in der Folge inszenierten Verführungsspiel zu beteiligen. Und schließlich geht es um die Enttäuschung ihrer Erwartungen.

(2) Das dramatische Geschehen in CFT erfährt eine besondere Ausprägung dadurch, dass eine zweite Aktionsebene eingeführt wird: Ein Wissenschaftler beobachtet von außen mit seiner besonderen Kompetenz dieses Geschehen. Dabei übernimmt er, wie es dem Anspruch der Aufklärung entspricht, die Aufgabe, sein (auf wissenschaftlicher Grundlage gewonnenes) Wissen in die Lebenspraxis einzuführen und diese damit auf eine neue Grundlage zu stellen.

(3) Schließlich gibt es eine weitere Beobachtungsebene, die (ohne dass sie direkt angezeigt würde) mitgedacht werden muss, nämlich die Metaperspektive, aus der heraus die Autoren der Oper einerseits und das Publikum andererseits das Operngeschehen (einschließlich der Selbstinterpretation des hier agierenden Wissenschaftlers) beobachten. Die auf dieser Ebene geltenden Orientierungen können sich erheblich vom

---

255 Auch die krisenhaften Einbrüche, die in den Opern dargestellt werden, gehören dazu. Die Aufklärung selbst hatte die Krise als Folge der von ihr angestoßenen Veränderungsprozesse thematisiert. Vgl. dazu Koselleck 1959, S. 132 ff. Ferner Eder 1985.

256 Der *Figaro* präsentiert eine andere Aufklärung als *Così fan tutte*, und wiederum anders ist die Aufklärung in der *Zauberflöte* ausgeprägt. Zu der Frage, welche Haltung Mozart selber gegenüber diesen einander widersprechenden Ausprägungen einnahm, werde ich später eingehen.

257 Splitt 1998. Vgl. auch Till 1992 und Natošević 2003.

258 Auch für die Oper als ganze gilt, dass vom Text nicht einfach auf den Gehalt der Musik geschlossen werden kann.

Selbstverständnis der Akteure auf der Bühne unterscheiden. Von besonderer Bedeutung sind hier Divergenzen, die zwischen den Konzepten des Wissenschaftlers und den von Autoren und Publikum geteilten lebensweltlichen Orientierungen bestehen.

2. Wie in vielen anderen Opern von Mozart ist der dramatische Ablauf in CFT durch die Abfolge von Krise und Krisenbewältigung bestimmt. Die Katastrophe, die schließlich nach einer sich schrittweise verschärfenden krisenhaften Entwicklung eintritt, wird beantwortet durch Anstrengungen, mit denen die ins Wanken geratenen Grundlagen der Lebensverhältnisse wieder gefestigt werden sollen. Ihren spezifischen Charakter erhält die Oper dadurch, dass sie nicht auf eine bestimmte Krisenentwicklung fokussiert ist, sondern gleichzeitig mehrere Krisenstränge in den Blick nimmt.

(1) Im Zentrum des Geschehens, das in der Oper dargestellt wird, steht eine der zentralen sozialen Institutionen, die sich im Zuge der Aufklärung herausbildeten: die passionierte oder empfindsame Liebe.[259] „Die Empfindsamkeit bildet den Ursprung der modernen Liebesauffassung."[260] Mit diesem aufklärerischen Beziehungsmuster, das seit dem 18. Jahrhundert die allianzbestimmte Form der Liebesbeziehung abzulösen begann, macht das Individuum seinen Anspruch geltend, in seiner Individualität anerkannt zu werden und aus seinem eigenen Denken und Fühlen heraus seine Lebenspraxis bestimmen zu können.[261] Auf die besonderen Gefährdungen, denen die empfindsame Liebe ausgesetzt ist, wurde vielfach hingewiesen. Eine von innen kommende Gefährdung stellt die mangelnde Festigkeit der empfindsamen Liebe, die Möglichkeit des Wechsels der erotischen Neigung, dar. Empfindsame Liebe verlangt das Treueversprechen, ohne die Sicherheit zu bieten, dass es gehalten wird. Eine weitere Gefährdung erwächst der empfindsamen Liebe aus den Techniken der strategischen Verführung, wie sie höchst verfeinert etwa bei der am Hof gepflegten galanten Liebesbeziehung praktiziert wurden. Gerade gegen diese Liebespraxis hatte sich die aufklärerische Gesellschaft abgegrenzt. Dass die empfindsame Liebe gegen strategisch eingesetzte, geheuchelte Liebesbekundung in gewisser Weise wehrlos ist, war immer wieder Thema der Diskurse über die Liebe.[262]

Die Oper CFT bewegt sich im Rahmen dieser Diskurse, insofern als sie die krisenhaften Verwicklungen darstellt, in die die präsentierten Liebesbeziehungen geraten. In dem Moment, in dem sich die Frauen anderen Liebhabern zuwenden, wird den Beziehungen

---

259 Das gilt, obwohl die Beziehungen der Partner zunächst deutliche Defizite gegenüber der ‚Idealform' der empfindsamen Liebe aufweisen. Entscheidend ist, dass anders als bei der älteren Liebesauffassung der Allianzgedanke hier völlig fehlt. An vielen Stellen tritt der empfindsame Charakter der Liebe in aller Deutlichkeit hervor. Zu einer anderen Auffassung vgl. Borchmeyer 2005, S. 203 ff.

260 Borchmeyer 2005, S. 55.

261 Vgl. dazu Luhmann 1982. Ferner Greis 1991.

262 Zur Darstellung dieser Gefährdungen im Musiktheater vgl. Krämer 1998. Ferner Giegel 2017.

die Grundlage entzogen. Diese Krise steht paradigmatisch für die Unsicherheit, die der modernen empfindsamen Liebesbeziehung inhärent ist.

(2) Unmittelbar damit verknüpft ist eine weitere Krisenerfahrung, nämlich die Enttäuschung, die die Liebhaber im Hinblick auf ihre naive, nicht bedachte Treueauffassung erfahren, und die daraus resultierende Erschütterung. Der sich hier vollziehende ‚Lernprozess' verweist auf den tiefgreifenden Wechsel der Welterfahrung, den die Aufklärung herbeiführen wollte: Tradierte Vorurteile, die dogmatisch verfestigt sind, müssen aufgebrochen werden, damit eine auf Vernunft gegründete Weltsicht sich entfalten kann.

(3) Oberflächlich gesehen, scheint die Zerrüttung der Liebesbeziehungen erst mit den untreuen Neigungen der Frauen einzusetzen. Tatsächlich aber beginnt sie bereits in der ersten Szene der Oper, nämlich mit den Aktionen der Liebhaber. Erstens vertauschen sie in Bezug auf die Liebesbeziehung die Teilnehmerrolle mit der Beobachterrolle. Zweitens erteilen sie dem ‚Experimentator' eine Generalvollmacht, die sie im weiteren Verlauf bindet. In der Folge erklären sie sich u. a. bereit, selbst die Rolle der Verführer zu übernehmen – mit dem ganzen Arsenal von Lügen und Täuschungen, das bei einer strategischen Verführung zum Einsatz kommt.

Damit sind für die empfindsame Liebe konstitutive Einstellungen außer Kraft gesetzt, nämlich

- die Pflicht zur Ehrlichkeit und Aufrichtigkeit gegenüber dem Partner,
- die Verpflichtung zur Unterstützung des Partners und zur Solidarität,
- die Anerkennung der überragenden Bedeutung der Beziehung. Für die Kavaliere ist die Verpflichtung gegenüber dem Philosophen wichtiger als die gegenüber den Geliebten.

Von Beginn an ist damit die für die empfindsame Liebe essentielle Vertrauensgrundlage zerstört.

(4) Ein Krisenphänomen sind auch die Leidenserfahrungen, denen die Frauen wiederholt ausgesetzt werden. Nicht nur müssen sie die Schmerzen der Trennung erleiden und noch gravierender: die Todesängste, mit denen sie die Racheaktionen der heimkehrenden Geliebten erwarten. Nachdem der Schleier der Täuschung gehoben ist, sehen sie sich mit dem völligen Zusammenbruch ihrer Lebensoptionen konfrontiert.

Zum Krisengeschehen in CFT gehören drei weitere Momente. Auffällig ist an diesen, dass sie im Bühnengeschehen selbst nicht explizit als problematisch charakterisiert werden, sondern sich gewissermaßen undramatisch in das Geschehen einfügen.

(5) Wenn der Aufklärer Alfonso eine materialistische Theorie der menschlichen Seele in das Geschehen einbringt und diese als die wahre Aufklärung, als Aufklärung über die (frühe) Aufklärung, vertritt, verweist dies auf die Krise der Aufklärung, die sich in der zweiten Hälfte des 18. Jahrhunderts abzeichnete. Die mit dem Anspruch auf

Vernunft auftretende Aufklärung bildete nicht wie erhofft einen „pacified realm",[263] sondern war selber zu einem Ort der Verwirrung und Unruhe geworden. In dem Maße, in dem sie sich im Dickicht verschiedener Verzweigungen verlor, die im Widerspruch zueinander standen, wurde es schwierig, eine scharfe Trennungslinie zwischen seriöser Wissenschaft und Scharlatanerie zu ziehen. Nicht zufällig wird in der Oper auf den ‚Aufklärer' Mesmer Bezug genommen.[264] Dieser hatte dem Wiener Publikum deutlich vor Augen geführt, dass die angemaßten Aufklärer (mit ihren ‚unschlagbaren Beweisen') häufig als Weisheitshüter begannen und als entlarvte Betrüger endeten. Bei einer Figur wie Alfonso musste man, wollte man die alten Fehler einer Begeisterung über *die* Aufklärung nicht wiederholen, in höchstem Maß misstrauisch sein.[265] Das Misstrauen war umso berechtigter, als die radikale Aufklärung, die der Philosoph vertritt, höchst umstritten war.[266] Sie konnte sogar als ein Symptom einer sich vertiefenden Krise der Aufklärung selbst verstanden werden. Gerade gegenüber dieser Aufklärung war Skepsis geboten.[267]

(6) Eine tief reichende Krise wird auch mit der vom aufgeklärten Wissenschaftler vertretenen Idee einer Reformierung der Lebenspraxis angezeigt. Krisenhaft ist nicht die Idee als solche, sondern die Art und Weise, wie eine sich selbst ermächtigende Wissenschaft technokratisch in die Lebenspraxis eingreift.[268] Darauf komme ich weiter unten zurück.

(7) CFT bleibt nicht dabei stehen, die fragilen Grundlagen der empfindsamen Liebesbeziehung vorzuführen. Dass das Krisengeschehen hier viel weiter reicht und einen grundsätzlichen Charakter annimmt, wird erst sichtbar, wenn man an die zentrale Intention denkt, die der alte Philosoph mit seinem Experiment verfolgt, nämlich die von der Aufklärung entwickelte Idee der empfindsamen Liebe als solche infrage zu stellen –

---

263 Reddy 2001, S. 145.

264 Über den Aufstieg und Fall seiner Pseudo-Wissenschaft berichtet Robert Darnton 1983.

265 Vgl. dazu Steptoe 1988, S. 137 f. Goehring (2004, S. 93 ff.) versucht, eine scharfe Linie zwischen Alfonso und Mesmer zu ziehen, um die Autorität des ersteren zu untermauern.

266 Zur Auseinandersetzung um die Radikalaufklärung vgl. Israel/Muslow 2014 und Kondylis 1981, S. 518 ff. Dazu auch Giegel 2017, S. 152 ff.

267 Und wurde gerade auf der Grundlage der süddeutschen Aufklärung auch geäußert. Vgl. Klueting 1993 und Zelle 2008. Zu Mozarts Verbindung zur freimaurerischen Aufklärung und einer entsprechend ambivalenten Einstellung gegenüber der französischen Aufklärung vgl. Schroeder 1999, S. 96 ff. Ferner Fontius 2011. Fontius (S. 401) sieht bei den Mozarts eine dezidierte Abwehr der Radikalaufklärung und zitiert in diesem Zusammenhang eine Aussage von Mendelssohn: „Diese Herren gehen in der Tat zu weit. Voltaire und Helvetius haben durch ihre Zügellosigkeit manches gut Gemüth zum Aberglauben zurückgejagt, und also ihrer eigenen Sache geschadet."

268 Auf die Bedeutung dieser tiefgreifenden Problematik hat Krasting hingewiesen: „In CFT versteckt sich unter dem Schleier der Treueprobe auch eine dialektische Auseinandersetzung mit der Aufklärung und ihren Methoden" (Krasting 2013, S. 8 f.).

durch radikale Aufklärung. Wie sich noch zeigen wird, ist dies im Operngeschehen der eigentliche Punkt, an dem die Aufklärung sich gegen sich selbst kehrt.

3. Oberflächlich betrachtet, wird im Schlussteil der Oper die Krise, die sich im Vorangegangenen bis zum Moment der Katastrophe entwickelt, von Maßnahmen der *Krisenbewältigung* aufgefangen. Man könnte an ein glückliches Ende (lieto fine) denken, in dem die katastrophische Entwicklung zur Ruhe kommt.

Bei genauerer Betrachtung zeigt sich aber schnell, dass die hier präsentierte Art von Krisenbewältigung keineswegs an die Tiefe der erfassten Krisen heranreicht, dass vielmehr die hier eingesetzten Mittel diese Krisen geradezu verfehlen. Nur an einem einzigen Punkt ist eine gelungene Krisenbewältigung erkennbar. Die männlichen Protagonisten haben ganz im Sinne der Aufklärung gelernt, dass nicht eine unreflektierte Weiterführung tradierter Vorstellungen, sondern nur eine von ihnen selbst kritisch überprüfte Meinungsbildung ihnen helfen kann, sich auf die Wechselfälle des modernen Lebens einzustellen.

Demgegenüber bleibt die krisenhafte Entwicklung der Liebesbeziehung, die mit der durchgeführten Treueprobe bei beiden Paaren ausgelöst wird, ohne eine zureichende Antwort. Die Liebespaare sind am Ende mit einer Aufschichtung mehrerer Krisenphänomene konfrontiert. Aufgrund der gemachten Erfahrungen werden sie im Hinblick auf eine mögliche Zukunft mit dem unruhigen Charakter des erotischen Begehrens und den daraus resultierenden Gefährdungen zu rechnen haben. Die Verletzungen, die durch die Untreue der Frauen entstanden sind, müssen bearbeitet werden. Das Verhalten der Männer hat deutlich gemacht, dass Partner aus der Solidaritätsverpflichtung, die essentiell für die empfindsame Liebe ist, ausscheren können. Und schließlich wirken die Leidenserfahrungen nach, die den Frauen im Zuge des Experiments zugemutet werden. Wie wird auf diese Herausforderung reagiert?

(1) Der scheinhafte Charakter der Krisenbewältigung zeigt sich gerade an der Figur, die sich selbst als Krisenmanager in Stellung bringt. Da die beiden Paare so verwirrt sind, dass von ihnen keine Schritte zur Krisenbewältigung zu erwarten sind (solche werden auch nicht präsentiert), fällt Alfonso diese Rolle zu. Vorbereitet wird dies dadurch, dass er im Kontext des dramatischen Geschehens durchweg eine hohe Anerkennung erfährt, die auch bis zum Schluss erhalten bleibt. Das ist besonders auffällig, da in anderen Werken jener Zeit Philosophen gerne als wenig kompetente oder eher lächerliche Figuren dargestellt werden.[269]

Allerdings haben wir gesehen, dass in CFT gewissermaßen mit einem doppelten Maßstab gearbeitet wird. Immer wieder wird das, was innerhalb des Operngeschehens

---

269 Vgl. dazu Goehring 2004. Goehring (S. 65 ff.) nennt verschiedene Beispiele für die Darstellung des „philosopher as comic character".

Anerkennung findet, so dargestellt, dass es in den Augen des Publikums als höchst kritikwürdig erscheinen muss. Genau das lässt sich auch an dieser Stelle beobachten.

Im Verhalten von Alfonso im Kontext der Treueprobe ist ein bestimmtes Verhältnis der Wissenschaft zur Lebenswelt zu erkennen, das mit der Aufklärung eine besondere Relevanz erhält. Die aufklärende Wissenschaft begnügt sich nicht damit, die Rationalität der Erkenntnisgewinnung zu steigern, sondern will darüber hinaus auch mit der Absicht, nach eigenen Maßstäben die gesellschaftlichen Verhältnisse zu ,ordnen', in die Lebenspraxis eingreifen.

Die Problematik eines solchen *technokratischen* Verfahrens zeigt sich in mehrfacher Hinsicht:[270]

- Die Wissenschaft kann mit der Erfassung allgemeiner gesetzesmäßiger Zusammenhänge nicht bis auf die Konkretion der Lebenspraxis mit ihren komplexen Bezügen durchgreifen. Aufgrund dieser ,Wissenslücke' verfehlen ihre Interventionen häufig ihr Ziel und rufen überdies unbeabsichtigte negative Nebenfolgen von mitunter großer Tragweite hervor.[271]
- Dadurch, dass sie sich durch ihre Erkenntnisse den Protagonisten der Lebenswelt überlegen fühlt, tendiert sie dahin, deren Autonomie zu beschneiden.
- Diese Problematik verschärft sich noch, wenn das experimentelle Interesse der Wissenschaft Vorrang vor dem eigenen Interesse der Lebenspraxis an ihrer Intaktheit gewinnt. Die Normorientiertheit der Wissenschaft löst sich von der der Lebenspraxis. Der technokratische Eingriff kann dann zu Ergebnissen führen, die nach den normativen Orientierungen der Lebenspraxis nur als tiefgreifende Verletzungen zu erfahren sind.
- Der einseitige Geltungsanspruch, den die Wissenschaft mit der von ihr verfolgten Neuordnung verbindet, führt dazu, dass die Kosten, die bei der Durchführung des Programms entstehen, nicht nur als irrelevant erscheinen, sondern, gerade weil sie unbeachtet bleiben, den Gedanken einer Förderung humaner Verhältnisse zu pervertieren drohen.

Mit seinen Interventionen verfängt sich Alfonso in einer solchen Dialektik der Aufklärung.[272] Das zeigt sich zunächst an der Beschneidung der Autonomie der Protagonisten.

---

270 Zum Folgenden vgl. Habermas 1968.

271 Besonders problematisch ist, wenn aus Unkenntnis heraus latente Stabilitätsbedingungen der Lebenswelt angegriffen werden, ohne dass dieser andere Stabilitätsmöglichkeiten zur Verfügung gestellt werden. Vgl. dazu Luhmann 1967.

272 Vgl. dazu Giegel 2017, S. 152–161. Ferner die Interpretation von Krasting (2013, S. 9): „Nur sind die Mittel, mit denen er diese Erkenntnis den jungen Leuten beibringt, zutiefst unmenschlich. Alfonso bedient sich der vier, als seien sie Marionetten, menschliche Maschinen, deren Gefühle quasi physikalischen Gesetzmäßigkeiten unterliegen. Aber durch Manipulation lässt sich keine tragfähige Grundlage für eine erfüllte Lebensführung erzielen." Zu einer entgegengesetzten Auffassung vgl. Kreimendahl 2010.

Von einem bestimmten Punkt an sind die beiden Liebhaber nicht mehr Herren des Geschehens. Sie folgen dem, was der in die Lebenspraxis eingreifende Experimentator vorgibt. Wenn im Verlauf des Experiments die hervorgerufenen Kosten zunehmend anwachsen, um schließlich extreme Formen anzunehmen, ist er es, der unerbittlich auf Weiterführung des Experiments bis zu seiner letzten Konsequenz besteht.[273]

Darüber hinaus greift er mit der von ihm vertretenen materialistischen Theorie die normative Infrastruktur der Lebenswelt an. Wenn an den Frauen demonstriert werden soll, dass Personen wie Automaten zu betrachten sind, wird ein konstitutives Moment der Lebenspraxis zerstört, nämlich das Vertrauen in eine selbst verantwortete Urheberschaft.

Eine Kontrolle der eingesetzten Mittel durch das Ziel der Förderung der Humanität findet nicht mehr statt. Wie bei den Interventionen das Bewusstsein von den damit verbundenen Kosten verloren geht, zeigt sich gerade im Verhältnis Alfonsos zu den beiden Frauen, deren Treue erprobt werden soll. Er verhält sich ihnen gegenüber instrumentell, indem er sie ungefragt in das Experiment einbezieht. Um dem von ihm in Gang gesetzten Experiment zum Erfolg zu verhelfen, bringt er die am Hofe praktizierten (von der Aufklärung verabscheuten) Techniken einer galanten Verführung zum Einsatz. In dem Geschehen betätigt er sich selbst als lügnerischer Intrigant und Schmierenkomödiant. Lüge und Täuschung werden von ihm als Mittel der Aufklärung gerechtfertigt. Über die tiefen Leidenserfahrungen, die er den Frauen als den Opfern des Experiments aufzwingt, geht er ungerührt hinweg.

Das Maß der den Frauen zugemuteten Grausamkeit wird noch dadurch vergrößert, dass die Täuschungsaktion nicht in dem Moment endet, in dem die Wette entschieden ist. Es folgt noch eine Reihe von Szenen, in denen beobachtet werden kann, wie die Frauen sich tiefer in die experimentell geschaffene fiktive Realität hineinleben, bevor sie schließlich aus dieser herausgerissen werden.[274]

(2) Nachdem Alfonso in dieser Weise mit seinem Eingriff in die Lebenspraxis eine Spur der Verwüstung hinter sich hergezogen hat und sein Anspruch auf Förderung der Humanität vollständig demontiert ist, muss es größte Vorbehalte im Hinblick auf die von ihm beanspruchte Rolle des ‚Arztes‘ geben. In der Folge erweisen sich diese Vorbehalte auch als vollkommen gerechtfertigt, nämlich insofern als Alfonso mit der

---

273 Mit Verweis darauf, dass die männlichen Liebhaber von sich aus in die Treueprobe einstimmen, glaubt Kreimendahl (2010, S. 23) ihre Autonomie gesichert. Bei einer unreflektierten Zustimmung zu einer ‚Generalvollmacht‘, wie sie hier gegeben wird, ist aber ein Autonomieverlust keineswegs ausgeschlossen: Tatsächlich werden die Liebhaber gegen ihren Willen gezwungen, den Prozess bis zum desaströsen Ende mitzugehen, wie etwa die Unterdrückung des Widerstands von Guilemo durch Alfonso (in II, 12) zeigt.

274 Kreimendahl (2010, S. 39) sieht hier „ein Aufklärungsprogramm in humanem Geist". Die Zeitgenossen werden vielleicht eher an die schwarzen Experimente mit Menschen und Tieren gedacht haben, die La Mettrie und sein Kollege Maupertuis sich ausdachten oder sogar realisierten. Vgl. dazu Felsner 2010, S. 94 f.

zuvor praktizierten Form des technokratischen Eingreifens mit allen ihren negativen Folgewirkungen unbeirrt fortfährt.

Alfonso glaubt, dass durch eine einfache Maßnahme die Intaktheit der Lebensverhältnisse wiederhergestellt werden kann: Er drängt die Liebenden dazu, sich die Hände zu reichen und einer alsbald zu vollziehenden Eheschließung zuzustimmen. Aber damit demonstriert er nur, dass ihm für die Tiefe des krisenhaften Einbruchs, der durch das Experiment herbeigeführt wird, das Verständnis fehlt. Nicht einmal ansatzweise ist erkennbar, wie mit den vorgeschlagenen Maßnahmen der erforderliche Heilungs- und Versöhnungsprozess gelingen soll. Problematisch ist insbesondere, dass die Maßnahmen von außen an den zerstörten Lebenszusammenhang herangetragen werden. Es fehlt das für die moderne Liebesbeziehung Entscheidende: die durch die Akteure selbst zu erarbeitende Verständigung. Nach wie vor können die Liebhaber gegenüber Alfonso nicht ihre Autonomie behaupten. Dieser erweist sich weiterhin als Herr des Verfahrens, wenn er in diktatorischem Stil von ihnen verlangt, dass sie „so handeln werden, wie ich es will" (II, 13, „Che faran quel ch'io vorrò"). Zu seinem technokratischen Eingreifen gehört auch jetzt, dass er das von ihm herbeigeführte Leiden der Frauen mit keinem Wort berücksichtigt. Der in einem kurzen Moment gegen Alfonso gerichtete Zorn der Frauen bleibt ohne Resonanz.[275]

Wie defizitär eine solche Krisenreaktion ist, zeigt sich im Vergleich mit der in der Schlussszene des *Figaro* erreichten Krisenlösung. Diese hat ihre Wahrheit darin, dass sie durch die Protagonisten selber in einem Akt der Verständigung und Versöhnung herbeigeführt wird. Die Verwirrung des Tages wird in einer gemeinschaftlichen Erfahrung befriedeter Verhältnisse aufgelöst. Es wird denen, die die Verwirrung durchgemacht haben, nicht ein Programm der Befriedung entgegengestellt, sondern sie selber erleben an sich (durch den Akt der Verzeihung) die Verwandlung und können diese Erfahrung in einem Jubelgesang zum Ausdruck bringen („sono contenti"). Die neuen Ideen, die in den Reaktionen auf die Krise zum Ausdruck kommen, werden als lebbar erfahren und im Ansatz lebenspraktisch bestätigt.

(3) Gänzlich scheitert Alfonso mit dem Versuch, seine materialistische Theorie in die Lebenspraxis einzuführen („in ogni cosa ci vuol filosofia"), um auf diese Weise die entstandene Krise zu bewältigen.

Zunächst einmal ist zu beachten, dass die von Alfonso eingebrachte Theorie nur sehr locker mit dem Geschehen in der Oper verknüpft ist. Dass die Kavaliere eine für sie

---

275 Der Protest der Frauen gegenüber Alfonso erschöpft sich in zwei Zeilen. Dass man in dieser Zeit den Frauen auch mehr zutrauen konnte, zeigt eine von Ariost erzählte Geschichte: Eine Ehefrau wird – ganz ähnlich wie die Schwestern – in der Folge einer experimentellen Verwandlung, die ihr Mann einfädelt, zur Untreue verführt. Als ihr Mann empört die Sache aufdeckt, beschimpft sie ihn und verlässt ihn. Vgl. Felsner 2010, S. 186–190. Man könnte auch an die Ohrfeigen denken, die Konstanze und Susanna ihren Liebhabern verabreichen.

neue bestürzende Erfahrung machen, hat mit Alfonsos Theorie nichts zu tun.[276] Es gibt auch keinerlei Hinweise darauf, dass sie am Ende Alfonsos Theorie übernehmen. Die Gleichgültigkeit der Frauen gegenüber der Theorie wird bestätigt, wenn sie am Ende (als einziger Beitrag zu einer Versöhnung) erneut Treue schwören. Ihre Idee einer Krisenbewältigung zielt bezeichnenderweise auf einen neuen Versuch mit der empfindsamen Liebe, also mit dem, was Alfonso ihnen austreiben wollte.

Der hier erkennbare Widerstand gegen die Theorie hat einen tieferen Grund.[277] Die Verwirrung, die die materialistische Theorie in die Philosophie der Aufklärung hineintrug, resultierte wesentlich daraus, dass sie das sinnliche Begehren („necessità del core") als dominante Kraft im Seelenleben behauptete. Eine Handlungssteuerung aufgrund höherstufiger Regulierungen, etwa durch die Kraft moralischer Verpflichtungen, ist damit ausgeschlossen. Die auf solche Regulierungen bezogenen Selbstdeutungen der Akteure erscheinen gegenüber der kausalgesetzlichen Macht der Leidenschaften nur als Epiphänomene.[278]

Als kritischer Punkt einer materialistischen Auffassung, nach der Personen als kausalgesetzlich gesteuerte Automaten zu verstehen sind, erweist sich, dass auf ihrer Grundlage die konstitutiven Bedingungen von kommunikativen und interaktiven Beziehungen verfehlt werden. Wenn infrage gestellt wird, dass Teilnehmer einer Interaktion sich durch normative Orientierungen binden lassen können, fehlt die Vertrauensgrundlage, die zum Aufbau stabiler Beziehungen erforderlich ist. Schon deshalb muss der Versuch von Alfonso, auf den Grundlagen einer solchen Theorie die Krise einer zerrütteten Interaktionsbeziehung zu bewältigen, als ein Widerspruch in sich erscheinen und entsprechend Skepsis hervorrufen.[279] Aus diesem Grund wird auch in den Schlussszenen der Oper jeder Bezug auf diese Theorie vermieden. Ein solcher wäre mit der Selbstregulierung durch Vernunft, wie sie im Schlusschor angesprochen wird, schlechterdings nicht vereinbar.

---

276 Alfonso selbst deutet an, dass man sich das Faktum der Untreue mit verschiedenen Weltsichten zurechtlegen kann (vgl. II, 13). Schon aus diesem Grund ist die Behauptung falsch, dass mit dem „erfolgreichen" Experiment „sich der Materialismus als ein weithin kohärentes anthropologisches Explikationsmodell erwiesen hat". So Kreimendahl 2010, S. 42.

277 Zum Folgenden vgl. Habermas 2009. Ferner Giegel 2017, S. 158–161.

278 Vgl. die folgenden Äußerungen von Alfonso: „Tränen, Seufzer, Liebkosungen, Ohnmachten. Erlaubt, dass ich lache!"; „Wieviel Getue, wieviel Lächerlichkeit! Umso besser für mich. Sie werden leichter zu Fall kommen"; „Was mich am meisten lachen lässt, sind dieser Zorn und diese Wut".

279 In den Reihen der Aufklärer selber wurden die Gefahren einer völligen Relativität aller Norm- und Wertorientierungen vielfach diskutiert und deren destruktive Konsequenzen für den weiteren Prozess der Aufklärung benannt. Zu diesem gerade die materialistische Aufklärung verfolgenden Problem des „Nihilismus" vgl. Kondylis 1981, S. 53 ff., 490 ff. und 518 ff. Auf den zuletzt genannten Seiten auch der Hinweis auf die scharfe Kritik am materialistischen Monismus La Mettries, die aus den Reihen der Aufklärer selber kam.

(4) Mit der im abschließenden Chorgesang vorgestellten Befriedungskonzeption wird die Kluft zu der nach der erlebten Katastrophe gedrückten Verfassung der Protagonisten noch einmal vertieft. Nicht sie und ihre auf die Zukunft gerichteten Gedanken, sondern die Einstellungen eines vernünftigen Menschen im Allgemeinen („l'uom") werden angesprochen. Es wird eine (nicht näher bezeichnete) Vernunft beschworen, die zur Beruhigung verwirrter Lebensverhältnisse führen soll.[280] Damit aber wird lediglich einem allgemeinen Konzept aufklärerischer Lebensphilosophie Ausdruck verliehen, ohne dass dies auf die konkrete Krisensituation zurückbezogen würde. Ohnehin muss die ausgesprochene Empfehlung als paradox erscheinen. Gerade weil im Hintergrund des Operngeschehens auf die vielen Krisenerscheinungen hingewiesen wird, von denen der Prozess der Aufklärung erfasst wurde, muss es wie ein Rückfall in die Naivität der frühen Aufklärung erscheinen, wenn am Ende eine durch Vernunft herbeigeführte „bella calma" gefeiert wird.

(5) Alles dies zusammengenommen macht deutlich, dass die Wissenschaft hier gerade in ihrem Versuch einer Krisenbewältigung sich selbst als ein Faktor der Krise erweist. Das Ablaufmuster von Krise und Krisenbewältigung ist in CFT außer Kraft gesetzt. Einerseits reicht der dargestellte Zerstörungsprozess tiefer als in anderen Opern und andererseits kann sich hier keine überzeugende Gegeninstanz zu den Gefährdungen der Lebenspraxis aufbauen. Das jedenfalls ist die Schlussfolgerung, die der Text nahelegt.

4. Man kann den Bezug der klassischen Musik zur Aufklärung nur verstehen, wenn man den Stilumbruch in der Musik mitbedenkt, der sich in der Zeit um 1730 ereignete.[281] Ich möchte kurz auf diesen Punkt eingehen, bevor ich zu CFT zurückkehre. So naheliegend es ist, diesen Stilumbruch mit dem Prozess der Aufklärung in Zusammenhang zu bringen, so schwierig gestaltet sich der Versuch, die Verbindungslinien des komplexen Beziehungsnetzes genau zu bestimmen.[282] Hilfreich ist es, hier von einem abstrakt gefassten Muster eines Umbruchs auszugehen, das gleichermaßen die sozial-, ideen- und kompositionsgeschichtlichen Veränderungen prägte.

Verschiedene Prozesse prägten in ihrem Zusammenwirken die frühe Moderne: Tradierte Strukturmuster mit ihren dominanten Abhängigkeitsbeziehungen wurden infrage gestellt, durch Auflösung vorgegebener Ordnungsstrukturen entwickelten sich neue Beweglichkeiten und Freiheiten, in verschiedenen gesellschaftlichen Funktionszusammenhängen wurden neue Zugangsmöglichkeiten (Inklusion) eröffnet und darüber

---

280 Dass die „bella calma" als Ziel genannt wird, spiegelt die Suche des unruhigen 17. Jahrhunderts nach einem ‚pacified realm' wider. Es ist evident, dass damit keine realistische Perspektive für die Bewältigung der gesellschaftlichen Krisensituation eröffnet wird.

281 Experimentiert wurde mit der neuen Kompositionsweise zunächst in der italienischen Opernsinfonie, sie wurde aber seit den 50er Jahren auch in anderen musikalischen Genres dominant, z. B. im deutschen Musiktheater. Vgl. dazu Kunze 1993 und Krämer 1998.

282 Vgl. dazu Dahlhaus 2008, S. 8 ff.

hinaus auch neue, auf diese Freiheiten eingestellte Ordnungen geschaffen. In den Semantiken der Aufklärung konkretisierte sich dieses Muster in der Weise, dass tradierte fundamentale Sinngehalte kritisiert, durch Bestehen auf dem eigenen Vernunftgebrauch eine offenere Ideenentwicklung freigesetzt, der Zugang zu den gesellschaftlichen Diskursen erweitert und mit der Forderung nach Rationalität und kritischer Überprüfung Legitimitätsansprüche neu definiert wurden.[283]

Mit Blick auf das beschriebene Muster lassen sich auch bestimmte Züge des Stilumbruchs in der Musik deuten. Entscheidend war, dass eine wesentliche Grundlage des alten Stils, nämlich die Führung durch den Generalbass aufgegeben wurde.[284] Der Rhythmus der harmonischen Bewegung, die jetzt an einen taktmetrisch gestalteten Gerüstbau angebunden wurde, konnte dadurch verlangsamt werden. Daraus ergaben sich Möglichkeiten einer neuen Beweglichkeit. Die Kontinuität des melodischen Gangs verlangte nicht mehr den Bewegungsstrom barocker Prägung, „der geprägt ist vom Prinzip der Entwicklung und der episch anmutenden Fortspinnung".[285] Man konnte mit kürzeren Phrasen arbeiten, die sich kontrastreich in einem steten Wechsel miteinander verbinden. Als neues Konstruktionsprinzip wurde der Periodenbau geschaffen: Kürzere (meist zweitaktige) Gebilde werden in einer überschaubaren (oft symmetrischen) Form miteinander verkettet, eine wesentlich leichter zu erfassende Konstruktion als die ältere kontrapunktisch ausgeführte Komposition. „Zentrierende, sinnfällige Architektur und bunter, ‚unterhaltsamer' Wechsel der Gebilde sind […] die beiden Pole, zwischen denen sich […] ein in der Instrumentalmusik bis dahin ungeahnter Spielraum für die Mannigfaltigkeit musikalischer Charaktere eröffnete."[286]

Die Musik folgte auch in der Hinsicht den Umbrüchen der Moderne, als sie auf die vorangetriebenen Inklusionsprozesse reagierte. Mit der neuen Musik veränderte sich das Verhältnis des Komponisten zum (jetzt erweiterten) Publikum.[287] Der Hörer (zumindest als ‚gebildeter Laie') sollte wenigstens in groben Zügen ein Verständnis für die musikalische Strukturentwicklung gewinnen. „Die im Fortgang des Erklingens intendierte und wahrnehmbare Überschaubarkeit der Konstruktion ist daher eines der kardinalen Kriterien des neuen Kompositionsverfahrens."[288] Darüber hinaus sollten die Teilnehmer am Konzertgeschehen durch die Musik in spezifischer Weise sozial miteinander verbunden werden, nämlich durch eine im gemeinsamen Empfinden aufgebaute (schichtübergreifende) Sozialität. Möglich wurde dies durch eine Musik, die vor allem wegen ihrer kantablen Züge den Charakter einer „allgemein menschlichen

---

283 Vgl. dazu Luhmann 1980 und Habermas 1981, S. 210 ff.

284 Zum Folgenden vgl. Kunze 1993, S. 82 ff. und 109 ff. Ferner Dahlhaus 2008, S. 11 f. und 30 sowie Konold 2008, S. 202.

285 Kunze 1993, S. 83.

286 Kunze 1993, S. 118.

287 Vgl. dazu Dahlhaus 2008 S. 11 f.

288 Kunze 1993, S. 83.

Empfindungssprache" gewann: „Was die Aufklärung suchte, wenn sie die Musik als Empfindungssprache rühmte, war ‚Gefühlskultur'. Und der Kulturbegriff enthielt – im Zeichen der Humanitätsidee – ein soziales Moment: durch musikalisch ausgedrückte Gefühle sollte zwischen Menschen […] Sympathie gestiftet werden."[289]

Schließlich war die neue Musik auch in dem Sinn auf Aufklärung gerichtet, als sie spezifische Sozialformen, die sich im Aufklärungsprozess herausbildeten, beleuchtete und damit auch zu ihrer Vertiefung beitrug. Eine der wichtigsten in dieser Weise erkundeten Sozialformen war die Liebesbeziehung, die im 18. Jahrhundert als passionierte Liebe eine überragende Bedeutung gewann. Man könnte ohne Übertreibung sagen, dass zumindest im Bereich des Musiktheaters die Musik sich auf nichts mehr richtete als auf die empfindsame Liebe mit all ihren Facetten.[290] Gegenstand der Musik waren aber auch die für die neuen Geselligkeitsstrukturen konstitutiven dialogischen Gesprächsformen. Mit ihren neuen Konstruktionsmöglichkeiten war die neue Musik besonders geeignet, gerade solche kommunikativen Abläufe in ihrem raschen Wechsel zu erfassen.[291] Von Bedeutung war auch, dass neue soziale Ordnungsstrukturen, die den normativen Vorstellungen der Aufklärung entsprachen, insbesondere auch neue Formen der Konfliktlösung musikalisch gestaltet wurden. Im Musiktheater zeigte sich dies in der Form, dass man zunehmend darauf verzichtete, die Auflösung eines verwirrten, durch Konflikte vorangetriebenen Geschehens dem Spruch einer höheren Macht anzuvertrauen. Stattdessen kamen Verständigungsprozesse, die aus der Gemeinschaft der Protagonisten selber erwuchsen, ins Spiel.[292]

5. Dass der im Zuge der Aufklärung herbeigeführte Stilwandel der Musik neue Möglichkeiten des Musiktheaters eröffnete, ist gerade im Hinblick auf die Musiksprache der Opern Mozarts vielfach erörtert worden.[293] Daraus aber, dass diese Opern im Geist der Aufklärung komponiert sind, folgt nicht per se, dass sich in der Musik auch der spezifische Strang der Aufklärung widerspiegelt, der jeweils im Bühnengeschehen domi-

---

289 Dahlhaus 2008, S. 11 und 9. „Die musikalische Sprache […] war die Empfindsamkeit". Emotional bewegt durch die Musik, konnte man glauben, „in bestimmten musikalischen Werken sich selbst […] wiederzuerkennen" und dabei „die […] Substanz des allgemein Menschlichen – der ‚Menschheit' im Sinne von Humanität – zu entdecken" (ebenda, S. 141). Für den spezifischen Fall der Musik des Singspiels „als Raum der Empfindsamkeit" vgl. Krämer 1998, S 174 ff.

290 Vgl. dazu etwa Borchmeyer 2005 und Krämer 1998.

291 Vgl. dazu Klorman 2016 sowie Schroeder 1990.

292 Vgl. dazu Krämer 1998, S. 165 ff., 179 und 430. Damit wird ein Bezug zu den Formen des „modernen Assoziationswesens" (Eder 1985, S. 152 ff.) hergestellt. In den Opern Mozarts ist noch das Schwanken zwischen diesen unterschiedlichen Formen des *lieto fine* zu erkennen.

293 Vgl. etwa Krämer 2007 sowie Krämer 1998. Diese Musiksprache weist, wie Krämer zeigt, grundlegende Unterschiede zu der vorangegangenen, im empfindsamen oder im galanten Stil komponierten Opernmusik auf. Vgl. dazu Giegel 2017, S. 144 ff.

niert.[294] Was CFT anbelangt, scheint, wie noch zu zeigen sein wird, die Musik in dieser Hinsicht indifferent zu sein. Was immer diese Musik darstellt, nichts deutet daraufhin, dass sich in ihr die in der Oper thematisierte spezifische Aufklärungskonzeption, die materialistische Doktrin von Alfonso, Geltung verschaffen würde.

Das zeigt sich gerade auch in der Darstellung der empfindsamen Liebesbeziehung, die in der Oper einen großen Raum einnimmt. Sie erfasst die verschiedensten Ausdrucksformen dieser Beziehung, die in einem raschen Wechsel aufeinander folgen: heitere Geselligkeit, das durch Abreise und Abwesenheit des Partners ausgelöste Schmerzempfinden, Empörung über Zudringlichkeiten, Liebesflehen, schwankende Gefühle, reziprokes Aufeinanderzugehen, innere Ermahnung und Widerstand, Hingabe an eine geliebte Person, das Glück und die Ruhe einer gefundenen Vereinigung, wütende Empfindungen gegenüber einem Partner usw. Nach den Vorgaben des Textes werden dabei immer wieder Mittel eingesetzt, um das Geheuchelte von Liebesbekundungen oder das Nicht-Authentische extravaganter Sentimentalität deutlich zu machen.[295] Die Musik geht mit der krisenhaften Entwicklung mit, indem sie durch Einfügung devianter Züge Zerrbilder der empfindsamen Liebe präsentiert.

Aber das ist nicht alles. Es gibt Stellen, an denen die Musik, ohne dass ein Zweifel aufkommen könnte, eine authentische Expression von Liebe in Töne fasst.[296] Darüber hinaus ist aber auch an den Stellen, an denen es sich offensichtlich um Heuchelei handelt, der Ausdruck eines authentischen Liebesempfindens keineswegs abwesend. Die Musik zeigt hier, dass sie zur gleichen Zeit Widersprechendes darstellen kann: Die falsche Expression wird so geformt, dass sie an das erinnert, was schönste empfindsame Liebe sein könnte.[297] Falsches und Authentisches spielen vor allem dann ineinander, wenn die geheuchelte Liebe sich (ohne dass dies intendiert wäre) in eine ernsthafte verwandelt.[298] Während der Text sich auf den fortschreitenden Zerstörungsprozess der Liebesbeziehung konzentriert, führt die Musik bis zum Schluss die authentische Liebe mit.

6. Das führt zu der Frage, ob die Musik anders als der Text Gegenkräfte aufrufen kann, die sich dem Krisengeschehen entgegenstellen. Was den ‚Aufklärer‘ betrifft, der Heilung

---

294 Man kann beispielsweise im Hinblick auf die Opern *Die Entführung aus dem Serail*, *Figaros Hochzeit* und *Die Zauberflöte* Veränderungen in der kompositorischen Gestaltung erkennen. Aber diese Unterschiede haben nur wenig damit zu tun, dass in diesen Opern unterschiedliche Aufklärungsstränge zur Sprache kommen.

295 Zur rationalistischen Kritik an überzogener Sentimentalität vgl. Steptoe 1988, S. 130 f.

296 Etwa in „Un'aura amorosa" (I, 12, Nr. 17), „Volgi a me pietoso il ciglio" (II, 12, Nr. 29) und „E nel tuo, nel mio bicchiero si sommerga ogni pensiero" (II, 16).

297 Beispiele dafür sind „Ah, chi mai, fra tanti mali, chi mai può la vita amar?" in I, 4 und „Mi si divide il cor, bell'idol mio! Addio!" in I, 5. Vgl. dazu auch Steptoe 1988, S. 230 ff.

298 Dass der Verführer von seiner eigenen Heuchelei mitgerissen werden kann, zeigt sich besonders deutlich im Duetto Nr. 29 „Fra gli amplessi in pochi istanti" (II, 12). Vgl. dazu Giegel 2017, S. 164 ff.

verspricht, ist die Antwort schnell gefunden: Er bleibt über weite Strecken musikalisch unbeachtet. Die Musik hält sich gewissermaßen von ihm fern. Eine Ausnahme bildet das kurze Andante Nr. 30 („Tutti accusan le donne"). Hier werden Aussagen von Alfonso musikalisch so gefasst, dass sie als bedeutungsvoll erscheinen, auf eine gewisse Größe oder Überlegenheit hindeuten: Das gilt vor allem für den ruhigen Oktavenabgang, mit dem das Andante eingeleitet wird, und die wiederum äußerst ruhigen, in Terzintervallen erfolgenden Abwärtsschritte, die am Ende zu den Worten „così fan tutte" erklingen.

Ansonsten erfolgen seine Aussagen fast nur in Form von Rezitativen, die seinen Worten keinerlei besonderes Gewicht verleihen. Es findet sich nirgendwo ein musikalischer Ausdruck für seine Lehre.[299] Musikalisch wird er nicht in den Rang gehoben, der die Fähigkeit zur Stabilisierung der Verhältnisse erwarten ließe.[300]

7. Wenn die Musik eine Gegeninstanz zum Krisengeschehen hätte herausstellen wollen, wäre der Schluss der Oper die geeignete Stelle gewesen.[301] Aber anstatt gegenüber dem Text eigene Akzente zu setzen, hält sich die Musik hier zurück. Sie macht es wie der Text, illustriert in äußerst kurzer Form Krisenelemente („casi", „piangere", „turbini"), um dann auf sie eine heiter gestimmte Antwort zu geben. Musikalisch bleibt die Kluft zwischen der von einer tiefen Krise geprägten Erfahrungswelt der Protagonisten und den angebotenen Vorschlägen zu einer erneuerten Lebenspraxis bestehen. Es gibt kein Moment des Innehaltens und der Besinnung. Für einen tiefer greifenden Verwandlungsprozess fehlt die Musik. Auch die Reparaturversuche, die Alfonso unternimmt, bleiben musikalisch ohne Gewicht. Die Forderung nach Eheschließung, Umarmung und Lachen wird, wie der Text es will, musikalisch in Sekundenschnelle verkündet oder besser: abgespult.

Vom Ende der Oper her gesehen, scheint sich in der Musik etwas Ähnliches abzuspielen wie das, was im Text zum Ausdruck kommt. Einem Krisengeschehen wird abstrakt eine kaum überzeugende Krisenbewältigung entgegengesetzt. Allerdings besteht hier ein Unterschied. Bei der textlichen Darstellung der Akteure war zu erkennen, dass das Krisengeschehen nicht in seinem ganzen Ausmaß erfahren wird. Dafür sind die Ängste und Nöte der Frauen, die nicht zur Kenntnis genommen werden, ein Beispiel. Das erleichtert es, sich mit einer wenig problembewussten Krisenbewältigung zu begnügen. Demgegenüber bleibt in der Musik die Krisenerfahrung nicht stumm, sie wird vertieft. Vor allem den Schmerzen und dem Schrecken der Frauen wird mit besonderer

---

299 Das ist besonders auffällig, wenn man es mit der Darstellung des aufgeklärten ‚Weisheitshüters' Sarastro vergleicht.

300 Zu einer konträren Interpretation vgl. Goehring 2004, S. 107 ff. Nach seiner Auffassung wird mit der aphoristischen Kürze der musikalischen Verlautbarungen von Alfonso eine angemessene Darstellung von dessen „volksnaher Weisheit" erreicht.

301 Das zeigt die letzte Szene des *Figaro*, die musikalisch in fast feierlicher Form einen Moment der Besinnung herbeiführt und dann den von den Protagonisten erlebten Verwandlungsprozess zum Ausdruck bringt.

Eindringlichkeit nachgegangen. Gerade deswegen aber tritt hier die Diskrepanz zu der flüchtigen Schlusspassage besonders prägnant hervor.

8. Muss man annehmen, dass Mozart diese Diskrepanz so stehen lässt? Gibt es eine andere Deutungsmöglichkeit? Vielleicht ist es ein Fehler, durch den Text geleitet nach einer Krisenlösung am Schluss der Oper zu suchen. Könnte das, was die Musik zur Krisenbewältigung zu sagen hat, nicht auch an anderer Stelle platziert sein? Dafür gibt es Hinweise.[302] Ich habe schon erwähnt, dass Mozart der authentischen Liebeserfahrung trotz aller Verwerfungen immer wieder einen Ausdruck verleiht. In diesem Zusammenhang werden auch Schmerzbewältigung, Versöhnung und Zukunftshoffnung musikalisch erfasst. Das gilt für das von Ferrando gesungene „Volgi a me pietoso il ciglio" (II 12, Nr. 29) ebenso wie für den Kanon „E nel tuo, nel mio bicchiero si sommerga ogni pensiero" (II, 16). Hinzuzufügen wäre, dass in den letzten Äußerungen der Protagonisten vor dem Schlussgesang musikalisch etwas herausragt, nämlich der in die Zukunft gerichtete Gesang der Frauen „Idol mio […] colla fede e coll'amore" (II, scena ultima), der für einen Moment alles andere in den Hintergrund drängt. Mozart gibt diesem Gesang, in dem noch einmal die empfindsame Liebe ihren Ausdruck findet, nicht nur den Raum, in dem er sich entfalten kann, sondern verleiht ihm auch existentielles Gewicht.

Welche Bedeutung dies hat und welche Konsequenzen sich daraus für die Deutung der Oper als ganze ergeben, wird später zu erörtern sein. Zuvor wollen wir uns dem Terzettino zuwenden, um in einer detaillierten Analyse mehr darüber zu erfahren, wie Mozart Erfahrungen mit existentiellem Gewicht musikalisch zur Sprache zu bringen vermag.

2. Das Terzettino *Soave sia il vento* (Nr. 10) aus *Così fan tutte*

Die folgende Interpretation ist partieller Natur, insoweit sie sich an die Grenzen der Interpretation hält, die zu Beginn von Teil I gezogen wurden.[303] Sie unterscheidet sich aber von den in anderen Teilen des vorliegenden Buches durchgeführten Interpretationen, insofern als jetzt die Vielfalt der Stimmen eine besondere Berücksichtigung erfährt. Im Blick ist nicht nur die durch jede einzelne Stimme für sich realisierte ikonische Darstellung, sondern es geht wesentlich auch um das Verhältnis der einzelnen Stimmen zueinander bzw. das Verhältnis einzelner Stimmen zu dem durch alle Stimmen gebildeten Gruppenzusammenhang. Mit einer einzelnen Stimme wird nicht nur das von einem

---

302 Vgl. dazu Kunze 1984, S. 450 ff.

303 Detaillierte Analysen der Musik des Terzettino finden sich in Stoffels 1998, S. 194 ff. sowie in Kunze 1984, S. 504 ff.

bestimmten Akteur in Gang gesetzte Geschehen erfasst, sondern auch das Verhältnis des Akteurs zu einer sich sukzessiv verändernden Gruppe, der er angehört.[304]

Ich halte mich bei der Interpretation an die oben formulierte These, dass in Vokalkompositionen die Musik aus sich heraus ein Sinngeschehen zum Ausdruck bringt, das in der Regel vom Text nicht zureichend erfasst wird oder sogar dem Gehalt des Textes widerspricht. Aus diesem Grund wird nach einer Skizzierung der Stelle im dramaturgischen Ablauf, an dem das Terzett gesungen wird, nicht weiter auf den Text eingegangen. Die Musik wird für sich interpretiert.

Die beiden Schwestern und Alfonso stehen nach der Abfahrt der beiden Liebhaber am Rand des Meeres und sprechen einen Wunsch aus: Die Naturelemente mögen sich sanft und ruhig verhalten und dem Wollen und Handeln des Menschen entgegenkommen. Der Text des zum Ausdruck gebrachten Wunsches ist fünfzeilig und wird zweimal hintereinander gesungen. Das musikalische Geschehen hat also zunächst Strophenform. Es wird aber nach Abschluss der beiden Strophen (T. 21) weitergeführt, bis es schließlich mit dem 41. Takt endet.

Am Beginn der Komposition erklingen nur die Streicher: Erste und zweite Violine lassen im Terzabstand eine langgezogene Kette von Sechzehnteltönen erklingen, die in minimalen Abständen um sich kreisen, begleitet von einem sechs Takte angehaltenen Ton der Viola und von jeweils am Beginn eines Halbtaktes gespielten Pizzicatotönen der Bassinstrumente.

„Schon das für Mozart außergewöhnliche instrumentale Vorspiel stimmt auf eine Sphäre der leisen Töne und des Innewerdens ein. Wie von fern her erklingen gedämpfte, schwebende Geigenfiguren, ein verschleiertes Weben und Summen von Naturlauten, vielleicht von Wind und Wogen in stilisierender Überhöhung".[305]

1.   Eine hymnische Strophe (T. 3–12)

Im dritten Takt setzen die drei Stimmen mit einem langsam gesungenen, choralähnlichen Hymnus ein. Wenn die Musik in der Oper die Form eines Chorals annimmt, dann handelt es sich in der Regel darum, dass ein im Bühnengeschehen vorgesehenes Ereignis religiöser Art, etwa ein Gebet oder ein Gebetsgesang erfasst werden soll.[306] In CFT ist dies nicht der Fall. Die Choralmusik richtet sich nicht auf eine religiöse Gemeinde, die in das Bühnengeschehen eingebunden ist. Die Akteure betreten auch keinen kirchlichen Raum. Unterstellt werden muss, dass sie sich im Kontext eines ganz anderen Geschehens für einen Moment in eine Quasi-Gemeinde verwandeln. Die Verwandlung trennt die

---

304 Vgl. dazu auch den im Abschnitt 3.5 von Teil I gegebenen Hinweis auf die ‚Skripte', mit denen typische Interaktionsmuster erfasst werden.

305 Stoffels 1998, S. 196 f.

306 So etwa bei der Choralmusik, die in der ersten Szene der *Meistersinger* ertönt.

Akteure für diesen unwirklichen Augenblick vom Bühnengeschehen, so als sollten sie aus einer erhöhten Stellung heraus etwas Bedeutsames zum Ausdruck bringen, was im Geschehen selber nicht angemessen zu platzieren ist.

Die Musik eines Chorals bezieht sich auf Bewegungen im religiösen Raum.[307] Was damit gemeint ist, muss kurz erläutert werden. Bewegungen im religiösen Raum können ganz unterschiedlicher Natur sein. Man wird zunächst an ein rituelles Schreiten denken, wie es etwa in Prozessionen zu beobachten ist.[308] Aber als religiöse Bewegung ist auch das Aneinanderreihen von Worten (bzw. Silben), wie es für das Gebet charakteristisch ist, zu verstehen. Wenn die Choralmusik (in ihrer einfachsten Form) dadurch bestimmt ist, dass sie einerseits regelmäßig in Viertelnoten fortschreitet, andererseits eine abgestimmte gemeinsame Bewegung aller Stimmen aufweist, erfasst sie die disziplinierte Bewegung eines gemeinschaftlich gesprochenen Gebets, bei dem die Worte in ruhiger Weise gleichmäßig aufeinander folgen. Mit dem feierlichen Duktus wird die Außeralltäglichkeit des Ereignisses zum Ausdruck gebracht.

Darüber hinaus kann die Musik des Chorals durch eine bestimmte strukturelle Ausgestaltung partiell auch Inhalte erfassen, die im Gebet angesprochen werden. Damit gewinnt sie eine spezifische Expressivität. Der Bezug des Menschen zu einer höheren Macht etwa lässt sich musikalisch mit einem Ausschreiten eines weiten Raums darstellen, der sich zwischen oben und unten aufspannt. In der Musik können auch spezifische Emotionen oder Stimmungen zum Ausdruck gebracht werden, etwa Depression, Verzweiflung, Flehen, Hoffnung oder Zuversicht. In der folgenden Interpretation geht es zunächst darum, solche Stimmungen und ihre Abwandlungen zu erfassen.

Die erste Strophe des Gesangs ist nicht einheitlich gestaltet. Während in der zweiten Halbstrophe das Muster des ruhigen Fortschreitens in Viertelnoten vorherrscht, weicht die Bewegung der Oberstimmen zu Beginn von diesem Muster ab. Sie ist in drei Phrasen aufgeteilt, die durch Pausen voneinander getrennt sind. Zunächst verharren die beiden Stimmen einen Takt lang auf derselben Tonhöhe, dann entfalten sich im Achteltempo zwei kurze bogenförmige Figuren, die sich (jeweils auf den ersten beiden Taktschlägen) stufenförmig nach unten verschieben (e–dis, dis–h, a–gis). Durch diese Struktur erhält die Vertonung der Anfangszeilen nach der ersten emphatischen Betonung etwas Unruhiges und eine Tendenz zum Demütigen oder Depressiven.[309]

---

307 Zur musikalischen „Raumsemantik" vgl. Massow 2019, S. 208 ff.

308 Vgl. dazu Zbikowski 2017, S. 12 ff.

309 Diese Ausdrucksform ist auch am Anfang des Quintetts Nr. 6 im ersten Akt zu beobachten, auch hier finden sich (etwa zu den Worten „Sento, oh Dio" oder „che questo piede") die Wiederholung des ersten Tons und die Absenkung der Stimme auf den ersten beiden Taktschlägen im nächsten Takt. Ein gegenteiliges Muster wird etwa in dem Choral „Christus, der uns selig macht" realisiert, in dem die durch den gleichbleibendem Ton im ersten Takt ausgedrückte feste, unbeirrbare Zuversicht weitergeführt wird.

Deutlich tritt im ersten Takt die Bassstimme hervor, nicht nur weil sie (unabhängig von den Sopranstimmen) in ruhigen Vierteln fortschreitet, sondern insofern sie mit einer markanten Geste in Form einer Dreiklangbewegung den Oktavraum der Tonika abwärts durchschreitet – eine Bewegung, die in ähnlicher Form zwei Takte später im Raum der Dominante wiederholt wird. Diese erhabene Bewegung eröffnet gewissermaßen den umfassenden Raum (zwischen Himmel und Erde), der im Gebet betreten wird, und präsentiert gleichzeitig die in diesem Raum geltende Ordnung.[310]

In der zweiten Halbstrophe ändert sich der Tonfall. Wie zuvor senkt sich die Bassstimme, aber jetzt strebt gleichzeitig die erste Sopranstimme in die Höhe. Die Stimmen sind im gleichen Bewegungsrhythmus miteinander verknüpft. In dieser kollektiven symmetrischen Anstrengung wird jetzt mit Hilfe der aufsteigenden Sopranstimme die Weite des umfassenden Raums ausgemessen. Die Bewegung in die Höhe bringt gleichzeitig ein aus Ohnmacht gespeistes Flehen wie die Zuversicht, Gehör zu finden, zum Ausdruck.[311]

Die nachfolgende Kadenzierung führt nicht, wie es das Ende einer Choralstrophe verlangt, zurück zur Tonika, sondern endet auf der Dominante. Es fehlt also die abschließende Bestätigung der zum Ausdruck gebrachten Zuversicht. Die Anzeige, dass das Geschehen über das Strophenende hinausführt, ist wie eine Frage, die in der Folge beantwortet werden muss. Vom Text her gesehen, ist das Folgende nur eine Wiederholung der zuvor gesungenen Strophe, tatsächlich aber kommt es hier zu einer nicht vorherzusehenden dramatischen Entwicklung.

---

310 Für den Topos einer solchen Abwärtsbewegung mit ihrer spezifischen Semantik lassen sich viele Beispiele finden. Vgl. etwa den Hymnus „Die Himmel rühmen" von Beethoven, bestimmte Passagen in Sarastros Arie „Oh Isis und Osiris" oder auch den Anfang von Bachs Arie „Großer Herr und starker König". Alfonso wird ebenfalls an mehreren Stellen mit dieser Figur gekennzeichnet, z. B. in „Tutti accusan le donne" (Nr. 30). Auch im Choralsatz begegnet man häufig einer solchen Absenkung der Bassstimme, etwa in dem Choral „Er nahm alles wohl in acht" aus dem zweiten Teil der *Johannespassion*.

311 Vgl. dazu die von Massow (2019, S. 229 f.) vorgeschlagene Interpretation eines Rezitativs aus der Bach Kantate BWV 12, das eine auffällige Weitung des Ambitus aufgrund von Stimmenspreizung aufweist. Für Massow liegt „eine religiöse Deutung im Sinne einer Diesseits-Jenseits-Spannung" nahe. Vgl. zum Ausdruck der Stimmenspreizung auch Hatten 1994, S. 14 ff. und 207 ff. „The 'willed' (basically stepwise) ascent takes on a hopeful character supported by the stepwise bass […] the wedge-like expansion 'opens up' emotional as well as registral space, and overrides the potential 'lament' connotation of a stepwise descent in the bass" (Hatten 1994, S. 213 f.). Diese Interpretation bezieht sich auf eine Stelle in der Cavatina aus Beethovens Streichquartett op. 130, die eine ähnliche Struktur aufweist wie die hier betrachtete.

2.   Das Aufbrechen des gemeinschaftlichen Zusammenhangs und
          Anzeichen einer krisenhaften Entwicklung (T. 13–21)

Die musikalische Gestaltung der ersten beiden wiederholten Textzeilen (T. 13–16) lässt
erneut eine Spreizung der Stimmen erkennen, aber diese erhält jetzt einen grundlegend anderen Charakter. Die Parallelführung der Stimmen ist bis auf den letzten Takt
aufgehoben. Das Absinken der Bassstimme wird verlangsamt, es erfolgt taktweise. Entscheidend für die Veränderung ist, dass die ansteigende erste Sopranstimme ihren
ruhigen Gang aufgibt und beweglich wird: Nach einer zügig innerhalb eines Taktes ausgeführten, rhythmisch bewegten Bogenform folgen zwei Sprünge, die von h nach e und
von e nach gis führen. Die sich in dieser Weise aus der vorher bestehenden Anbindung
lösende Stimme verströmt mit ihrem individuell geprägten, beinahe anmutigen Duktus
ein Gefühl neu gewonnener Freiheit. Der Sprung zum gis erscheint wie ein intensives
Glücksmoment, das in der folgenden entspannten, fließenden Abwärtsbewegung (von
gis nach ais) nachwirkt. Die echohafte Antwort des zweiten Soprans bestätigt die neue
Beweglichkeit. Insgesamt ist der musikalische Duktus also dadurch bestimmt, dass die
Stimmen die Gemeinsamkeit kollektiver Aktion aufgeben und gewissermaßen eigene
Wege erproben.

Bisweilen wird in mehrstrophigen Chorälen die erste Strophe variiert, um die Aus-
druckmöglichkeiten der Musik zu erhöhen.[312] So lässt sich aber die jetzt eingetretene
Veränderung nicht begreifen. Hier erfolgt nicht eine Variation bei fortgesetztem Choral-
duktus, vielmehr führt die Veränderung dazu, dass die Form des Chorals verlassen wird.
Wenn aufgrund der kompositorischen Gestaltung der ersten Strophe bis zu diesem
Moment angenommen werden konnte, dass dem Terzettino insgesamt das Strukturmuster des Chorals zugrunde liegt,[313] muss wegen des jetzt eingetretenen Bruches
diese Hypothese aufgegeben werden. Damit stellt sich die Aufgabe, den übergreifenden
(narrativen) Zusammenhang, der den aufeinander folgenden musikalischen Sequenzen einen bestimmten Gehalt verleihen könnte, hypothetisch neu zu fassen. Bevor
dies geschieht, möchte ich erst noch die musikalische Gestaltung der nächsten beiden
Verszeilen betrachten.

Mit den folgenden Takten (T. 17–20) kommt es erneut zu einem Stimmungsumschwung,
dramatischer noch als zuvor. Das Absenken der Bassstimme (von h nach e) nimmt jetzt
chromatischen Charakter an und gewinnt durch Anspielung auf den abfallenden *Passus
duriusculus* den Ausdruck des Schmerzes und der Klage. Verstärkt wird dies dadurch,
dass mit dem Ausgriff auf cis7 die modulatorische Entfernung von E-Dur zunimmt.

---

312 Vgl. etwa die Choralvariationen in der Motette „Jesu meine Freude".

313 Es wurden also nicht, wie es das in Teil I, 3.5 vorgestellte methodische Verfahren verlangt, alternative
     Hypothesen aufgestellt und erprobt. Dadurch wurde die Überfrachtung der Analyseschritte vermieden.
     Zur Methode der Interpretation vgl. auch die zusammenfassenden Überlegungen am Schluss.

Die mittlere Stimme setzt dieser Klage zunächst die zuvor gespielte rhythmisierte Bogenform mit ihrer schwungvollen Färbung entgegen, aber ergänzt diese nicht durch den abschließenden Sprung nach oben, sondern wiederholt stattdessen die Bogenform einen Sekundenschritt tiefer, um dann in Form der vom Bass übernommenen chromatischen Führung ebenfalls in die Tiefe zu fallen. Die Oberstimme hat die zuvor ausgeübte Dominanz eingebüßt. Im Anschluss an die mittlere Stimme wiederholt sie zwar noch einmal die beiden gespielten Bogenfiguren, aber das, was den Charakter eines heiteren Wechselspiels annehmen könnte, ist hier nur noch Ausdruck lähmender Stagnation. Nichts wird der sich ausbreitenden depressiven Krisenstimmung entgegengestellt.

Mit dem Ausstieg aus der Kollektivität des Chorals erfahren wir in der zweiten Strophe zunächst die Entfaltung einer freieren Beweglichkeit, dann aber einen Übergang in eine mit Klagen beschwerte krisenhafte Stimmung. Erkennbar wird der Gesang des Terzettino durch extreme Kontraste geführt. Gibt es einen Sinnzusammenhang, ein narratives Muster, aus dem heraus sich diese Kontraste erklären ließen?

Eine mögliche Hypothese wäre, dass hier das Ausbrechen aus dem Choral mit der Idee verbunden wird, dass durch einen solchen Akt alle Sicherheiten verloren gehen und deshalb ein Absturz in die Krise das unvermeidliche Resultat ist. Denkbar wäre aber auch, dass das Ausbrechen aus dem Choral als ein extrem risikoreicher Vorgang verstanden wird, dessen weitere Entwicklung sich nicht von selbst versteht. Das Endergebnis eines solchen zukunftsoffenen Vorgangs würde dann nicht zuletzt davon abhängen, ob sich Kräfte entwickeln können, die einen krisenhaften Prozess umzukehren vermögen. Die weitere Gestaltung des musikalischen Materials wird darüber Auskunft geben.

Um das vorgegebene Strophenmaß einzuhalten, müsste im folgenden Takt (T. 21) eine Schlusskadenzierung vorgenommen werden. Ohnehin erscheint es aufgrund der vierfachen Wiederholung der Bogenfigur so, als würde sich die Energie der Vorwärtsbewegung erschöpfen. Gleichzeitig aber würde von der Logik der musikalischen Entwicklung her gesehen mit einer solchen Kadenzierung ein tiefer Widerspruch eintreten. Im Verlauf der vorangegangenen Entwicklung wurden nämlich so starke Spannungen aufgebaut und waren die harmonischen Zuspitzungen von einer so starken Ausstrahlung, dass eine Antwort in Form einer einfachen Kadenz die erreichte Dynamik schlicht verfehlen würde. Mit ihr wäre keine angemessene Verarbeitung der in Gang gesetzten Dynamik geleistet.

Als gäbe es diese Bedenken nicht, scheint der T. 21 mit der Abfolge II^6, $I^{6/4}$, V auf eine schlichte Kadenzierung hinauszulaufen, was sich auch mit dem Zusammenrücken der Stimmen andeutet. Diese Abfolge lässt nun für den folgenden Takt als Abschluss den Rückgang in die Tonika erwarten.

3.   Krise und Bewältigungsanstrengung (T. 22–32)

Mit dem Übergang zu T. 22 ändert sich die Szenerie dramatisch. Nicht nur wird die erwartete Tonika nicht realisiert, sondern an ihrer Stelle erklingt ein extrem dissonanter Akkord (verminderter Septakkord (cis, e, g, ais) über h), der einen tiefen Einbruch in das musikalische Geschehen markiert. Dieser Einbruch ist umso unheimlicher, als der „sphinxhafte Klang"[314] im fahlen *p* ertönt. Für einen Augenblick werden gewissermaßen die Koordinaten des Bewegungsablaufs außer Kraft gesetzt, so als ob der Boden unter den Füßen versinken würde. Die Handlungsfähigkeit der Akteure wird vollkommen infrage gestellt. Im Schrecken erstarrt die Bewegung. Einerseits bleibt der im Bass erklingende Dominantton h (von T. 21) (mit kurzer Unterbrechung) als Orgelpunkt bis zum T. 28 fixiert und andererseits wird der dissonante Akkord über vier Zählzeiten und ein Folgeakkord noch einmal über drei Zählzeiten hinweg angehalten. Fast zwei Takte geschieht – sieht man von dem ersten Zeichen einer tastenden Bewegung ab – nichts mehr. Die Zuversicht, die zu Anfang des Terzettino aus der choralartigen Gesangsform erwächst, ist einer tiefen existentiellen Krisenerfahrung, einer Erschütterung aller Gewissheit gewichen.

Der Versuch, diese einschneidende, durch die Musik vermittelte Erfahrung in Worte zu fassen, führt offensichtlich an die Grenzen der Übersetzbarkeit. Stoffels nennt „Verlust und Verlangen, Trauer und Ergebenheit […] Angst, Einsamkeit […] Leid, Verlust und Sehnsucht."[315] Kunze redet von einem „Akkordgebilde, das hellsichtig alle Grenzen und Begrenzungen aufhebt, den Blick freigibt für ein Nie-Wahrgenommenes".[316]

Wie stark der Orientierungsverlust ist, zeigt sich dann an der Art, wie das musikalische Geschehen wieder in Gang kommt. In T. 24 wird noch einmal, in fast derselben Weise wie in T. 21, der Versuch unternommen, durch eine Kadenzierung den Ruhepunkt der Tonika zu erreichen. Aber auch dieses Mal tritt der extrem dissonante Akkord dazwischen und macht den Versuch zunichte – mit der Folge abermaliger Erstarrung. Es ist, als ob jemand, der nach einem furchtbaren Schlag, den er erhalten hat, sich taumelnd aufzurichten versucht, unmittelbar von einem weiteren Schlag wieder zu Boden geworfen wird.

In der musikalischen Entwicklung der T. 27–31 wird auf Strukturelemente zurückgegriffen, die den Anfang des Terzettino bestimmen, ihr Sinn hat sich jedoch fundamental verändert. Zwei Teilbewegungen sind zu erkennen.

---

314 Kunze 1973/74, S. 229.
315 Stoffels 1998, S. 202 ff.
316 Kunze 1984, S. 510.

(1) Mit dem Auftakt zu T. 27 wird die zu Beginn realisierte Hymnusstruktur wieder aufgenommen: Gleichklang der drei Stimmen, einfache Akkordfolge (V^7, $I^{6/4}$, V, I) und Stimmenspreizung (der Sopran steigt vom dis bis zum gis, der Bass senkt sich vom a bis zum dis). Dabei wirkt dieser Versuch, den Raum wieder zu öffnen, mühsamer als die analoge Entwicklung in T. 7, insofern nämlich der nach wie vor durchgehaltene Orgelpunkt h die Bewegung hemmt. Auch ist die Bewegung deutlich verlangsamt. Gleichwohl entfalten sich, wie das bis zum *f* führende Crescendo anzeigt, neue Kräfte, die die Bewegung vorantreiben. An die Stelle des Vertrauens in eine höhere Macht tritt die Anstrengung einer Krisenbewältigung aus eigener Kraft. Mit T. 28/1 wird dann die Fixierung durch den Orgelpunkt aufgehoben, der Bass bewegt sich (zur Tonika) nach e. Gleichzeitig ist mit der Erreichung des höchsten Tons des Gesangs, des gis5 im Sopran, der von den Stimmen aufgespannte Raum extrem ausgeweitet.

(2) Mit T. 29 entwickelt sich eine Konstellation, die strukturell eine gewisse Ähnlichkeit zu der von T. 3 ff. aufweist: Während die beiden Sopranstimmen die erreichten hohen Töne gis bzw. e über die nächsten beiden Takte hinweg halten, durchquert der Bass den Tonikaraum, in den sich dann die Sopranstimmen fallen lassen. Aber diese Konstellation gewinnt jetzt einen ganz anderen Charakter. Die Bassstimme ist nicht auf eine abwärtsgerichtete Bewegung beschränkt, sie beginnt mit einer aufwärtsgerichteten Dreiklangbewegung, die von einer beschleunigten, leichteren Art ist. Das gilt auch für die folgende Abwärtsbewegung, die mit eingefügten Zwischentönen ebenfalls in Achteln verläuft. Es wird also als Antwort auf die Schließung des Raums durch den dissonanten verminderten Akkord nicht die alte würdevolle Bewegung wiederholt, sondern in freier Beweglichkeit kreativ ein neuer Raum eröffnet.

Und in diesen geöffneten Raum lassen sich nun die Sopranstimmen fallen, in einer völlig gelösten, frei gegebenen Bewegung vom hohen gis5 bis zum unteren gis4 und (nach kurzer Gegenbewegung) weiter zum e4. Diese entspannte Bewegung macht rückwirkend die angehaltenen hohen Töne zum Moment höchsten Glücks. Sowohl die gelöste Bewegung des Basses im Raum wie das entspannte Herabfallen der Sopranstimmen erscheinen wie der Ausdruck einer die Krise hinter sich lassenden Erfahrung von Souveränität. Der Abschluss erfolgt dann in T. 31 mit ebender Kadenzierung, die in T. 21 misslungen war. Nicht nur ist am Ende der angestrebte Ruhepunkt erreicht, die Stimmen befinden sich (nach einem aufwärtsgerichteten Oktavgang des Basses) jetzt auch wieder in engster Nachbarschaft zueinander.

4.   Beruhigung (T. 32-41)

Die extremen Spannungen, die in den vorangegangenen zwanzig Takten aufgebaut wurden, sind mit Erreichung der Tonika nicht einfach vergessen. In den abschließenden neun Takten geht es darum, durch leise, beruhigende Bewegungen die noch nachwirkenden Erregungen zu besänftigen. Zunächst wird dreimal in einer einfachen Kadenzierung (VI, II, V (V^7), I) die erreichte Tonika bekräftigt. Von den Sängern wieder choralartig vorgetragen, erklingt dabei jedes Mal eine kleine melodische Phrase, die nach einem Quintenfall kreisend zu einem Mittelpunkt findet (gis–cis–fis–a–gis bzw. e–fis–a–dis–fis–e). In den letzten Takten tragen schließlich die Bläser im *p* noch Teilelemente dieser Beruhigungsgeste vor und lassen damit das Geschehen ausklingen.

Weiterführende Überlegungen

(1) Betrachtet man das Terzettino im Hinblick auf seine Oberflächenstruktur, erscheint es als ein sehr einheitliches Gebilde: ein choralartig-hymnischer Gesang. Es hat sich aber gezeigt, dass im Gewand dieses hymnischen Geschehens ganz unterschiedliche Konstellationen in Erscheinung treten. Die einzelnen Teile des Terzettino stehen in einem erstaunlich kontrastiven Verhältnis zueinander. Das wirft die Frage auf, was dazu treibt, eine Konstellation zu verlassen und in eine andere überzugehen, und was der Grund für die spezifische Abfolge dieser heterogenen Konstellationen ist – eine Frage, die umso dringlicher ist, als es kein Formschema gibt, das den Zusammenhang der Teile erklären könnte.

(2) Zunächst möchte ich hier noch einmal auf die Frage eingehen, wie es möglich ist, von einem von seiner Natur her vieldeutigen, unbestimmten musikalischen Material zu sagen, dass es auf bestimmte Weltereignisse verweist. Ich habe weiter oben (Teil I, 3.5) ausgeführt, dass die unbestimmten Elemente, die in einer musikalischen Passage aufeinander folgen, nur zu interpretieren sind, wenn man den Zusammenhang, in dem sie stehen, einbezieht. Das geschieht, wenn man den Interpretationen eine Hypothese über den narrativen Ablauf zugrunde legt. Diese Hypothese wiederum muss sich legitimieren. Sie ist nur dann keine willkürliche Entscheidung des Interpreten, wenn sie ihre Überlegenheit gegenüber alternativen Zusammenhangshypothesen unter Beweis stellen kann. Auch die oben vorgenommenen Interpretationen der im Terzettino aufeinanderfolgenden Konstellationen stützen sich auf ein solches Vorverständnis eines bestimmten narrativen Verlaufs. Rufen wir uns noch einmal die verschiedenen Konstellationen in Erinnerung:
- traditionelle Bindung,
- freiere, individualisierte Bewegung,
- Verwirrung und Unruhe,
- Umschlag in eine existentielle Krise,
- Kräfte, die die (gemeinschaftliche) Krisenbewältigung ermöglichen,
- Glückserfahrung,
- Ruhe.

Hier handelt es sich nicht um eine kaleidoskopische Zusammenstellung von miteinander unverbundenen Momenten. Den Sinn der Abfolge vermittelt eine Erzählung, die einen Faden durch die heterogenen Ereignisse zieht, nämlich die Geschichte eines Befreiungsprozesses, der nur durch Widerstände und Rückschläge hindurch zu seinem Ziel gelangt.[317] Auf diese Erzählung zurückzugreifen ist legitim, weil sie im Vergleich mit anderen möglichen Erzählungen die größte Übereinstimmung mit dem musikalischen Material aufweist. Zusätzlich gibt es noch einen weiteren Grund. Diese Erzählung stellt einen Zusammenhang her zum Thema der Oper: Aufklärung. Ebendiese Erzählung eines Befreiungsprozesses hatte die Aufklärung in geschichtsphilosophischer Einstellung benutzt, um sich im Prozess der Moderne zu verorten, und sie damit im kulturellen Code Europas verankert.[318] Dieses Narrativ erfuhr in der Folge mehrere Veränderungen. Anders als in der ersten Hälfte des Jahrhunderts werden um 1780 auch die Probleme diskutiert, die aus dem Aufklärungsprozess selbst erwuchsen. Der Optimismus der frühbürgerlichen Aufklärung wird am Ende durch ein tiefreichendes Krisenbewusstsein abgelöst, und die Aufklärung selbst erscheint als Teil jenes Problemzusammenhangs, den zu überwinden ihr Ziel war.[319] Die Abfolge der musikalischen Gestalten im Terzettino wird durch diese epochale Erfahrung bestimmt. Die freiere Beweglichkeit in ihrer glücksversprechenden Form, die sich in den T. 13–17 entfaltet, wird zunächst nicht weiterverfolgt, also nicht als das erreichte Ziel gefasst. Stattdessen verliert sie ihre Zuversicht, um in ein tiefgreifendes Krisengeschehen zu münden. Ganz generell zeigt sich der Realitätsgehalt der Mozart'schen Musik gerade darin, dass sie immer wieder durch krisenhafte Einbrüche erschüttert wird.[320] Aber es gilt auch, wie das Terzettino zeigt, dass Mozarts Musik nicht alles im Krisengeschehen versinken lässt. Wie schon in *Die Entführung aus dem Serail* und *Figaros Hochzeit* öffnet sie einen Weg aus der Krise, indem sie die freie Bewegung noch einmal zurückbindet an die Kraft gemeinschaftlicher Aktion.[321]

(3) Die Frage, ob das musikalische Material des Terzettino rein nach seinen formalen Strukturen eine ‚Logik' der Abfolge erkennen lässt, bleibt hier offen. Wenn die Hintergrundserzählung einen sinnvollen Zusammenhang erkennen lässt, dann geschieht dies auf der Ebene der interpretierten Sachverhalte. Dabei müssen die Grenzen des Darstellungsvermögens von Musik beachtet werden, auf die im ersten Teil dieser Arbeit hingewiesen wurde. Gerade wenn es darum geht, Übergangsprozesse (z. B. kausale Zwischenglieder) zwischen dargestellten Ereignissen präzise zu erfassen, ist das Darstel-

---

317 Typologisch handelt es sich (in der Terminologie von Almén) um ein ‚comic narrative'. Vgl. Almén 2008, S. 187 ff.

318 Vgl. Koselleck 1959, S. 108.

319 Vgl. Koselleck 1959, S. 132 ff.

320 Zu anderen Beispielen für Mozarts Darstellung des „namenlosen Schreckens" vgl. Kunze 1984, S. 478. Ferner Krämer 1998, S.421 ff., und Neubaur 2006. Zu krisenhaften Einbrüchen in Mozarts Musik vgl. McClary 1986.

321 Man mag darin das visionäre Versprechen der Freimaurer erkennen.

lungsvermögen der Musik häufig überfordert.[322] Erzählungen sind zum Verständnis musikalischer Abläufe gerade auch deshalb hilfreich, weil sie gewissermaßen die Frage nach den genauen Verursachungsketten außen vor lassen. Man versteht den Gang der erzählten Ereignisse, ohne dass man Genaueres über Kausalitäten erfährt.

(4) Das Terzettino ist ein Beispiel dafür, wie weit die Musik sich vom Text entfernen kann. Die Verbindungslinie ist hier extrem dünn. Nur im hymnischen Tonfall und vielleicht noch in der musikalisch erfassten Unruhe gibt sich ein Bezug zum Text zu erkennen. Aber mit der Geschichte eines krisenhaft ablaufenden, gegen Widerstände durchgesetzten Befreiungsprozesses bringt die Musik etwas zur Sprache, was im Text nicht einmal angedeutet ist.

(5) In gewisser Weise wird im Terzettino auch (in schematisierter Form) die Geschichte des in CFT entfalteten Bühnengeschehens beschrieben. Dazu gehört die im Zuge der Aufklärung vorangetriebene Herauslösung aus tradierten Lebensformen ebenso wie die krisenhaften Prozesse, die dadurch in Gang gesetzt werden. Aber dabei kommt es zu einer wesentlichen Abweichung. Anders als das Finale der Oper arbeitet sich das Terzettino an dem erfahrenen Krisengeschehen ab. Zur Sprache kommen in einer an die Schlussszene von *Figaros Hochzeit* erinnernden Prägnanz die alles übersteigende Erfahrung einer gemeinschaftlichen Krisenbewältigung, das Glücksgefühl, das sich daraus ergibt, und die Ruhe, die nach einer krisengeschüttelten Entwicklung erlangt wird. Im Terzettino wird vorgeführt, was am Ende der Oper versäumt wird. Was hier geschieht, hat nichts zu tun mit jenem Ziel, das Alfonso erreichen will, der Übernahme der materialistischen Doktrin und ihrer Einführung in die Lebenspraxis. Hier wird die „bella calma" in einer Weise Realität, wie sie dem Denken des alten Philosophen gänzlich verschlossen ist.

(6) An bestimmten Punkten wird den Einsichten von Alfonso gefolgt. Das ist immer der Fall, wenn bestimmte Äußerungen von Personen, ihre Wünsche, Hoffnungen, Selbsteinsichten, Entscheidungen usw., als Schein entlarvt und ironisch behandelt werden. Auf der anderen Seite verweigern sich aber die Autoren einem philosophischen Programm, das prinzipiell die Selbstverständigungsprozesse der Personen mit ihrem Geltungsanspruch außer Kraft setzen und diese Prozesse materialistisch umdefinieren

---

322 So fällt es z. B. schwer, zwischen einer Steuerung durch subjektive Handlungsplanung und einem durch externe Kräfte verursachten schicksalhaften Verlauf zu differenzieren. Vgl. dazu die von Hatten (2004, S. 224 ff.) vorgenommene Differenzierung des Akteurskonzepts. Dort auch der Hinweis auf einen „external agent ([…] depersonalized external force, e. g. Fate, or Providence): that agency which acts upon, or against, the principal agent" (ebenda, S. 225, dazu auch S. 193 und 271).

möchte. Wie viel Ironie auch immer in CFT enthalten sein mag, an der Möglichkeit einer autonomen Verständigung der Personen über sich selbst wird festgehalten.[323]

Mozart nimmt in seiner Musik die Stimmungslage seiner Zeit auf. Insbesondere verleiht er sowohl der steigenden Unruhe, die sich am Ende des Jahrhunderts ausbreitet, einen Ausdruck als auch dem Verlust der Sicherheit der lebensweltlichen Verständigung, die durch die von außen in die Lebenswelt eindringenden Mächte bedroht wird.[324] Er tut dies aber so, dass er gegenüber diesen Verunsicherungen immer wieder auch die Potentiale einer autonomen Selbstverständigung der Lebenswelt und einer sich selbst bestimmenden Individualität zur Sprache bringt – Potentiale, die zu den zentralen Ergebnissen gehören, mit denen das so tief gespaltene Jahrhundert der Aufklärung in die Zukunft wies.[325] In diesem Sinn folgt seine Musik unbeirrt einem Programm der Aufklärung.

---

323 Die Musik „kündigt ihren humanen Gehalt nie auf – auch dort, wo sie sich vollständig dem Komödiantischen hingibt. Sie degradiert die Figuren, derer sie sich annimmt, niemals zu Puppen, die an Schnüren gezogen werden […] Der Empfindungs- und Spontaneitätsspielraum bleibt ungeschmälert" (Kunze 1984, S. 457).

324 Vgl. Giegel 2017, S. 152 ff. „Die musikalische Schicht des Werks dabei zeigt mehr als der Text, sie erzählt von der Ratlosigkeit der Gefühle, von uneingestandenen Hoffnungen und Ängsten […] Die Skepsis dieses Werks richtet sich auch […] gegen die aufkommenden bürgerlichen Ideale und gegen ein zu schlichtes Verständnis der menschlichen Natur" (Krämer 2007, S. 356).

325 „Da ist nicht mehr die jugendliche, so unverlierbar der Harmonie und der allgemeinen Menschenliebe vertrauende Welt der Entführung. Die großen italienischen Musikkomödien handeln alle […] von den Gefährdungen. Die Illusionen sind verflogen, vom aufklärerischen Optimismus, es könne die vernunftgemäße Einrichtung der Welt das Reich menschlichen Glücks heraufführen, ist nicht mehr viel übriggeblieben. Gewiss: Mozarts Musik dringt auf Versöhnung und vermag sie auch stets herzustellen, doch sie weiß um den Glücksfall dieser Versöhnung […]" (Kunze 1984, S. 476).

Literaturverzeichnisse

Literatur zu Einleitung und Teil I

Musikwisssenschaft

Abbate, Carolyn: *Unsung Voices: Opera and Musical Narrative in the Nineteenth Century*, Princeton 1991.

Abbate, Carolyn: *What the Sorcerer Said*, in: *19th-Century Music* 12 (1989), S. 221–230.

Agawu, V. Kofi: *Music as Discourse: Semiotic Adventures in Romantic Music*, Oxford 2009.

Agawu, V. Kofi: *Theory and Practice in the Analysis of the Nineteenth-century Lied*, in: *Music Analysis* 11(1) (1992), S. 3–36.

Agawu, V. Kofi: *Playing with Signs: A Semiotic Interpretation of Classic Music*, Princeton 1991.

Almén, Byron: *A Theory of Musical Narrative*, Bloomington 2008.

Ashley, Richard/Timmers, Renee (Hg.): *The Routledge Companion to Music Cognition*, New York 2017.

Becker, Alexander: *Wie erfahren wir Musik?*, in: Becker, Alexander/Vogel, Matthias (Hg.): *Musikalischer Sinn*, Frankfurt 2007, S. 265–313.

Bregman, Albert S.: *Auditory scene analysis*, Cambridge 1990.

Brower, Candace: *A Cognitive Theory of Musical Meaning*, in: *Journal of Music Theory* 44(2) (2000), S. 323–379.

Brower, Candace: *Pathway, blockage, and containment in Density 21.5.*, in: *Theory and Practice* 22 (1997), S. 35–54.

Calella, Michele: *Das Neue von gestern und was davon übrig bleibt: New Musicologies*, in: Calella, Michele/Urbanek, Nikolaus (Hg.): *Historische Musikwissenschaft: Grundlagen und Perspektiven*, Stuttgart/Weimar 2013, S. 82–110.

Clarke, Eric F.: *Ways of listening: An ecological approach to the perception of musical meaning*, New York 2005.

Clarke, Eric F.: *Meaning and the specification of motion in music*, in: *Musicae Scientiae* 5 (2001), S. 213–234.

Cone, Edward T.: *Schubert's Promissory Note: An Exercise in Musical Hermeneutics*, in: *19th-Century Music* 5(3) (1982), S. 233–241.

Cone, Edward T.: *The Composer's Voice*, Berkeley 1974.

Cook, Nicholas: *Musikalische Bedeutung und Theorie*, in: Becker, Alexander/Vogel, Matthias (Hg.): *Musikalischer Sinn*, Frankfurt 2007, S. 80–128.

Cook, Nicholas: *Analysing Musical Multimedia*, Oxford 1998.

Cumming, Naomi: *The sonic self: Musical subjectivity and signification*, Bloomington 2000.

Dahlhaus, Carl: *Musikalischer Realismus*, München 1982.

Davies, Stephen: *Contra the Hypothetical Persona in Music*, in: ders.: *Themes in the Philosophy of Music*, Oxford 2003, S. 152–168.

Deutsch, Diana: *Psychology of Music*, San Diego 2012.

Dougherty, William P.: *What is a musical sign? A guess at the riddle*, in: *Interdisciplinary Studies in Musicology* 14 (2014), S. 62–83.

Dougherty, William P.: *The Quest for Interpretants: Toward a Peircean Paradigm for Musical Semiotics*, in: *Semiotica* 99(1–2) (1994), S. 163–184.

Dworschak, Thomas: *Hörbarer Sinn: Philosophische Zugänge zu Grundbegriffen der Musik*, Freiburg/München 2017.

Eggebrecht, Hans Heinrich: *Das Ausdrucks-Prinzip im musikalischen Sturm und Drang*, in: *Deutsche Vierteljahrsschrift für Literaturwissenschaft und Geistesgeschichte* 29 (1955), S. 323–349.

Eggers, Katrin/Stollberg, Arne (Hg.): *Energie: Kräftespiel in den Künsten*, Würzburg 2021.

Eggers, Katrin: *Quasi-Bilder: Arnold Schönbergs Erzählen als »Abstraktum der Wirklichkeit«*, in: Eggers, Katrin/Stollberg, Arne (Hg.): *Energie: Kräftespiel in den Künsten*, Würzburg 2021, S. 135–162.

Eggers, Katrin/Grüny, Christian (Hg.): *Musik und Geste: Theorien, Ansätze, Perspektiven*, Paderborn 2018.

Eggers, Katrin/Müller-Lindenberg, Ruth (Hg.): *Richard Wagner: Musikalische Gestik – gestische Musik*, Würzburg 2017.

Eitan, Zohar: *Musical connections: Crossmodal correspondences*, in: Ashley, Richard/Timmers, Renee (Hg.): *The Routledge Companion to Music Cognition*, New York 2017, S. 213–224.

Eitan, Zohar/Granot, Roni Y.: *How Music Moves: Musical Parameters and Listeners' Images of Motion*, in: *Music Perception* 23(3) (2006), S. 221–247.

Fisk, Charles: *Returning cycles: Contexts for the interpretation of Schubert's impromptus and last sonatas*, Berkeley 2001.

Floros, Constantin: *Die geistige Welt Gustav Mahlers in systematischer Darstellung*, Wiesbaden 1977.

Giegel, Hans-Joachim: *Leidens- und Krisenerfahrungen in der Musik – soziologisch gedeutet: Così fan tutte vor dem Hintergrund gesellschaftlicher Umbrüche im 18. Jahrhundert*, in: Bebermeier, Carola u. a. (Hg.): *Passions: Musik des 18. Jahrhunderts im Spannungsfeld zwischen Leid und Leidenschaft*, Würzburg 2017, S. 135–173.

Gjerdingen, Robert O.: *Apparent motion in music?*, in: *Music Perception* 11 (1994), S. 335–370.

Gritten, Anthony/King, Elaine (Hg.): *Music and Gesture*, Hampshire 2006.

Guck, Marion A.: *Two Types of Metaphoric Transference*, in: Robinson, Jenefer (Hg.): *Music and Meaning*, Ithaca 1997, S. 201–212.

Hatten, Robert S.: *A theory of virtual agency for Western art music*, Bloomington 2018.

Hatten, Robert S.: *Musical Forces and Agential Energies: An Expansion of Steve Larson's Model*, in: *Music Theory Online* 18(3) (2012).

Hatten, Robert S.: *Interpreting Musical Gestures, Topics, and Tropes: Mozart, Beethoven, Schubert*, Bloomington 2004.

Hatten, Robert S.: *Musical Meaning in Beethoven: Markedness, Correlation, and Interpretation*, Bloomington 1994.

Hindrichs, Gunnar: *Die Autonomie des Klangs*, Frankfurt 2014.

Johnson, Mark/Larson, Steve: *Something in the Way She Moves: Metaphors of Musical Motion*, in: *Metaphor and Symbol* 18(2) (2003), S. 63–84.

Karl, Gregory: *Structuralism and Musical Plot*, in: *Music Theory Spectrum* 19(1) (1997), S. 13–34.

Kivy, Peter: *An Introduction to a Philosophy of Music*, New York 2002.

Klein, Michael L.: *Chopin's fourth Ballade as Musical Narrative*, in: *Music Theory Spectrum* 26.1 (2004), S. 23–56.

Klein, Michael L./Reyland, Nicholas (Hg.): *Music and Narrative since 1900*, Bloomington 2012.

Köhler, Rafael: *Natur und Geist: Energetische Form in der Musiktheorie*, Stuttgart 1996.

Köpp, Kai: *Wagner und die „Musikalische Plastik": Gestisches Komponieren in der Tradition der Ars inveniendi*, in: Eggers, Katrin/Müller-Lindenberg, Ruth (Hg.): *Richard Wagner: Musikalische Gestik – gestische Musik,* Würzburg, S. 67–92.

Kutschke, Beate: *Music and Other Sign Systems*, in: Music Theory Online 20(4) (2014).

Larson, Steve: *Musical Gestures and Musical Forces: Evidence from Music-theoretical Misunderstandings*, in: Gritten, Anthony/King, Elaine (Hg.): *Music and Gesture*, Hampshire 2006, S. 61–74.

Larson, Steve: *Musical Forces: Motion, Metaphor, and Meaning in Music*, Bloomington 2012.

Levinson, Jerrold: *Music as Narrative and Music as Drama*, in: *Mind and Language* 19 (2004), S. 428–441.

Levinson, Jerrold: *Hope in „The Hebrides"*, in: ders.: *Music, Art, and Metaphysics*, Ithaca 1990, S. 336–375.

Lidov, David: *Melody as Representation*, in: Sheinberg, Esti (Hg.): *The Routledge Handbook of Musical Signification*, London 2020, S. 285–296.

Lidov, David: *Emotive Gesture in Music and its Contraries*, in: Gritten, Anthony/King, Elaine (Hg.): *Music and Gesture*, Hampshire 2006, S. 24–44.

Lidov, David: *Is Language a Music? Writings on Musical Form and Signification*, Bloomington 2005.

Lodes, Birgit: *Musik und Narrativität*, in: Calella, Michele/Urbanek, Nikolaus (Hg.): *Historische Musikwissenschaft: Grundlagen und Perspektiven*, Stuttgart/Weimar 2013, S. 367–382.

Mahrenholz, Simone: *Musik und Erkenntnis: Eine Studie im Ausgang von Nelson Goodmans Symboltheorie*, Stuttgart/Weimar 1998.

Massow, Albrecht v.: *Die unterschätzte Kunst: Musik seit der Ersten Aufklärung*, Köln 2019.

Massow, Albrecht v.: *Ästhetik und Analyse*, in: Becker, Alexander/Vogel, Matthias (Hg.): *Musikalischer Sinn*, Frankfurt 2007, S. 129–174.

Massow, Albrecht v.: *Musikalisches Subjekt: Idee und Erscheinung in der Moderne*, Freiburg 2001.

Massow, Albrecht v.: *Musikalischer Formgehalt*, in: *Archiv für Musikwissenschaft* 55(4) (1998), S. 269–288.

Maus, Fred Everett: *Music as Narrative*, in: *Indiana Theory Review* 12 (1991), S. 1–34.

Maus, Fred Everett: *Music as Drama*, in: *Music Theory Spectrum* 10 (1988), S. 56–73.

McClary, Susan: *Modal Subjectivities: Self-Fashioning in the Italian Madrigal*, Berkeley 2004.

McClary, Susan: *The Impromptu That Trod on a Loaf: Or How Music Tells Stories*, in: *Narrative* 5(1) (1997), S. 20–35.

McClary, Susan: *Narratives of Bourgeois Subjectivity in Mozart's 'Prague' Symphony*, in: Rabinowitz, Peter J./Phelan, James (Hg.): *Understanding Narrative*, Columbus 1994, S. 65–98.

McClary, Susan: *Narrative Agendas in 'Absolute Music'*, in: Solie, Ruth A. (Hg.): *Musicology and Difference: Gender and Sexuality in Music Scholarship*, Berkeley 1993, S. 326–344.

Micznik, Vera: *Music and Narrative Revisited: Degrees of Narrativity in Beethoven and Mahler*, in: *Journal of the Royal Musical Association* 126(2) (2001), S. 193–249.

Mirka, Danuta (Hg.): *The Oxford Handbook of topic theory*, Oxford 2014.

Monahan, Seth: *Action and Agency Revisited*, in: *Journal of Music Theory* 57 (2013), S. 321–371.

Monahan, Seth: *"I have tried to capture you ...": Rethinking the "Alma" Theme from Mahler's Sixth Symphony*, in: *Journal of the American Musicological Society* 64(1) (2011), S. 119–178.

Monelle, Raymond: *The Musical Topic: Hunt, Military and Pastoral*, Bloomington 2006.

Monelle, Raymond: *The Sense of Music: Semiotic Essays*, Princeton 2000.

Monelle, Raymond: *Linguistics and Semiotics in Music*, Chur 1992.

Nattiez, Jean-Jaques: *Music and Discourse: Toward a Semiology of Music*, Princeton 1990.

Nattiez, Jean-Jaques: *Can One Speak of Narrrativity in Music?*, in: *Journal of the Royal Musicological Association* 115(2) (1990a), S. 240–257.

Newcomb, Anthony: *Narrative archetypes and Mahler's Ninth Symphony*, in: Scher, Steven Paul (Hg.): *Music and text: Critical inquiries*, Cambridge 1992, S. 118–136.

Newcomb, Anthony: *Schumann and Late Eighteenth-Century Narrative Strategies*, in: *19th-Century Music* 11 (1987), S. 164–174.

Newcomb, Anthony: *Once More "Between Absolute and Program Music": Schumann's Second Symphony*, in: *19th-Century Music* 7 (1984), S. 233–250.

O'Callaghan, Casey: *Seeing What You Hear: Crossmodal Illusions and Perception*, in: *Philosophical Issues* 18 (2008), S. 316–338.

Reynolds, Christopher A.: *Motives for Allusion*, Cambridge 2003.

Ridley, Aaron: *Music, Value, and the Passions*, Ithaca 1995.

Ridley, Aaron: *The Experience of Expressive Music*, in: *The Journal of Aesthetics and Art Criticism* 53 (1995a), S. 49–57.

Robinson, Jenefer: *Deeper than Reason: Emotion and its Role in Literature, Music, and Art*, Oxford 2005.

Robinson, Jenefer (Hg.): *Music and Meaning*, Ithaca 1997.

Robinson, Jenefer/Hatten, Robert: *Emotions in Music*, in: *Music Theory Spectrum* 34(2) (2012), S. 71–106.

Robinson, Jenefer/Karl, Gregory: *Shostakovich's Tenth Symphony and the Musical Expression of Cognitively Complex Emotions*, in: *Journal of Aesthetics and Art Criticism* 53 (1995), S. 401–415.

Samuels, Robert: *Narrative Form and Mahler's Musical Thinking*, in: *Nineteenth-Century Music Review* 8 (2011), S. 237–254.

Samuels, Robert: *Mahler's Sixth Symphony: A Study in Musical Semiotics*, Cambridge 1995.

Saslaw, Janna K.: *Forces, Containers, and Paths: The Role of Body-Derived Image Schemas in the Conceptualization of Music*, in: *Journal of Music Theory* 40(2) (1996), S. 217–243.

Saslaw, Janna K.: *Life forces: Conceptual structures in Schenker's Free composition and Schoenberg's The musical idea*, in: *Theory and Practice* 22 (1997), S. 17–33.

Stern, Daniel: *Die Lebenserfahrung des Säuglings*, Stuttgart 1992.

Stollberg, Arne: *Schwunglinien, Wellenkurven: Zur Theorie der Melodie bei Johann Gottfried Herder und Friedrich August Kanne*, in: Eggers, Katrin/Stollberg, Arne (Hg.): *Energie: Kräftespiel in den Künsten*, Würzburg 2021, S. 85–100.

Stollberg, Arne: *Schreiten – Schwimmen – Schweben: Der Brautzug aus Wagners Lohengrin im Spiegel „gestischer" Musikauffassung von Nietzsche bis Plessner*, in: Eggers, Katrin/Müller-Lindenberg, Ruth (Hg.): *Richard Wagner: Musikalische Gestik – gestische Musik,* Würzburg 2017, S. 117–132.

Stollberg, Arne: *Ohr und Auge – Klang und Form: Facetten einer musikalischen Dichotomie bei Johann Gottfried Herder, Richard Wagner und Franz Schreker*, Stuttgart 2006.

Thorau, Christian: *Vom Klang zur Metapher: Perspektiven der musikalischen Analyse*, Hildesheim 2012.

Vogel, Matthias: *Nachvollzug und musikalischer Sinn*, in: Becker, Alexander/Vogel, Matthias (Hg.): *Musikalischer Sinn*, Frankfurt 2007, S. 314–368.

Walton, Kendall: *Listening with Imagination: Is Music Representational?*, in: *The Journal of Aesthetics and Art Criticism* 52 (1994), S. 47–61.

Wellmer, Albrecht: *Versuch über Musik und Sprache*, München 2009.

Wolf, Werner: *Erzählende Musik? Zum erzähltheoretischen Konzept der Narrativität und dessen Anwendbarkeit auf Instrumentalmusik*, in: Unseld, Melanie/Weiss, Stefan (Hg.): *Der Komponist als Erzähler: Narrativität in Dmitri Schostakowitschs Instrumentalmusik,* Hildesheim 2008, S. 17–44.

Young, James O.: *Critique of Pure Music*, Oxford 2014.

Zbikowski, Lawrence: *Conceptual blending, creativity, and music*, in: *Musicae scientiae* 22 (2018), S. 6–23.

Zbikowski, Lawrence: *Foundation of Musical Grammar,* New York 2017.

Zbikowski, Lawrence: *Music, Analogy, and Metaphor*, in: Ashley, Richard/Timmers, Renee (Hg.): *The Routledge Companion to Music Cognition*, New York 2017a, S. 501–512.

Zbikowski, Lawrence: *Music, Dance, and Meaning in the Early Nineteenth Century*, in: *Journal of Musicological Research* 31 (2012), S. 147–165.

Zbikowski, Lawrence: *Conceptualizing Music: Cognitive Structure, Theory, and Analysis,* New York 2002.

Zbikowski, Lawrence: *The Blossoms of 'Trockne Blumen': Music and Text in the Early Nineteenth Century*, in: *Music Analysis* 18(3) (1999), S. 307–345.

Zbikowski, Lawrence: *Des Herzraums Abschied: Mark Johnson's Theory of Embodied Knowledge and Music Theory*, in: *Theory and Practice* 22 (1997), S. 1–16.

Zehentreiter, Ferdinand: *Musikästhetik: Ein Konstruktionsprozess*, Hofheim 2017.

Ziv, Naomi/Eitan, Zohar: *Themes as prototypes: Similarity judgments and categorization tasks in musical contexts*, in: *Musicae Scientiae* 11 (2007), S. 99–133.

Bildwissenschaft, Hermeneutik, Semiotik, Psychologie

Anderson, John R.: *Kognitive Psychologie*, Berlin/Heidelberg [7]2013.

Barsalou, Lawrence W.: *Perceptual Symbol System*, in: *Behavioral and Brain Sciences* 22(4) (1999), S. 577–660.

Bertelson, Paul/Gelder, Beatrice de: *The Psychology of Multimodal Perception*, in: Spence, Charles/Driver, John (Hg.): *Crossmodal Space and Crossmodal Attention*, Oxford 2004, S. 141–178.

Blanke, Börries: *Vom Bild zum Sinn: Das ikonische Zeichen zwischen Semiotik und analytischer Philosophie*, Wiesbaden 2003.

Cutting, James E./Kozlowski, Lynn T.: *Recognizing friends by their walk: Gait perception without familiarity cues*, in: *Bulletin of the Psychonomic Society* 9 (1977), S. 353–356.

Danneberg, Lutz: *Zum Autorkonstrukt und zu einem methodologischen Konzept der Autorintention*, in: Jannidis, Fotis u. a. (Hg.): *Rückkehr des Autors: Zur Erneuerung eines umstrittenen Begriffs*, Tübingen 1999, S. 77–105.

Danneberg, Lutz/Müller, Hans-Harald: *Der „intentionale Fehlschluß" – ein Dogma? Systematischer Forschungsbericht zur Kontroverse um eine intentionalistische Konzeption in den Textwissenschaften*, in: *Zeitschrift für allgemeine Wissenschaftstheorie* 14 (1983), S. 103–137 und 376–411.

Detel, Wolfgang: *Hermeneutik der Literatur und Theorie des Geistes: Exemplarische Interpretationen poetischer Texte*, Frankfurt 2016.

Detel, Wolfgang: *Kognition, Parsen, Interpretation: Elemente einer allgemeinen Hermeneutik*, Frankfurt 2014.

Detel, Wolfgang: *Wahrheitsansprüche und literarische Fiktionen*, in: Konrad, Eva-Maria u. a. (Hg.): *Fiktion, Wahrheit, Interpretation: Philologische und philosophische Perspektiven*, Paderborn 2013, S. 240–274.

Fricke, Ellen: *Between reference and meaning: Object-related and interpretant-related gestures in face-to-face interaction*, in: Müller, Cornelia u. a. (Hg.): *Body–Language–Communication*, Bd. 2, Berlin 2014, S. 1788–1802.

Gentner, Dedre: *The mechanisms of analogical learning*, in: Vosniadou, Stella/Ortony, Andrew (Hg.): *Similarity and analogical reasoning*. London 1989, S. 199–241.

Gerigk, Hans-Jürgen: *Lesen und Interpretieren*, Göttingen 2002.

Goldstein, E. Bruce: *Wahrnehmungspsychologie*, Berlin/Heidelberg [9]2015.

Goodman, Nelson: *Sprachen der Kunst*, Frankfurt 1995.

Heider, Fritz/Simmel, Marianne: *An experimental study of apparent behavior*, in: *The American Journal of Psychology* 57 (1944), S. 243–259.

Hofstadter, Douglas/Sander, Emmanuel: *Die Analogie: Das Herz des Denkens*, Stuttgart 2014.

Holyoak, Keith J./Thagard, Paul: *Mental Leaps: Analogy in Creative Thought*, Cambridge 1995.

Hopkins, Robert: *The Speaking Image: Visual Communication and the Nature of Depiction*, in: Kieran, Matthew (Hg.): *Contemporary debates in aesthetics and philosophy of art*, Oxford 2006, S. 145–159.

Hopkins, Robert: *Picture, Image, and Experience: a philosophical inquiry*, Cambridge 1998.

Johansson, Gunnar: *Visual perception of biological motion and a model for its analysis*, in: *Perception and Psychophysics* 14 (1973), S. 201–211.

Johnson, Mark: *The Body in the Mind: The Bodily Basis of Meaning, Imagination, and Reason*, Chicago 1987.

Kassin, Saul M.: *Heider und Simmel Revisited: Causal Attribution and the Animated Film Technique*, in: Rev. Pers. Soc. Psychol. 3 (1982), S. 145–169.

Keane, Brian P.: *Contour Interpolation: A Case Study in Modularity of Mind*, in: *Cognition* 174 (2018), S. 1–18.

Kozlowski, Lynn T./Cutting, James E.: *Recognizing the sex of a walker from a dynamic point-light display*, in: *Perception and Psychophysics* 21 (1977), S. 575–580.

Kulvicki, John V.: *Images*, London 2014.

Kulvicki, John V.: *On Images*, Oxford 2006.

Lakoff, George/Johnson, Mark: *Metaphors We Live By*, Chicago 1980.

Lopes, Dominic McIver: *The Domain of Depiction*, in: Kieran, Matthew (Hg.): *Contemporary debates in aesthetics and philosophy of art*, Oxford 2006, S. 160–174.

Lopes, Dominic McIver: *Sight and Sensibility: Evaluating Pictures*, Oxford 2005.

Lopes, Dominic McIver: *Understanding Pictures*, Oxford 1996.

Marks, Lawrence E.: *Cross-modal interactions in speeded classification*, in: Calvert, Gemma A. u. a. (Hg.), *Handbook of multisensory processes*, Cambridge 2004, S. 85–106.

Medin, Douglas L. u. a.: *Respects for similarity*, in: *Psychological Review* 100 (1993), S. 254–278.

Mittelberg, Irene: *Gestures and iconicity*, in: Müller, Cornelia u. a. (Hg.): *Body–Language–Communication*, Bd. 2, Berlin 2014, S. 1712–1732.

Mittelberg, Irene/Evola, Vito: *Iconic and representational gestures*, in: Müller, Cornelia u. a. (Hg.): *Body–Language–Communication*, Bd. 2, Berlin 2014, S. 1732–1746.

Müller, Cornelia u. a. (Hg.): *Body–Language–Communication*, Bd. 2, Berlin 2014.

Müller, Cornelia: *Gestural modes of representation as techniques of depiction*, in: Müller, Cornelia u. a. (Hg.): *Body–Language–Communication*, Bd. 2, Berlin 2014, S. 1687–1701.

Müller, Cornelia: *Mimesis und Gestik*, in: Koch, Gertrud u. a. (Hg.): *Die Mimesis und ihre Künste*, München 2010, S. 149–187.

Neander, Karen: *Pictorial representation: A matter of resemblance*, in: *British Journal of Aesthetics* 27(3) (1987), S. 213–226.

Nudds, Matthew: *Is Audio-Visual Perception 'Amodal' or 'Cross-Modal'?*, in: Stokes, Dustin u. a. (Hg.): *Perception and its Modalities*, Oxford 2014, S. 166–188.

Oevermann, Ulrich: *Eine exemplarische Fallrekonstruktion zum Typus versozialwissenschaftlichter Identitätsformen*, in: Brose, Hanns-Georg/Hildenbrand, Bruno (Hg.): *Vom Ende des Individuums zur Individualität ohne Ende*, Opladen 1988, S. 243–286.

Oevermann, Ulrich u. a.: *Die Methodologie einer objektiven Hermeneutik und ihre allgemeine forschungslogische Bedeutung in den Sozialwissenschaften*, in: Soeffner, Hans-Georg (Hg.): *Interpretative Verfahren in den Sozial- und Textwissenschaften*, Stuttgart 1979, S. 352–434.

Posner, Roland/Johansen, Jorgen Dines: *Einführung: Metaphern in Bild und Film, Gestik, Theater und Musik*, in: *Zeitschrift für Semiotik* 25(1) (2003), S. 3–24.

Proffitt, Dennis R./Kaiser, Mary K.: *Perceiving Events*, in: Epstein, William (Hg.): *Perception of Space and Motion*, San Diego 1995, S. 227–261.

Ricœur, Paul: *Narrative Time*, in: *Critical Inquiry* 7 (1980), S. 169–190.

Runeson, Sverker/Frykholm, Gunilla: *Visual Perception of Lifted Weight*, in: *Journal of Experimental Psychology: Human Perception and Performance* 7 (1981), S. 733–740.

Runeson, Sverker/Frykholm, Gunilla: *Kinematic Specification of Dynamics as an Informational Basis for Person-and-Action Perception: Expectation, Gender Recognition, and Deceptive Intention*, in: *Journal of Experimental Psychology: General* 112 (1983), S. 585–615.

Sachs-Hombach, Klaus: *Das Bild als kommunikatives Medium: Elemente einer allgemeinen Bildwissenschaft*, Köln 2003.

Schank, Roger C./Abelson, Roger P.: Scripts, plans, goals, and understanding: An inquiry into human knowledge structures, Hillsdale 1977.

Scholl, Brian J./Tremoulet, Patrice D.: *Perceptual causality and animacy*, in: *Trends in Cognitive Sciences* 4(8) (2000), S. 299–309.

Scholz, Oliver R.: *Bild, Darstellung, Zeichen: Philosophische Theorien bildlicher Darstellung*, Frankfurt [2]2004.

Scholz, Oliver R.: *Texte interpretieren: Dateien, Hypothesen und Methoden*, in: Borkowski, Jan u. a. (Hg.): Literatur interpretieren: Interdisziplinäre Beiträge zur Theorie und Praxis, Münster 2015, S. 147–172.

Schütz, Alfred/Luckmann, Thomas: *Strukturen der Lebenswelt*, Bd. 2, Frankfurt 1984.

Schütze, Fritz: *Prozessstrukturen des Lebenslaufs*, in: Matthes, Joachim u. a. (Hg.): *Biographie in handlungswissenschaftlicher Perspektive*, Nürnberg 1981, S. 57–156.

Sedlmayer, Hans: *Pieter Bruegel: Der Sturz der Blinden: Paradigma einer Strukturanalyse*, München 1963.

Sonesson, Göran: *Pictorial concepts: Inquiries into the Semiotic Heritage and its Relevance for the Analysis of the Visual World*, Lund 1989.

Sonesson, Göran: *Die Semiotik des Bildes: Zum Forschungsstand am Anfang der 90er Jahre*, in: *Zeitschrift für Semiotik* 15(1–2) (1993), S. 127–160.

Spence, Charles: *Crossmodal correspondences: A tutorial review*, in: *Attention, Perception, and Psychophysics* 73 (2011), S. 971–995.

Sperber, Dan/Wilson, Deirdre: *Relevance: Communication and Cognition*, Oxford 1986.

Thagard, Paul: Kognitionswissenschaft: Ein Lehrbuch, Stuttgart 1999.

Walton, Kendall: *Mimesis as Make-Believe: On the Foundation of the Representational Arts*, Cambridge, Mass. 1990.

Wollheim, Richard: *Seeing-as, Seeing-in, and Pictorial Representation*, in: ders.: *Art and its Objects*, Cambridge 2015, S. 137–151.

Literatur zu Teil II

Abert, Hermann: *Nicolò Jommelli als Opernkomponist*, Halle 1908.

Almén, Byron: *A Theory of Musical Narrative*, Bloomington 2008.

Brendel, Alfred: *Über Musik*, München 2005.

Brinkmann, Reinhold: *Musikalische Lyrik, politische Allegorie und die „heil'ge Kunst": Zur Landschaft von Schuberts Winterreise*, in: *Archiv für Musikwissenschaft* 62(2) (2005), S. 75–97.

Calella, Michele: *Das Neue von gestern und was davon übrig bleibt: New Musicologies*, in: Calella, Michele/Urbanek, Nikolaus (Hg.): *Historische Musikwissenschaft: Grundlagen und Perspektiven*, Stuttgart/Weimar 2013, S. 82–110.

Dahlhaus, Carl: *Beethoven in seiner Zeit*, Laaber 1987.

Davies, Joe/Sobaskie, James (Hg.): *Drama in the music of Franz Schubert*, Woodbridge 2019.

Fisk, Charles: *Returning cycles: Contexts for the interpretation of Schubert's impromptus and last sonatas*, Berkeley 2001.

Gingerich, John M.: *Schubert's Beethoven Project*, Cambridge 2014.

Godel, Arthur: *Schuberts letzte drei Klaviersonaten (D 958–960)*, Baden-Baden 1985.

Hatten, Robert S.: *A theory of virtual agency for Western art music*, Bloomington 2018.

Hatten, Robert S.: *Interpreting Musical Gestures, Topics, and Tropes*, Bloomington 2004.

Hatten, Robert S.: *On Narrativity in Music: Expressive Genres and Levels of Discourse in Beethoven*, in: *Indiana Theory Review*, 12 (1991), S. 75–98.

Hegel, Georg Wilhelm Friedrich: *Werke in zwanzig Bänden*, Bd. 20, Frankfurt 1971.

Hegel, Georg Wilhelm Friedrich: *Grundlinien der Philosophie des Rechts*, hg. von Johannes Hoffmeister, Hamburg 1955.

Hegel, Georg Wilhelm Friedrich: *Werke: Vollständige Ausgabe durch einen Verein von Freunden des Verewigten*, neunter Bd., Berlin 1837.

Hinrichsen, Hans-Joachim: *Untersuchungen zur Entwicklung der Sonatenform in der Instrumentalmusik Franz Schuberts*, Tutzing 1994.

Kindermann, William: *Wandering Archetypes in Schubert's Instrumental Music*, in: *19th-Century Music* 21 (1997), S. 208–222.

Krause, Andreas: *Die Klaviersonaten Franz Schuberts: Form – Gattung – Ästhetik*, Kassel 1992.

Lodes, Birgit: *Musik und Narrativität*, in: Calella, Michele/Urbanek, Nikolaus (Hg.): *Historische Musikwissenschaft: Grundlagen und Perspektiven*, Stuttgart/Weimar 2013, S. 367–382.

Massow, Albrecht v.: *Die unterschätzte Kunst: Musik seit der Ersten Aufklärung*, Köln 2019.

Massow, Albrecht v.: *Musikalisches Subjekt: Idee und Erscheinung in der Moderne*, Freiburg 2001.

McClary, Susan: *Narratives of Bourgeois Subjectivity in Mozart's 'Prague' Symphony*, in: Rabinowitz, Peter J./Phelan, James (Hg.): *Understanding Narrative*, Columbus 1994, S. 65–98.

McClelland, Clive: *Tempesta as a Topic in Schubert's Lieder*, in: Davies, Joe/Sobaskie, James (Hg.): *Drama in the music of Franz Schubert*, Woodbridge 2019, S. 151–170.

McClelland, Clive: *Ombra and Tempesta*, in: Mirka, Danuta (Hg.): *The Oxford Handbook of topic theory*, Oxford 2014, S. 279–300.

McClelland, Clive: *Ombra: Supernatural music in the eighteenth century*, Lanham 2012.

McClelland, Clive: *Death and the Composer: The Context of Schubert's Supernatural Lieder*, in: Newbould, Brian (Hg.): *Schubert the Progressive: History, Performance Practice, Analysis*, Aldershot 2003, S. 21–35.

Robinson, Jenefer: *Deeper than Reason: Emotion and its Role in Literature, Music, and Art*, Oxford 2005.

Robinson, Jenefer/Hatten, Robert: *Emotions in Music*, in: *Music Theory Spectrum* 34(2) (2012), S. 71–106.

Schütze, Fritz: *Prozessstrukturen des Lebenslaufs*, in: Matthes, Joachim u. a. (Hg.): *Biographie in handlungswissenschaftlicher Perspektive*, Nürnberg 1981, S. 57–156.

Sisman, Elaine: *Fantasy island: Haydn's Metastasian "reform" opera*, in: Hunter, Mary u. a. (Hg.): *Engaging Haydn: Culture, context, and criticism*, Cambridge 2012, S. 11–43.

Spitzer, Michael: *Mapping the Human Heart: A Holistic Analysis of Fear in Schubert*, in: *Music Analysis* 29 (2010), S. 149–213.

Webster, James: *Haydn's 'Farewell' Symphony and the Idea of Classical Style: Through-Composition and Cyclic Integration in his Instrumental Music*, Cambridge 1991.

Zbikowski, Lawrence: *Foundation of Musical Grammar*, New York 2017.

Literatur zu Teil III

Adorno, Theodor W.: *Berg: Der Meister des kleinen Übergangs*, in: ders.: *Gesammelte Schriften*, Bd. 13, Frankfurt 1971, S. 321–494.

Borries, Melchior v.: *Alban Bergs ›Drei Orchesterstücke op. 6‹ als ein Meisterwerk atonaler Symphonik*, Weimar 1996.

Bruhn, Siglind (Hg.): *Encrypted Messages in Alban Berg's Music*, New York 1998.

DeVoto, Mark: *Alban Berg's "Marche Macabre"*, in: *Perspectives of New Music* 22 (1983), S. 386–447.

Jarmann, Douglas: *The Music of Alban Berg*, Berkeley 1979.

Luhmann, Niklas: *Die Wissenschaft der Gesellschaft*, Frankfurt 1990.

Müller, Thomas: *Die Musiksoziologie Theodor W. Adornos: Ein Modell ihrer Interpretation am Beispiel Alban Bergs*, Frankfurt 1990.

Perle, George: *The Operas of Alban Berg*, Vol. I: *Wozzeck*, Berkeley 1985.

Puffett, Derrick: *Berg, Mahler and the Three Orchestral Pieces, Op. 6*, in: Pople, Anthony (Hg.): *The Cambridge companion to Berg*, Cambridge 1997, S. 111–144.

Redlich, Hans F.: *Alban Berg: Versuch einer Würdigung*, Wien 1957.

Reich, Willi: *Alban Berg: Leben und Werk*, Zürich 1963.

Simms, Bryan R.: *Alban Berg: A guide to research*, New York 1996.

Literatur zu Teil IV

Agawu, V. Kofi: *Theory and Practice in the Analysis of the Nineteenth-century Lied*, in: *Music Analysis* 11(1) (1992), S. 3–36.

Almén, Byron: *A Theory of Musical Narrative*, Bloomington 2008.

Blom, Philipp: *Böse Philosophen*, München 2010.

Borchmeyer, Dieter: *Mozart oder die Entdeckung der Liebe*, Frankfurt 2005.

Dahlhaus, Carl: *Einleitung*, in: ders. (Hg.): *Die Musik des 18. Jahrhunderts*, Laaber 2008.

Darnton, Robert: *Der Mesmerismus und das Ende der Aufklärung in Frankreich*, München 1983.

Eder, Klaus: *Geschichte als Lernprozess: Zur Pathogenese politischer Modernität in Deutschland*, Frankfurt 1985.

Felsner, Marcus: *Roccoco: Mozarts Così fan tutte und die Kultur des 18. Jahrhunderts*, Würzburg 2010.

Fontius, Martin: *Mozarts Begegnung mit der Aufklärung*, in: Kreimendahl, Lothar (Hg.): *Mozart und die europäische Spätaufklärung*, Stuttgart 2011, S. 367–402.

Giegel, Hans-Joachim: *Leidens- und Krisenerfahrungen in der Musik – soziologisch gedeutet: Così fan tutte vor dem Hintergrund gesellschaftlicher Umbrüche im 18. Jahrhundert*, in: Bebermeier, Carola u. a. (Hg.): *Passions: Musik des 18. Jahrhunderts im Spannungsfeld zwischen Leid und Leidenschaft*, Würzburg 2017, S. 135–173.

Goehring, Edmund J.: *Three modes of Perception in Mozart: The philosophical, pastoral, and comic in "Così fan tutte"*, Cambridge 2004.

Greis, Jutta: *Drama Liebe: Zur Entstehungsgeschichte der modernen Liebe im Drama des 18. Jahrhunderts*, Stuttgart 1991.

Habermas, Jürgen: *Das Sprachspiel verantwortlicher Urheberschaft und das Problem der Willensfreiheit*, in: ders.: *Kritik der Vernunft*, Frankfurt 2009, S. 271–341.

Habermas, Jürgen: *Theorie des kommunikativen Handelns*, Bd. 1, Frankfurt 1981.

Habermas, Jürgen: *Technischer Fortschritt und soziale Lebenswelt*, in: ders.: *Technik und Wissenschaft als ›Ideologie‹*, Frankfurt 1968, S. 104–119.

Hatten, Robert: *Interpreting Musical Gestures, Topics, and Tropes*, Bloomington 2004.

Hatten, Robert: *Musical Meaning in Beethoven: Markedness, Correlation, and Interpretation*, Bloomington 1994.

Israel, Jonathan I./Muslow, Martin (Hg.): *Radikalaufklärung*, Frankfurt 2014.

Kivy, Peter: *An Introduction to a Philosophy of Music*, New York 2002.

Klorman, Edward: *Mozart and the Music of Friends: Social Interplay in the Chamber Works*, Cambridge 2016.

Klueting, Harm (Hg.): *Katholische Aufklärung im katholischen Deutschland*, Hamburg 1993.

Kondylis, Panajotis: *Die Aufklärung im Rahmen des neuzeitlichen Rationalismus*, Stuttgart 1981.

Konold, Wulf: *Europäische Instrumentalmusik und böhmische Emigranten*, in: Dahlhaus, Carl (Hg.): *Die Musik des 18. Jahrhunderts*, Laaber 2008.

Koselleck, Reinhart: *Kritik und Krise: Eine Studie zur Pathogenese der bürgerlichen Welt*, Frankfurt 1959.

Krasting, Malte: *Mozart – Così fan tutte*, Kassel 2013.

Krämer, Jörg: *Deutschsprachiges Musiktheater im späten 18. Jahrhundert: Typologie, Dramaturgie und Anthropologie einer populären Gattung*, Tübingen 1998.

Krämer, Jörg: *Mozarts »Da Ponte-Opern«*, in: Borchmeyer, Dieter/Gruber, Gernot (Hg.): *Mozarts Opern*, Teilbd. 1, Laaber 2007, S. 281–359.

Kreimendahl, Lothar: *Philosophie auf der Opernbühne: Aufklärung, Materialismus und Atheismus in Mozarts »Così fan tutte«*, in: *Acta Mozartiana* 57 (2010), S. 16–42.

Kunze, Stefan: *Die Sinfonie im 18. Jahrhundert*, Laaber 1993.

Kunze, Stefan: *Mozarts Opern*, Stuttgart 1984.

Kunze, Stefan: *Über das Verhältnis von musikalisch autonomer Struktur und Textbau in Mozarts Opern: Das Terzettino „Soave sia il vento" (Nr. 10) aus „Così fan tutte"*, in: *Mozart-Jahrbuch* 1973/74, S. 217–232.

Luhmann, Niklas: *Liebe als Passion: Zur Codierung von Intimität*, Frankfurt 1982.

Luhmann, Niklas: *Gesellschaftsstruktur und Semantik: Studien zur Wissenssoziologie der modernen Gesellschaft*, Bd. 1, Frankfurt 1980.

Luhmann, Niklas: *Soziologische Aufklärung*, in: *Soziale Welt* 18 (1967), S. 97–123.

Massow, Albrecht v.: *Die unterschätzte Kunst: Musik seit der Ersten Aufklärung*, Köln 2019.

McClary, Susan: *A Musical Dialectic from the Enlightenment: Mozart's "Piano Concerto in G Major, K. 453", Movement 2*, in: *Cultural Critique* 4 (1986), S. 129–169.

Natošević, Constanze: *„Così fan tutte": Mozart, die Liebe und die Revolution von 1789*, Kassel 2003.

Neubaur, Caroline: *Das Mozart-Experiment*, in: Lachmayer, Herbert (Hg.): *Mozart – Experiment Aufklärung im Wien des ausgehenden 18. Jahrhunderts*, Ostfildern 2006, S. 365–377.

Reddy, William M.: *The Navigation of Feeling: A Framework for the History of Emotions*, Cambridge 2001.

Schroeder, David P.: *Mozart in revolt: Strategies of resistance, mischief, and deception*, New Haven 1999.

Schroeder, David P.: *Haydn and the Enlightenment: The Late Symphonies and their Audience*, Oxford 1990.

Splitt, Gerhard: *Mozarts Musiktheater als Ort der Aufklärung*, Freiburg 1998.

Steptoe, Andrew: *The Mozart–Da Ponte Operas: The Cultural and Musical Background to Le Nozze di Figaro, Don Giovanni and Così fan tutte*, Oxford 1988.

Stoffels, Ludwig: *Drama und Abschied: Mozart – die Musik der Wiener Jahre*, Zürich 1998.

Thorau, Christian: *Vom Klang zur Metapher: Perspektiven der musikalischen Analyse*, Hildesheim 2012.

Till, Nicholas: *Mozart and the enlightenment: Truth, virtue and beauty in Mozart's operas*, London 1992.

Zbikowski, Lawrence: *Foundation of Musical Grammar*, New York 2017.

Zelle, Carsten: *Was ist josephinische Aufklärung – in der Literatur?*, in: Lütteken, Laurenz/Hinrichsen, Hans-Joachim (Hg.): *Mozarts Lebenswelten*, Kassel 2008, S. 132–158.

Anhang:
Das Terzettino *Soave sia il vento* (Nr. 10) aus
Così fan tutte von Wolfgang Amadeus Mozart
(Klavierauszug)

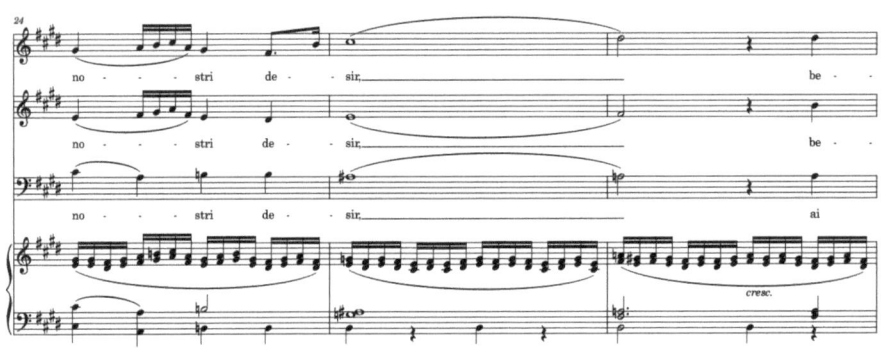